全国机械行业职业教育优质规划教材(高职高专)

经全国机械职业教育教学指导委员会审定

汽车技术服务与营销专业

汽车电子控制技术基础

全国机械职业教育汽车类专业教学指导委员会（高职）组编

主　编　张克明

参　编　符晓芬　白有俊　卜毅男

　　　　刘　麦　黄英超

机 械 工 业 出 版 社

本书是全国机械职业教育汽车类专业教学指导委员会（高职）组织编写的职业技术教育汽车技术服务与营销专业的系列教材之一。

　　本书以汽车电子控制系统的基本结构和基本原理为重点，系统阐述了现代汽车电子控制系统的组成、作用、结构及工作原理。全书共分为三章：发动机电子控制系统、底盘电子控制系统和车身电子控制系统。

　　在内容的选择上，本书以现代汽车上普遍使用的汽车电子控制技术为主，注重内容的全面性，同时兼顾内容的先进性，重点选择发展前景广阔的先进汽车电子控制技术。在内容的编排上，摒弃了不必要的理论，采用了大量与内容相关的图片，力求使内容简洁、明确和直观，以利于读者学习和理解。

　　本书可作为高等职业院校、高等专科院校、成人高校、民办高校及本科院校汽车技术服务与营销及相关专业的教学用书，并可作为社会从业人士的业务参考书及培训用书。

　　本书配有电子课件，凡使用本书作为教材的教师可登录机械工业出版社教育服务网 www.cmpedu.com 注册后下载。咨询邮箱：cmpgaozhi@sina.com。咨询电话：010-88379375。

图书在版编目（CIP）数据

　　汽车电子控制技术基础/张克明主编 . —北京：机械工业出版社，2016.4（2025.1重印）

　　全国机械行业职业教育优质规划教材（高职高专）经全国机械职业教育教学指导委员会审定

　　ISBN 978-7-111-53466-2

　　Ⅰ．①汽…　Ⅱ．①张…　Ⅲ．①汽车-电子控制-高等职业教育-教材　Ⅳ．①U463.6

　　中国版本图书馆 CIP 数据核字（2016）第 070279 号

机械工业出版社（北京市百万庄大街22号　邮政编码100037）
策划编辑：葛晓慧　蓝伙金　责任编辑：葛晓慧　蓝伙金　张丹丹
版式设计：霍永明　　　　　责任校对：程俊巧
封面设计：鞠　杨　　　　　责任印制：单爱军
北京虎彩文化传播有限公司印刷
2025 年 1 月第 1 版·第 4 次印刷
184mm×260mm·12 印张·293 千字
标准书号：ISBN 978-7-111-53466-2
定价：28.00 元

全国机械职业教育汽车类专业教学指导委员会（高职）

杨柏青	黑龙江农业工程职业学院
李　彦	常州机电职业技术学院
丁继斌	南京工业职业技术学院
孙海波	常州工程职业技术学院
戴晓峰	扬州工业职业技术学院
楼晓春	杭州职业技术学院
倪　勇	浙江机电职业技术学院
张朝山	杭州科技职业技术学院
王爱国	安徽机电职业技术学院
安宗权	芜湖职业技术学院
黄经元	九江职业技术学院
王国林	山东交通职业学院
郭法宽	山东商业职业技术学院
尹秀丽	烟台职业学院
刘　华	威海职业学院
张成山	淄博职业学院
王　浩	河南工业职业技术学院
陈东照	河南机电职业学院
王青云	湖北工程职业学院
张　健	湖北工业职业技术学院
熊其兴	武汉职业技术学院
曾　鑫	武汉软件工程职业学院
张红英	黄冈职业技术学院
何忆斌	湖南工业职业技术学院
林振清	湖南机电职业技术学院
罗灯明	湖南汽车工程职业学院
陈黎明	广东机电职业技术学院
范爱民	顺德职业技术学院
周文海	柳州职业技术学院
张克明	海南经贸职业技术学院
袁苗达	重庆工业职业技术学院
肖　健	四川工程职业技术学院
付龙虎	泸州职业技术学院
周　明	云南机电职业技术学院

李选芒　　　　　陕西工业职业技术学院
张　鑫　　　　　陕西国防工业职业技术学院
王核心　　　　　宝鸡职业技术学院
李树金　　　　　甘肃林业职业技术学院
蓝伙金　　　　　机械工业出版社
霍　阳　　　　　北京中汽锐思教育科技有限公司

汽车技术服务与营销专业教材研发小组

项目指导　冯　渊　无锡职业技术学院
组　　长　贺　萍　深圳职业技术学院
副组长　田春霞　大连职业技术学院
　　　　　　宋润生　深圳职业技术学院
成　　员（按姓氏首字排序）
　　　　　　高谋荣　深圳职业技术学院
　　　　　　姬笑非　长春高等专科学校
　　　　　　罗　静　深圳职业技术学院
　　　　　　潘　浩　深圳职业技术学院
　　　　　　彭　鹏　深圳职业技术学院
　　　　　　宋作军　淄博职业学院
　　　　　　唐作厚　广西机电职业技术学院
　　　　　　张克明　海南经贸职业技术学院
　　　　　　张一兵　中国道路运输协会
　　　　　　周　燕　南京交通职业技术学院
联系人　机械工业出版社　蓝伙金　葛晓慧

丛 书 序

经过十几年的快速发展，中国已经成为世界最大的汽车生产国和主要的汽车消费国。中国汽车消费市场从最初的形成和发展逐步走向了成熟，并开始呈现市场结构优化、技术手段升级、营销模式创新和新兴服务领域快速涌现的新型态势。新的营销理念、新的营销模式、新的服务领域都在冲击和震颤着中国的汽车销售和售后服务领域，表现出了一方面是汽车销售及售后服务业对人才的大量需求，另一方面又是能够适应现代汽车销售市场和服务市场的人才的匮乏。为了适应新的形势，近年来，国内的大专院校，尤其是职业技术类院校的汽车营销类专业在迅速扩充规模的同时积极探索新的人才培养模式，调整课程结构，改进教学方法，以满足培养适应新形势的现代汽车营销类人才的需要。

由全国机械职业教育教学指导委员会汽车类专业教学指导委员会（高职）组织编写、机械工业出版社编辑出版的这套汽车技术服务与营销专业教材，正是面对汽车营销及售后服务市场的新形势而推出的。教材从市场需要的实际出发，坚持以职业素养的培养为基础，以能力提升为目标，以就业为导向，把提高学生的职业素养和职业能力放在突出位置，集中体现培养学生的"汽车技术运用"、"整车及配件营销"、"二手车鉴定评估"、"汽车保险理赔"和"汽车信贷与租赁业务"能力等，并特别面向新兴的汽车电子商务领域推出了《汽车电子商务》教材，使之满足培养具有分析和解决汽车营销和汽车后市场服务领域实际问题能力的复合型高等应用型人才之需要。

因此，本系列教材按照汽车营销类岗位的职业特点和职业技能要求，务求探索和创新：

1. 拓宽汽车技术领域的视野，在满足必要的汽车技术知识铺垫后，强调横向知识的宽泛，突出汽车技术、构造、配置上的差异所带来的车辆性能、车辆特点和使用状况的差异性对比，并追踪汽车新技术的运用，适应学生作为汽车销售顾问的技术性要求；

2. 追踪和吸收前沿的营销理论和营销方法，运用适量的背景资料透视国内外汽车营销行业的发展变化，了解汽车市场的运行状况和走势；

3. 汇集汽车营销领域的经典案例和国内汽车企业的典型案例，选用贴近现实、贴近中国消费者汽车生活的汽车营销实例，近距离了解和掌握汽车营销的相关技术和方法；

4. 注重业务过程的实务性训练，引入汽车营销企业的现实做法，业务流程、业

务规范均来自企业实际，与企业的业务实际零距离对接；

5. 强化职业技能和技法的训练，每章除了复习性的思考练习之外，还安排了用于实际操作训练的实践练习项目，训练学生的实际动手能力；

6. 面向学生汽车营销综合应用能力培养的需要，新编了《汽车使用性能评价与选购》教材；

7. 面向新兴的汽车网络营销业务领域业务需求，增加了《汽车电子商务》教材。

汽车营销业仍是一个新兴的业务领域，也是一个专业技术极强的业务领域。作为高职高专院校，其目标是培养具有一定的理论基础和较强的动手能力的一线应用型技术人才。本系列教材紧扣高职高专教育的目标定位，力求实现"有新意"——内容新、结构新、格式新；"有特色"——背景资料、典型案例、相关链接；"有亮点"——企业实务、实践项目。

本系列教材在全国机械职业教育汽车类专业教学指导委员会（高职）的组织引导下，由多所职业院校教师共同参与完成，其间得到了机械工业出版社领导和编辑的支持和指导，是汽车营销职业教育领域集体劳动的成果和智慧结晶。在此，谨表示衷心感谢。

全国机械职业教育汽车类专业教学指导委员会（高职）
汽车技术服务与营销专业教材研发小组组长　贺萍

前　言

随着电子技术在汽车上的应用日趋完善，汽车在满足日益严格的排放及安全法规要求的前提下，动力和操纵性能不断提高，而且满足了人们对舒适性的追求。目前，汽车电子控制技术已广泛应用于汽车发动机、底盘、车身控制及故障诊断等方面。了解并掌握汽车电子控制技术，是汽车技术服务及营销相关人员必备的能力要求。

本书根据高职高专教育人才培养目标，按照汽车电子技术基础课程的教学基本要求，全面、系统地介绍了汽车主要电子控制系统的基本组成、作用、工作原理及部件结构等。

本书特点主要体现在以下几个方面：

1）全面性。以现代汽车上普遍使用的汽车电子控制技术为主，涉及发动机、底盘、车身等部分的电子控制技术，内容全面。

2）先进性。在注重技术普及性的同时，精选了发展前景广阔的先进汽车电子控制技术。对于目前使用较少或趋于淘汰的电子控制技术，本书不再介绍。

3）实用性。力求从生产一线对汽车技术服务与营销人才知识、能力的需要出发，以利于读者对汽车电子控制技术的理解为重点，精选教学内容。

4）合理性。按照学生的认知规律，摒弃不必要的理论说明，按照对电子控制系统总体认识、作用说明、结构阐述和原理分析的过程，循序渐进，逐步深入。

5）易读性。本书采用了大量与内容相关的图片，力求使内容简洁、明确和直观，以利于读者学习和理解。

本书可作为高等职业院校、高等专科院校、成人高校、民办高校及本科院校汽车技术服务与营销及相关专业的教学用书，并可作为社会从业人士的业务参考书及培训用书。

本书由张克明主编，符晓芬、白有俊、卜毅男、刘麦、黄英超等参加部分内容的编写工作，全书由张克明统稿。

在本书的编写过程中，参考了大量国内外有关书籍和技术资料，在此向相关作者表示深切的谢意。

由于编者水平有限，书中不妥之处在所难免，恳请专家和广大读者不吝指正。

编　者

目　　录

第 一 章

发动机电子控制系统

知识目标：

- 了解发动机电控系统的组成及工作过程；
- 了解电控燃油喷射系统、电控点火系统及辅助控制系统的组成；
- 了解共轨式电控柴油喷射系统的组成、功能；
- 理解电控燃油喷射系统、电控点火系统及辅助控制系统的工作原理；
- 理解共轨式电控柴油喷射系统的工作原理；
- 掌握发动机电控系统主要部件的功用；
- 掌握共轨式电控柴油喷射系统主要部件的功用。

能力目标：

- 能够在车上找到发动机电控系统的主要部件；
- 能够在车上找到共轨式电控柴油喷射系统的主要部件；
- 能够就车讲解发动机电控系统的工作过程；
- 能够就车讲解共轨式电控柴油喷射系统的工作过程；
- 能够就车解释发动机电控系统各主要部件的功用及对发动机工作的影响；
- 能够就车解释共轨式电控柴油喷射系统各主要部件的功用及对发动机工作的影响。

重点与难点：

- 重点：发动机各控制系统的组成、功能及主要部件的安装位置。
- 难点：进气增压系统、可变配气系统、共轨式电控柴油喷射系统的工作原理。

汽车发动机电子控制（简称电控）系统的功用，主要是控制燃油喷射式发动机的空燃比和点火时刻。除此之外，还有怠速控制、排放控制、自诊断与报警和失效保护等辅助控制功能，从而提高发动机的动力性、经济性和排放性能。

发动机电控系统主要由电控燃油喷射系统、怠速控制系统、进气控制系统、排放控制系统、电控点火系统、自诊断与报警系统、失效保护系统和应急备用系统等子系统组成。部分车型的发动机上还装有可变进气系统、可变配气系统、增压系统和巡航控制系统等。无论发动机电控系统的子系统有多少，一般都采用同一电控单元进行控制。

第一节　发动机电控系统概述

一、发动机电控系统的功能

随着汽车技术的快速发展，现代汽车发动机电控系统的功能越来越强大，并将多项控制功能集合在电子控制单元（ECU）上，实现多功能控制，因此被称为发动机集中控制系统。发动机集中控制系统中，各项控制项目共用传感器所提供的信息，控制精度更高。随着对汽车性能要求的不断提高和计算机技术的发展，发动机集中控制系统的控制项目将会更多，并逐步实现高度集中控制的整车集中控制。现代汽车发动机电控系统的主要功能包括如下：

（一）燃油喷射控制功能——电控燃油喷射系统（EFI）

在电控燃油喷射系统中，喷油量控制是最基本的也是最重要的控制内容，电子控制单元（ECU）主要根据进气量确定基本的喷油量，再根据其他传感器（如冷却液温度传感器、节气门位置传感器等）信号对喷油量进行修正，使发动机在各种运行工况下均能获得最佳浓度的混合气，从而提高发动机的动力性、经济性和排放性。除喷油量控制外，电控燃油喷射系统还包括喷油正时控制、断油控制和燃油泵控制。

（二）点火控制功能——电控点火系统（ESA）

电控点火系统最基本的功能是点火提前角控制。该系统根据各相关传感器信号，判断发动机的运行工况和运行条件，选择最理想的点火提前角，点燃混合气，从而改善发动机的燃烧过程，以实现提高发动机动力性、经济性和降低排放污染的目的。此外，电控点火系统还具有通电时间控制和爆燃控制功能。

（三）怠速控制功能——怠速控制系统（ISC）

怠速控制系统是发动机辅助控制系统，其功能是在发动机怠速工况下，根据发动机冷却液温度、空调压缩机是否工作、变速器是否挂入档位等，通过怠速控制阀对发动机的进气量进行控制，使发动机随时以最佳怠速转速运转。

（四）排放控制功能——排放控制系统

排放控制系统的功能主要是对发动机排放控制装置的工作实行电子控制。排放控制的项目主要包括废气再循环（EGR）控制、催化转化控制（TWC）、燃油蒸发排放控制（EVAP）和二次空气喷射控制等。

（五）进气控制功能——进气控制系统

进气控制系统的功能是根据发动机转速和负荷的变化，对发动机的进气进行控制，以提高发动机的充气效率，从而改善发动机动力性。

（六）增压控制功能——增压控制系统

增压控制系统的功能是对发动机进气增压装置的工作进行控制。在装有废气涡轮增压装置的汽车上，ECU根据检测到的进气管压力控制释压电磁阀，以控制排气通路切换阀，改变排气通路的走向，从而控制废气涡轮增压器进入工作或停止工作。

（七）巡航控制功能——巡航控制系统

驾驶人设定巡航控制模式后，ECU根据汽车运行工况和运行环境信息，自动控制发动机工作，使汽车自动维持一定车速行驶。

（八）　警告功能——指示和报警装置

由 ECU 控制各种指示和报警装置，一旦控制系统出现故障，该系统能及时发出信号以警告提示，避免发动机在故障状态下长时间运行，如氧传感器失效、催化剂过热、油箱油温过高等。

（九）　自诊断功能——自诊断与报警系统

在发动机控制系统中，ECU 都设有自诊断系统，对控制系统各部分的工作情况进行监测。当 ECU 检测到来自传感器或输送给执行元件的故障信号时，立即点亮仪表盘上的故障指示灯，以提示驾驶人发动机有故障；同时，系统将故障信息以故障码的形式储存在存储器中，以便帮助维修人员确定故障类型和范围。对车辆进行维修时，维修人员可借助专用设备调取故障码。故障排除后，必须清除故障码，以免与新的故障信息混杂，给故障诊断带来困难。

（十）　失效保护功能——失效保护系统

失效保护系统的功能主要是当传感器或传感器电路发生故障时，控制系统自动按 ECU 中预先设定的参考信号值工作，以便发动机能继续运转，如冷却液温度传感器电路有故障时，可能会向 ECU 输入低于 −50℃ 或高于 139℃ 的冷却液温度信号，失效保护系统将自动按设定的标准冷却液温度信号（80℃）控制发动机工作，否则会引起混合气过浓或过稀，导致发动机不能工作。此外，当对发动机工作影响较大的传感器或电路发生故障时，失效保护系统会立即停止燃油喷射，以防大量燃油进入气缸而不能点火工作。

（十一）　应急功能——应急备用系统

应急备用系统的功能是当控制系统 ECU 发生故障时，自动启用备用系统（备用集成电路），按设定的信号控制发动机转入强制运转状态，以防车辆停驶在路途中。应急备用系统只能维持发动机运转的基本功能，但不能保证发动机性能。后备系统也叫后备功能。当发动机进入后备系统工作时，也叫作进入"跛行"状态，还有的称其为"缓慢回家"状态。

除上述控制系统外，部分发动机上的电控系统还有可变进气系统控制、可变配气系统控制、冷却风扇控制和发电机控制等功能。随着汽车技术和电子技术的发展，发动机控制系统的功能必将日益增加。

二、发动机电控系统的组成

发动机电控系统的组成如图 1-1 所示，主要由信号输入装置、ECU 和执行器等组成。

（一）　输入装置

发动机控制系统的输入装置主要包括各种传感器及其他信号输入装置。

1. 传感器

传感器是感知发动机信息的部件，它将非电量信号转换成电量信号，并将信号输入 ECU。发动机控制系统常用的传感器及其作用如下：

1）空气流量传感器。空气流量传感器主要作用是测量发动机吸入空气量，并将信号输入 ECU，作为燃油喷射和点火控制的主控制信号。

2）进气（歧管绝对）压力传感器（MAP）。进气压力传感器主要作用是测量进气管压力（真空度），并将信号输入 ECU，作为燃油喷射和点火控制的主控制信号。

3）曲轴位置传感器。曲轴位置传感器主要作用是检测曲轴位置信号和曲轴转角信号

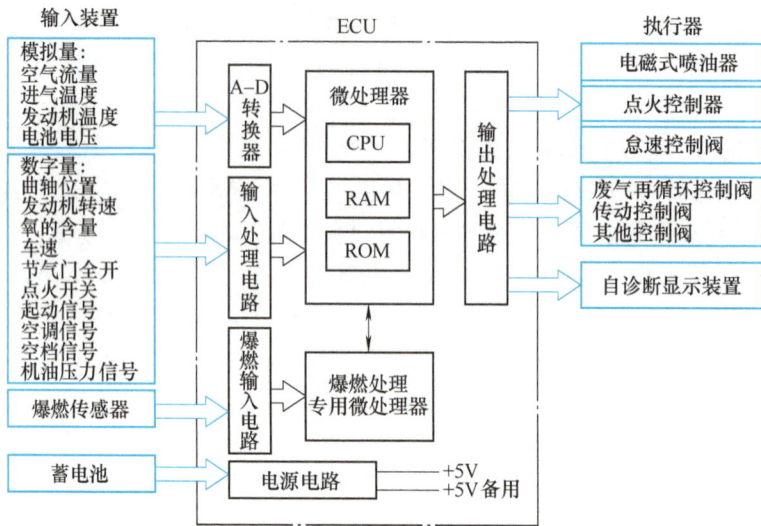

图 1-1　发动机电控系统的组成

（转速信号），并将信号输入 ECU，作为点火控制和燃油喷射的主控制信号。

4）凸轮轴位置传感器也叫作同步信号传感器。凸轮轴位置传感器是一个气缸判别定位装置，向 ECU 输入凸轮轴位置信号，作为点火控制的主控制信号。

5）上止点位置传感器。上止点位置传感器主要作用是向 ECU 提供一缸上止点位置信号，作为点火控制的主控制信号。

6）冷却液温度传感器。冷却液温度传感器主要作用是检测发动机冷却液温度，向 ECU 输入温度信号，作为燃油喷射和点火正时的修正信号，同时也是其他控制系统的控制信号。

7）进气温度传感器。进气温度传感器主要作用是检测进入进气歧管的空气温度，向 ECU 输入进气温度信号，作为燃油喷射和点火正时的修正信号。

8）节气门位置传感器。节气门位置传感器主要作用是检测节气门的开度状态，如怠速（全关）、全开及节气门开、闭的速率信号，输入 ECU，控制燃油喷射及其他控制系统，如 EGR，开、闭环控制等。

9）氧传感器。氧传感器主要作用是检测排气中氧的含量，向 ECU 输入空燃比的反馈信号，进行喷油量的闭环控制。

10）爆燃传感器。爆燃传感器主要作用是向 ECU 输入爆燃信号，经 ECU 处理后，控制点火提前角，抑制爆燃产生。

11）车速传感器。车速传感器主要作用是检测车速，向 ECU 输入车速信号，控制发动机转速，实现超速断油控制。在发动机和自动变速器共同控制时，也是自动变速器的主控制信号。

12）EGR 阀位置传感器。EGR 阀位置传感器主要作用是向 ECU 提供 EGR 阀的位置信号。

2. 信号输入装置

信号输入装置的作用主要是向 ECU 提供发动机运行工况或发动机技术状况的信号。发

动机控制系统常用的信号输入装置及其作用如下：

1）起动信号。起动信号主要作用是在发动机起动时，由起动系统向 ECU 提供一个起动信号，作为喷油量及点火提前角的修正信号。

2）发电机负荷信号。发电机负荷信号主要作用是当发电机负荷因开启用电量较大的电器设备而增大时，向 ECU 输入此信号，作为喷油量及点火提前角的修正信号。

3）空调作用信号（A/C）。空调作用信号主要作用是当空调开关打开，空调压缩机进入工作，发动机负荷加大时，由空调开关向 ECU 输入空调作用信号，作为对喷油量及点火提前角控制的修正信号。

4）档位开关信号和空档位置开关信号。档位开关信号和空档位置开关信号主要作用是当自动变速器由 P/N 位挂入其他位时，发动机负荷将有所增加，档位开关向 ECU 输入信号，作为对喷油量及点火提前角的修正信号。当挂入 P 或 N 位时，空档位置开关提供 P/N 位位置信号，防止不在 P 或 N 位时发动机起动。

5）蓄电池电压信号。蓄电池电压信号主要作用是当 ECU 检测到蓄电池和电源系统的电压过低时，将对供油量进行修正，以补偿由于电压过低，造成喷油持续时间短所带来的影响。

6）离合器开关信号。离合器开关信号主要作用是在离合器接合和分离过程中，由离合器开关向 ECU 输入离合器工作状态信号，作为喷油量及点火提前角控制的修正信号。

7）制动开关信号。制动开关信号主要作用是在制动时，由制动开关向 ECU 提供制动信号，作为对喷油量、点火提前角和自动变速器等的控制信号。

8）动力转向开关信号。采用动力转向装置的汽车，当转向盘由中间位置向左右转动时，由于动力转向油泵工作而使发动机负荷加大，此时动力转向开关向 ECU 输入修正信号，调整喷油量及点火提前角。

9）巡航（定速）控制开关信号。当进入巡航控制状态时，由巡航控制开关向 ECU 输入巡航控制状态信号，由 ECU 对车速进行自动控制。

随着控制功能的扩展，输入信号也将不断增加。从上述所列传感器及输入信号中可以看出，发动机集中控制系统所用的传感器及输入信号有很多都是相同的。这就意味着，在发动机集中控制系统中，可以减少大量的传感器数目，一个传感器或一个输入信号，可以多次重复使用，作为几个控制系统的输入信号。

（二）电子控制单元（ECU）

1. 电子控制单元（ECU）的组成

ECU 主要由输入回路、A-D 转换器（模-数转换器）、微处理器和输出回路四部分组成。如图 1-2 所示为 ECU 外形图，图 1-3 所示为 ECU 的组成示意图。

（1）输入回路　当发动机工作时，各种传感器的信号输入 ECU 后，首先进入输入回路进行处理，传感器输入的信号不同，处理的方法也不同。一般是先将输入信号滤除杂波和将正弦波转变为矩形波后，再转换成输入电平。输入回路的作用如图 1-4 所示。

（2）模-数转换器　传感器输入给 ECU 的信号有数字信号和模拟信号两种，如图 1-5 所示，数字信号可以直接输入微处理器，模拟信号必须经过模-数转换器转换成数字信号后再输入微处理器。

ECU

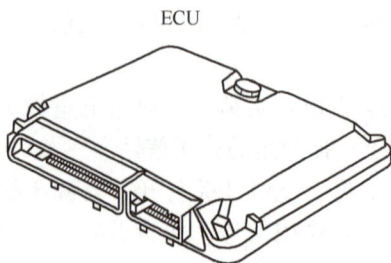

图 1-2　ECU 外形图

ECU

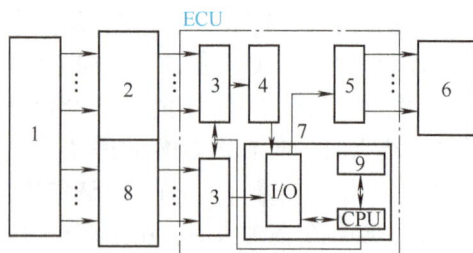

图 1-3　ECU 的组成示意图

1—传感器　2—模拟信号　3—输入回路
4—模-数转换器　5—输出回路
6—执行元件　7—微处理器
8—数字信号　9—存储器

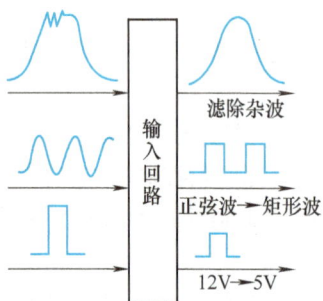

图 1-4　输入回路的作用

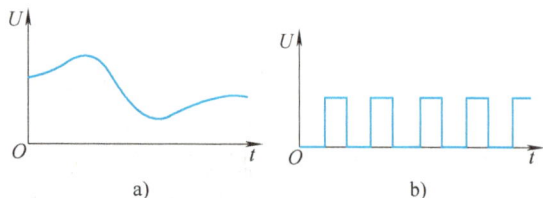

图 1-5　传感器的信号类型

（3）微处理器　微处理器主要由中央处理器（CPU）、存储器（RAM/ROM）和输入/输出（I/O）装置组成，如图 1-6 所示。其作用是利用内存程序和数据对各传感器输入的信号进行运算处理，并将处理结果送往输出回路。

中央处理器（CPU）是电控单元的计算和决策芯片，装在一个长方形扁平盒子内，金属引脚排布在中央处理器保护壳的两边，这些金属引脚把中央处理器连接到 ECU 的电路板上，如图 1-7 所示。

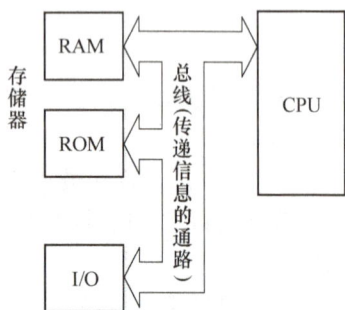

图 1-6　微处理器组成

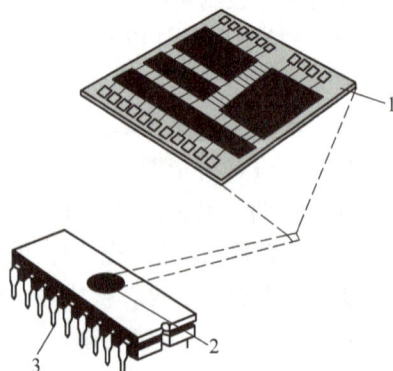

图 1-7　CPU 芯片

1—CPU 芯片　2—封装在保护壳内的芯片　3—金属引脚

（4）输出回路　微处理器输出的数字信号很弱，不能驱动执行元件。作为微处理器与执行元件之间连接桥梁的输出回路，其功用主要是将微处理器的处理结果放大，生成能控制执行元件工作的指令信号。

2. ECU 的工作过程

发动机 ECU 的功用是采集和处理各种传感器的输入信号，根据发动机工作的要求（喷油脉宽、点火提前角等），进行控制决策的运算，并输出相应的控制信号。当前电控发动机中除了控制喷油外，还控制点火、EGR、怠速和增压发动机的废气阀等，由于共用一个 ECU 对发动机进行综合控制，所以也被称为发动机管理系统。

当发动机起动时，电子控制器进入工作状态，将某些程序或步骤从 ROM 中取出，进入 CPU，这些程序可以是控制点火时刻、控制燃油喷射和控制怠速等。通过 CPU 的控制，一个个指令逐个地进行循环。执行程序过程中，所需的发动机信息，来自各个传感器。从传感器来的信号，首先进入输入回路，对其信号进行处理。如是数字信号，根据 CPU 的安排，经 I/O 接口直接进入微处理器；如是模拟信号，还要经过 A-D 转换，转换成数字信号后，才能经 I/O 接口进入微处理器。

大多数信息，暂时存储在 RAM 内，根据指令再从 RAM 送至 CPU。下一步是将存储在 ROM 中的参考数据引入 CPU，使输入传感器的信息与之进行比较。对来自有关传感器的每一个信号，依次取样，并与参考数据进行比较。CPU 对这些数据比较运算后，做出决定并发出输出指令信号，经 I/O 接口，必要的信号还经 D-A 转换器转变成模拟信号，最后经输出回路去控制执行器动作。如是喷油器驱动信号，则控制喷油正时和喷油脉宽，完成控制喷油功能。

发动机工作时，微处理器的运行速度是相当快的，如点火正时，每秒钟可以修正上百次，因此其控制精度是相当高的。

（三）执行器

执行器是受 ECU 控制，具体执行某项控制功能的装置。一般是由 ECU 控制执行器电磁线圈的搭铁回路，也有的是由 ECU 控制的某些电子控制电路，如电子点火控制器等。

在发动机电子控制系统中，常用的执行器主要有电磁式喷油器、点火控制器（点火模块）、怠速控制阀、怠速电动机、EGR 控制阀、进气控制阀、二次空气喷射阀、活性炭罐排泄电磁阀、车速控制电磁阀、燃油泵继电器、冷却风扇继电器、空调压缩机继电器、自动变速器档位电磁阀、增压器释压电磁阀、自诊断显示与报警装置、仪表显示器等。随着发动机电控系统控制功能的增加，执行器也将相应增加。

第二节　电控燃油喷射系统

一、电控燃油喷射系统的组成与分类

（一）电控燃油喷射系统的组成

电控燃油喷射系统形式多样，但其基本组成相同，都由三个子系统组成：进气系统、燃油供给系统和控制系统，如图 1-8 所示。

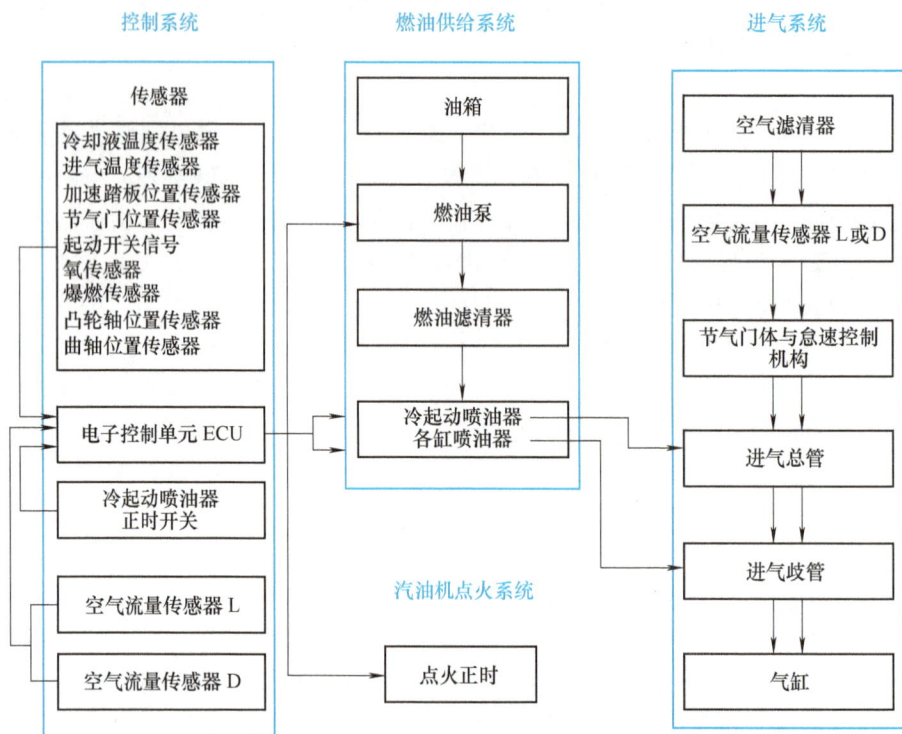

图 1-8　电控燃油喷射系统的组成

进气系统的功用是为发动机可燃混合气的形成提供必需的空气，并测量出进入气缸的空气量。

燃油供给系统的功用是为发动机提供可燃烧的汽油，在 ECU 获得了空气流量传感器的信号之后，系统对进入气缸内的空气量就已经知道，在其他传感器（冷却液温度传感器、节气门位置传感器和曲轴位置传感器等）的帮助下，ECU 判断出发动机当前的工况，从而做出油量的分配，控制相应喷油器打开时间的长短，常称为喷油脉宽，从而，控制了发动机气缸内的空燃比，也就控制了发动机的排放。

控制系统的作用相当于发动机的灵魂，没有控制系统，供气、供油、点火、起动、怠速等系统都将无法正常工作，其主要功能由 ECU 通过执行器实现。

（二）电控燃油喷射系统的分类

1. 按喷射方式分类

按喷射方式不同，燃油喷射系统可以分为连续喷射式（稳定喷射式）和间歇喷射式（脉冲喷射式）。

连续喷射式（稳定喷射式）是指在循环的全过程喷射燃料，连续喷射都是喷在进气道内，因此大部分燃油是在进气门关闭时喷射的，并在进气道内蒸发。这种喷射方式不需要考虑各缸的工作顺序和喷油定时，因此控制非常简单，但混合均匀性、空燃比控制精度及过渡工况的响应特性都较差。目前的电控燃油喷射系统一般不采用此种喷射方式。

间歇喷射式（脉冲喷射式）是指每一缸的喷射都有一限定的喷射持续期。喷射是在进气过程中的一段时间，喷射持续时间决定了所控制的喷油量。对于所有缸内喷射和多数进气道喷射系统都采用间歇喷射方式。在目前应用广泛的采用间歇喷射式的电控燃油喷射系统中，按各缸喷油器的喷射顺序又可分为顺序喷射、分组喷射和同时喷射，如图1-9所示。

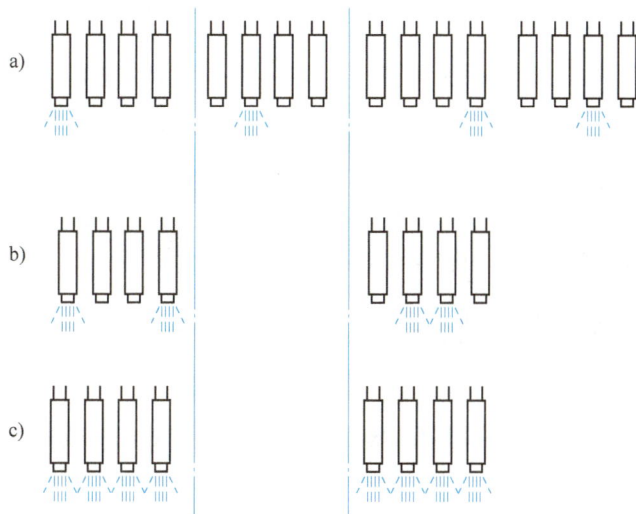

图1-9 喷油器的喷射顺序

a）顺序喷射 b）分组喷射 c）同时喷射

顺序喷射是指各喷油器由ECU分别控制，按发动机各缸的工作顺序喷油。分组喷射是指各缸喷油器分成几组，ECU向某组的喷油器发出喷油或断油指令时，同一组的喷油器同时喷油或断油。多缸发动机电控燃油喷射系统采用顺序喷射或分组喷射喷油方式的较多。

同时喷射是将各缸的喷油器并联，在发动机运行期间，所有喷油器由ECU的同一指令控制，同时喷油或同时断油。采用此种喷油方式，喷油时刻不可能是最佳的，性能较差，一般用在部分缸数较少的汽油发动机上。采用同时喷射方式的电控燃油喷射系统，一般都是曲轴每转一圈各缸同时喷油一次，每一次燃烧所需要的喷油量需要喷射两次，即曲轴每转一圈喷射1/2的油量。

2. 按进气量的检测方式分类

电控燃油喷射系统必须对进入气缸的空气量进行精确的计算，才能通过对喷油量的控制，实现混合气浓度的高精度控制。按进气量的检测方式不同，电控燃油喷射系统可分为速度密度控制型（D型）和质量流量控制型（L型）。

D型电控燃油喷射系统的组成如图1-10所示。它不是直接检测吸入发动机的空气量，而是通过检测进气歧管压力（真空度）和发动机转速，推算出吸入的空气量。

L型电控燃油喷射系统的组成如图1-11所示。它是由空气流量传感器直接测量进入进气歧管的空气量，其检测精度高于D型，故可更精确地控制空燃比。

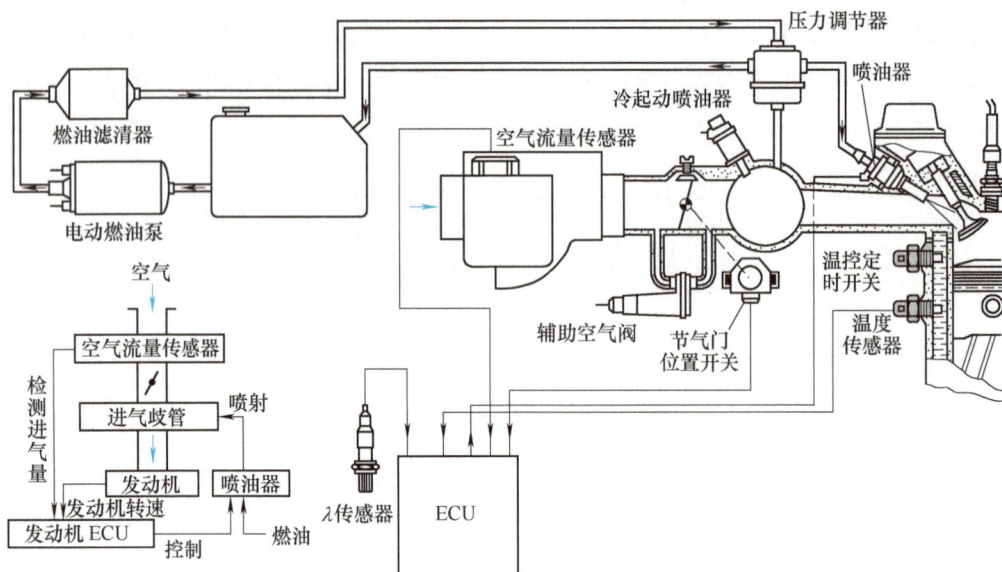

图 1-10　D 型电控燃油喷射系统的组成

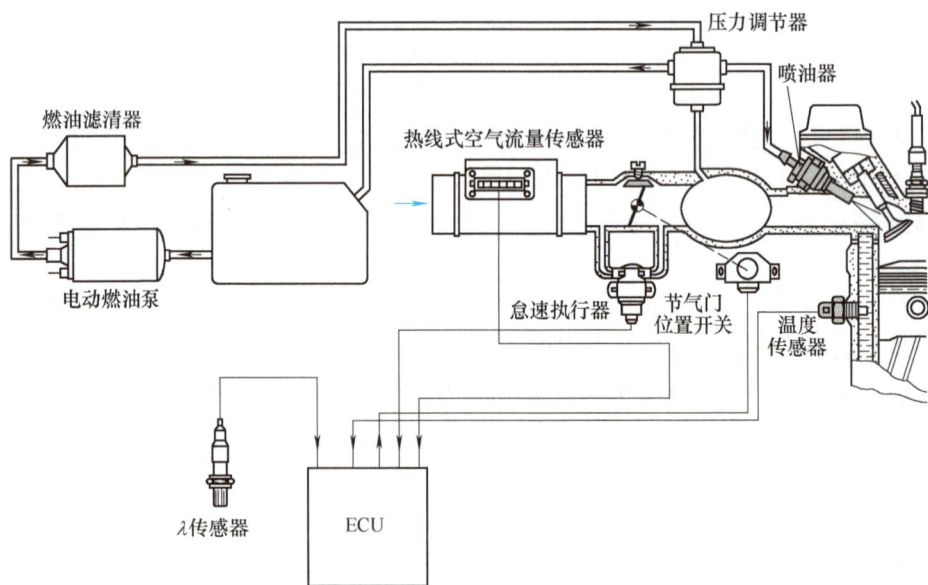

图 1-11　L 型电控燃油喷射系统的组成

3. 按喷射位置分类

按喷射位置的不同，电控燃油喷射系统可以分为进气管喷射和缸内直接喷射。如图 1-12 所示，缸内直接喷射是近年来研究和开发的发动机新技术，它是将喷油器安装在气缸盖上，把燃油直接喷入气缸内，配合缸内组织的气流流动形成可燃混合气，容易实现分层燃烧和稀

混合气燃烧，可进一步提高汽油发动机的经济性和排放性能。

进气管喷射是把燃油喷射在气缸外进气门附近，主要有多点喷射（Multi Point Injection）和单点喷射（Single Point Injection）两种形式。

多点喷射每只进气歧管设有喷油器，喷油器设置在各缸气道的进气门前方，如图 1-13 所示。现在的电控汽油喷射发动机绝大多数采用多点喷射系统。单点喷射只有进气总管设喷油器，喷油器设置在进气管的节气门前方，可以是两个喷嘴。多点、单点是地点的概念，不是喷嘴个数的概念。

图 1-12　缸内直接喷射

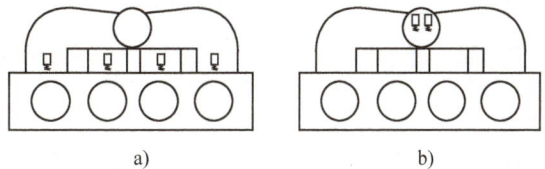

图 1-13　电控燃油喷射系统的喷射位置
a）多点喷射系统　b）单点喷射系统

4. 按有无反馈信号分类

电控燃油喷射系统按有无反馈信号可分为开环控制系统和闭环控制系统。

开环控制系统（无氧传感器）对发动机及控制系统的精度要求高，控制精度低。它是通过实验室确定的发动机各工况的最佳供油参数预先存入 ECU，在发动机工作时，ECU 根据系统中各传感器的输入信号，判断自身所处的运行工况，并计算出最佳喷油量。其精度直接依赖于所设定的基准数据和喷油器调整标定的精度。当使用工况超出预定范围时，不能实现最佳控制。

闭环控制系统（有氧传感器）可达到较高的空燃比控制精度。在此控制系统中，发动机排气管上加装了氧传感器，根据排气中含氧量的变化，判断实际进入气缸的混合气空燃比，再通过 ECU 与设定的目标空燃比进行比较，并根据误差修正喷油量。空燃比控制精度较高。目前普遍采用开环控制系统和闭环控制系统相结合的控制方案。

5. 按有无回油管分类

电控燃油喷射系统按有无回油管可分为回流型和无回流型两种燃油喷射系统。

在回流型燃油喷射系统中，燃油通过进油管和燃油滤清器，通过进油口到达喷油器和燃油压力调节器。当燃油压力足够高时，燃油压力调节器开启，流出燃油压力调节器的燃油进入回油管，返回油箱，如图 1-14 所示。

为保证足够的燃油压力和容量，回流型燃油喷射系统最终向喷油器泵出的油量常常是比实际需要的多，一个燃油分子在最终流经喷油器并转化成能量之前，要在燃油轨道内进行多达 30 次的往返流动才最终到达发动机。在每一次这样的流动中，燃油都会吸收热量，使燃油温度升高，而温度升高的部分燃油又返回到油箱里。在炎热的夏日，燃油箱里的温度会超过 $160°F$（约 $70℃$），这是燃油蒸发的基础温度。即使油箱里蒸发的燃油蒸气存放得当，但是它还会造成多种汽车驱动性能方面的故障。

为了克服油箱中产生的燃油蒸汽问题，一些汽车制造商推出了新的燃油系统，新系统把燃油从油箱到发动机往返流动的次数减少到只有一次。在这些新的燃油系统中，由于没有设置未使用燃油从发动机流回油箱的回流管路，因此它便被称为无回流燃油喷射系统。这种在 20 世纪 90 年代中期推出的无回流燃油喷射系统，目前已经得到了广泛的应用。

在无回流燃油喷射系统中，燃油

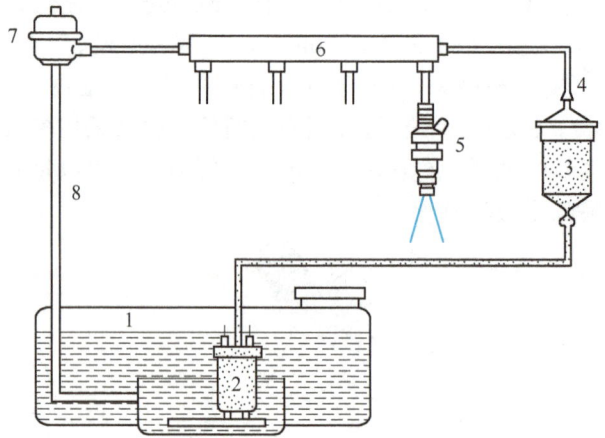

图 1-14　回流型燃油喷射系统

1—油箱　2—燃油泵　3—燃油滤清器　4—进油管
5—喷油器　6—油轨　7—燃油压力调节器
8—回油管

通过油箱底部的燃油滤网后，被输送到燃油泵。燃油泵向发动机提供所需的燃油压力和燃油量，多余未使用的燃油通过压力调节器又被送回到油箱里，如图 1-15 所示。

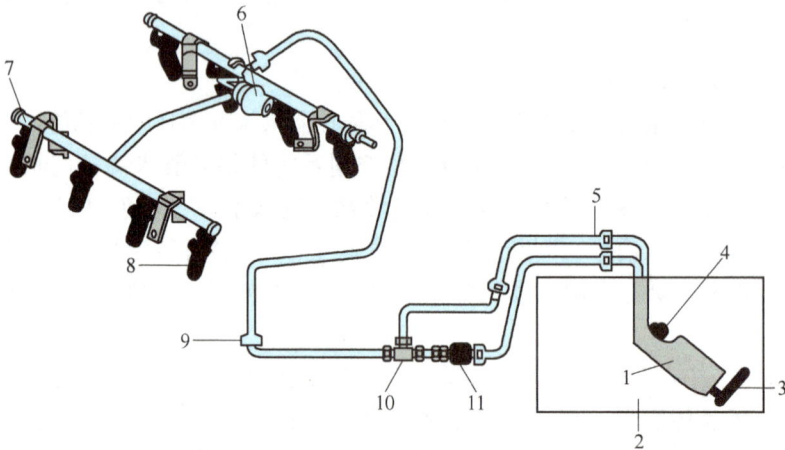

图 1-15　无回流燃油喷射系统

1—燃油泵　2—油箱　3—滤网　4—燃油压力调节器　5—回油管　6—燃油脉动阻尼器
7—油轨　8—喷油器　9—供油管　10—T 形插头　11—燃油滤清器

无回流燃油喷射系统的压力调节器与发动机之间没有真空连接，因此，这个压力调节器的作用是无论发动机运行状况如何变化，它都将保持稳定的系统压力。为了确保发动机在当前工况下总是得到正合适的燃油量，ECU 要相应地快速改变喷油器的脉冲宽度。在一些比较新型的燃油系统中，燃油压力传感器向 ECU 提供系统压力信息，ECU 通过修正脉冲宽度，对燃油泵动力供应系统做出响应，调节系统压力和不需使用的燃油量。因此，这种新型的燃油系统完全取消了独立的压力调节器。

二、电控燃油喷射系统的功能

电控燃油喷射系统的功能是对喷油正时、喷油量、燃油停供及燃油泵进行控制。

（一）喷油正时控制

在采用间歇喷射方式的电控燃油喷射系统中，ECU 必须控制喷油器喷油的开始时刻，这就是喷油正时控制。其控制目标一般是在进气行程开始前喷油结束。

喷油器的喷油可分为同步喷油和异步喷油两种类型。同步喷油是根据发动机各缸工作循环在既定的曲轴位置进行喷油。同步喷油有规律性。异步喷油与发动机的工作不同步，无规律性。它是在同步喷油的基础上，为改善发动机的性能额外增加的喷油，主要有起动异步喷油和加速异步喷油。

1. 同步喷油正时控制

同步喷油正时控制包括顺序喷油正时控制、分组喷油正时控制、同时喷油正时控制三种方式。

采用顺序喷油正时控制的电控燃油喷射系统中，ECU 根据凸轮轴位置传感器（G 信号）、曲轴位置传感器（Ne 信号）和发动机的做功顺序，确定各气缸工作位置。当确定各缸活塞运行至排气行程上止点某一位置时，ECU 输出喷油控制信号，接通喷油器电磁线圈电路，该缸开始喷油。图 1-16 所示为采用顺序喷油正时控制的控制电路。

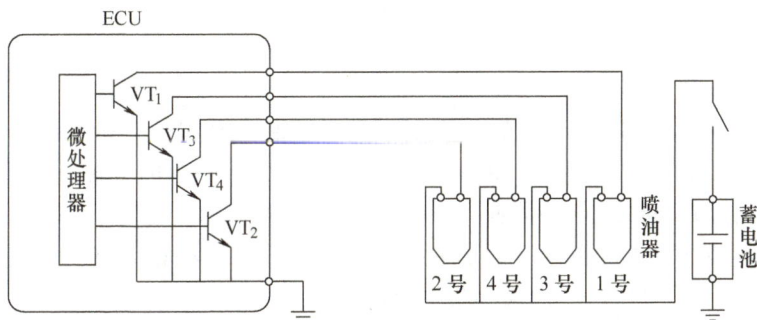

图 1-16　采用顺序喷油正时控制的控制电路

采用分组喷油正时控制的电控燃油喷射系统中，所有喷油器分成 2 ~ 4 组，由 ECU 分组控制喷油器。ECU 以各组最先进入做功的缸为基准，在该气缸排气行程上止点前某一位置，ECU 输出指令信号，接通该组喷油器电磁线圈电路，该组喷油器开始喷油。图 1-17 所示为采用分组喷油正时控制的控制电路。

采用同时喷射控制的电控燃油喷射系统中，所有各缸喷油器由 ECU 控制同时喷油和断油，喷油正时控制是以发动机最先进入做功行程的缸为基准，在该缸排气行程上止点前某一位置，ECU 输出指令信号，接通该组喷油器电磁线圈电路，该组喷油器开始喷油。图 1-18 所示为采用同时喷油正时控制的控制电路。

2. 异步喷油正时控制

（1）起动时异步喷油正时控制　在部分电控燃油喷射系统中，发动机起动时，在同步喷油基础上，为改善发动机的起动性能，再增加一次异步喷油。

13

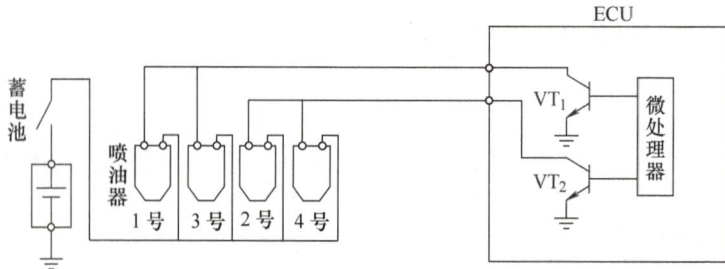

图 1-17　采用分组喷油正时控制的控制电路

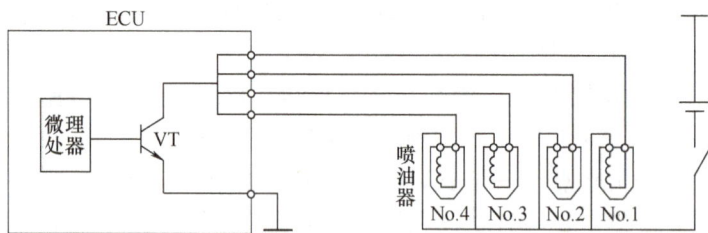

图 1-18　采用同时喷油正时控制的控制电路

　　具有起动时异步喷油功能的电控燃油喷射系统，在起动开关处于接通状态时，ECU 接收到第一个凸轮轴位置传感器信号（Ne 信号）后，接收到第一个曲轴位置传感器信号（G 信号）时，开始进行起动时的异步喷油。

　　（2）加速时异步喷油正时控制　为了改善加速性能，ECU 根据节气门位置传感器中怠速信号从接通到断开时，增加一次固定量的喷油。

（二）喷油量控制

　　喷油量控制是电控燃油喷射系统最主要的控制功能之一。喷油量控制的目的，是使发动机在各种运行工况下，都能获得最佳的喷油量，以提高发动机的经济性和降低排放污染。喷油量的控制是通过对喷油器喷油时间的控制来实现的。

　　喷油量控制可分为同步喷油量控制和异步喷油量控制。同步喷油量控制又分为起动时的同步喷油量控制和发动机起动后的同步喷油量控制。

　　1. 起动时的同步喷油量控制

　　发动机起动时，ECU 根据冷却液温度，由内存的冷却液温度-喷油时间曲线确定基本喷油时间，如图 1-19 所示。在发动机转速低于规定值或点火开关接通位于 STA（起动）档时，ECU 根据冷却液温度确定基本喷油时间，再根据进气温度和蓄电池电压进行修正，得到起动时的喷油持续时间。

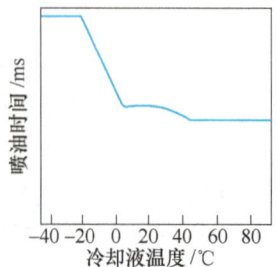

图 1-19　起动时的基本喷油时间

2. 起动后的同步喷油量控制

当发动机起动后转速超过预定值时，ECU 确定的喷油持续时间为

$$喷油持续时间 = 基本喷油持续时间 × 喷油修正系数 + 电压修正$$

在 D 型电控燃油喷射系统中，ECU 根据发动机转速信号和进气管绝对压力信号，由 ECU 查表确定基本喷油时间。

在 L 型电控燃油喷射系统中，ECU 根据发动机转速信号和空气流量传感器信号，由 ECU 查表确定基本喷油时间。

喷油修正系数包括起动后加浓修正、暖机加浓修正、进气温度修正、大负荷工况喷油量修正、过渡工况喷油量修正和怠速稳定性修正等。

电压修正是考虑蓄电池电压变化的修正。

3. 异步喷油量控制

发动机起动和加速时的异步喷油量固定，各气缸喷油器以一个固定的喷油持续时间，同时向各气缸增加一次喷油。

（三）燃油停供控制

1. 减速断油控制

当驾驶人快速松开加速踏板使汽车减速时，ECU 控制喷油器停止喷油，以降低 HC 和 CO 含量。当转速降至规定值时又恢复正常。

2. 限速断油控制

发动机转速超过安全转速或汽车超过设定的最高车速时，ECU 控制喷油器停止喷油，以防超速。

（四）燃油泵控制

当点火开关打开或发动机熄灭后，电控燃油喷射系统中的燃油泵一般预先或延迟工作 2～3s，以保证燃油系统必需的油压。

在发动机起动过程和运转过程中，燃油泵应保持正常工作。

打开点火开关但不起动发动机，或关闭点火开关后，应适时切断燃油泵控制电路，使燃油泵停止工作。有些燃油泵有高低两个速档，以满足不同转速的需要。

三、电控燃油喷射系统的主要部件

（一）进气系统的主要部件

电控燃油喷射发动机进气系统的组成如图 1-20 所示，主要包括空气滤清器、节气门体和进气管。部分电控燃油喷射发动机的进气系统上，还装有其他系统（如控制系统）的部件。

1. 空气滤清器

空气滤清器用于滤除空气中的灰尘，电控燃油喷射发动机装用的空气滤清器一般都为纸质滤芯，其结构与普通发动机上相同。

2. 节气门体

节气门体安装在进气管中，来控制发动机正常工况下的进气量，如图 1-21 所示。节气门体主要由节气门和怠速空气道等组成。节气门位置传感器装在节气门轴上，来检测节气门

的开度。有的车上还设有副节气门和副节气门位置传感器。

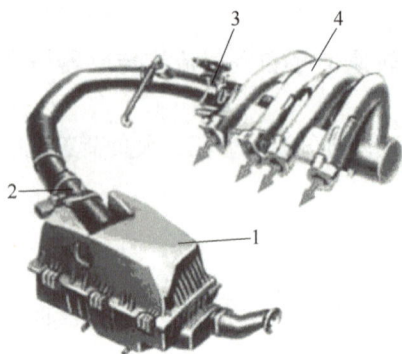

图 1-20　发动机进气系统的组成

1—空气滤清器　2—空气流量传感器
3—节气门体　4—进气歧管

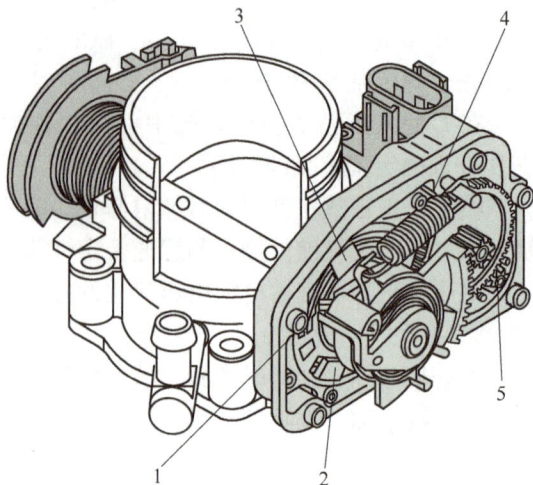

图 1-21　节气门体

1—怠速开关　2—节气门位置传感器
3—节气门怠速电位计　4—回位弹簧
5—怠速直流电动机

3. 进气管

在多点电控燃油喷射发动机上，为了消除进气波动和保证各缸进气均匀，对进气总管和进气歧管的形状、容积都有严格的要求，每个气缸必须设置一个单独的进气歧管。有些发动机的进气总管与进气歧管制成一体，如图 1-22 所示；有些则是分开制造，再用螺栓连接，如图 1-23 所示。

（二）燃油供给系统的主要部件

各种电控燃油喷射发动机和燃油系统基本相同，都是由燃油泵、燃油滤清器、燃油压力调节器及油管等组成的，如图 1-24 所示。

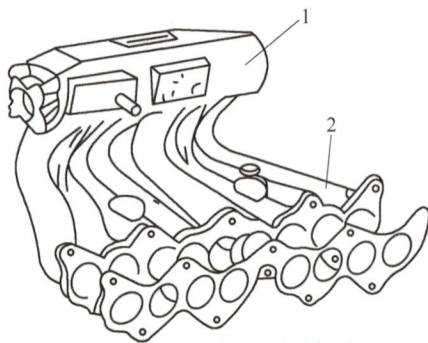

图 1-22　整体式进气管

1—进气总管　2—进气歧管

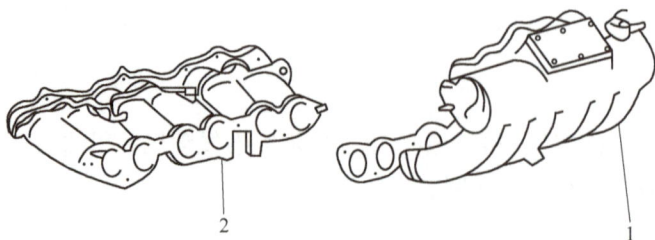

图 1-23　分体式进气管

1—进气总管　2—进气歧管

1. 电动燃油泵

（1）电动燃油泵的类型　电动燃油泵是一种由小型直流电动机驱动的燃油泵，其作用是给 EFI 系统提供具有一定压力的燃油。电动燃油泵的电动机和燃油泵制成一体，密封在同一壳体内，如图 1-25 所示。

电动燃油泵根据安装位置不同可分为油箱内置式和油箱外置式两种。油箱内置式电动燃油泵具有噪声小、不易产生气阻、不易泄漏、安装管路较简单等优点，应用较为广泛，如图 1-26 所示。油箱外置式电动燃油泵容易布置，安装自由度大，维修方便，但噪声大，燃油供给系统易产生气阻，所以只有在少数车型上仍在使用。

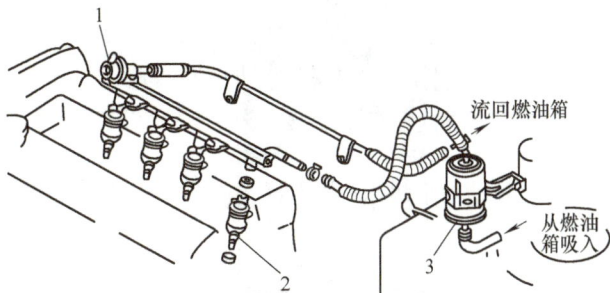

图 1-24　燃油供给系统的主要部件
1—燃油压力调节器　2—喷油器　3—燃油滤清器

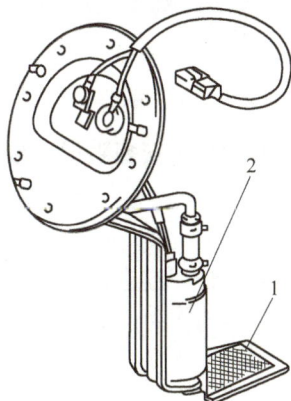

图 1-25　电动燃油泵
1—滤清器　2—燃油泵

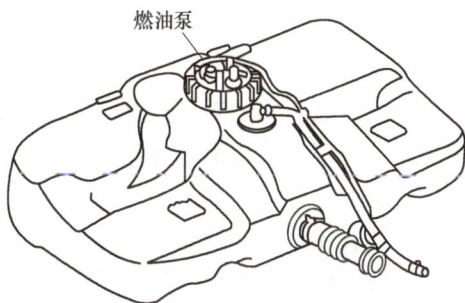

图 1-26　内置式电动燃油泵

根据电动燃油泵的结构不同，可分为涡轮式、滚柱式、转子式和叶片式燃油泵。内置式电动燃油泵多采用涡轮式结构，外置式电动燃油泵多采用滚柱式结构。

（2）电动燃油泵的构造与原理　涡轮式电动燃油泵的结构如图 1-27 所示，主要由燃油泵电动机、涡轮泵、出油阀（单向阀）和卸压阀等组成。油泵电动机通电时，电动机驱动涡轮泵叶片旋转，由于离心力的作用，使叶轮周围小槽内的叶片贴紧泵壳，将燃油从进油室带往出油室。由于进油室的燃油不断增多，形成一定的真空度，将燃油从进油口吸入；而出油室燃油不断增多，燃油压力升高，当达到一定值时，顶开出油阀出油口输出。出油阀在油泵不工作时阻止燃油流回油箱，保持油路中有一定的压力，便于下次起动。卸压阀安装在进油室和出油室之间，当燃料压力达到 0.4MPa 以上时，阀门开启，释放一部分燃油，以防止燃油压力上升过高。

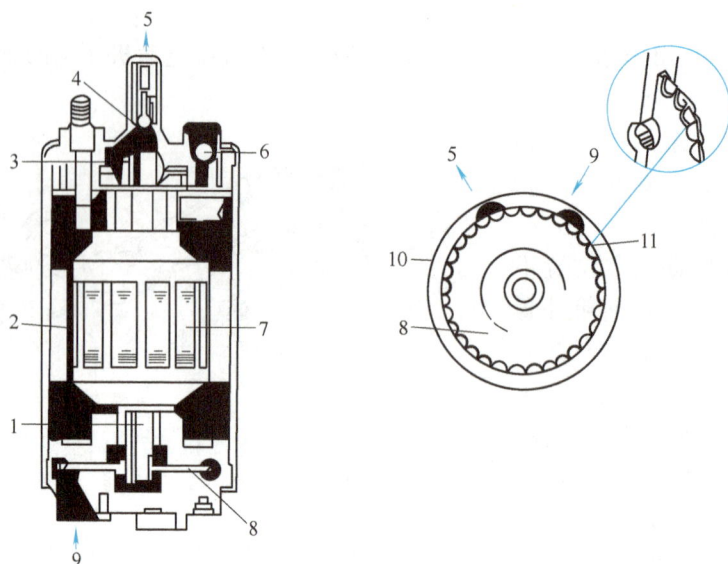

图 1-27　涡轮式电动燃油泵的结构

1—前轴承　2、7—电动机转子　3—后轴承　4—出油阀　5—出油口
6—卸压阀　8—叶轮　9—进油口　10—泵壳体　11—叶片

　　滚柱式电动燃油泵的结构如图 1-28 所示，主要由燃油泵电动机、滚柱泵、出油阀和卸压阀等组成。滚柱式电动燃油泵的输油压力波动较大，在出油端必须安装阻尼减振器，因此体积增大，一般安装在油箱外面，即油箱外置。

　　滚柱泵的工作原理如图 1-29 所示，油泵电动机通电时，相邻两个工作腔形成一定的真空度，当转到与进油口接通时，将燃油吸入；而吸满燃油的工作腔转过进油口后，其容积不断减小，使燃油压力不断升高，从出油口输出。出油阀和泄油阀的作用与涡轮式电动燃油泵相同。

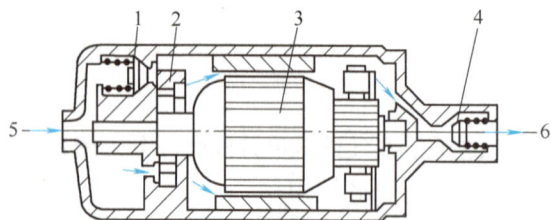

图 1-28　滚柱式电动燃油泵的结构

1—卸压阀　2—滚柱泵　3—电动机
4—出油阀　5—进油口　6—出油口

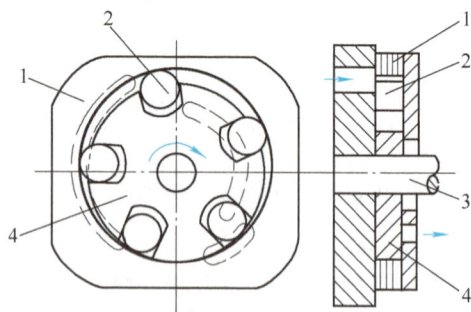

图 1-29　滚柱泵的工作原理

1—泵壳体　2—滚柱　3—转子轴　4—转子

　　现代汽车上，广泛采用双级式电动燃油泵，如图 1-30 所示。双级式电动燃油泵是由初级泵和主输油泵两者合成一个组件，由一个电动机驱动的机构。

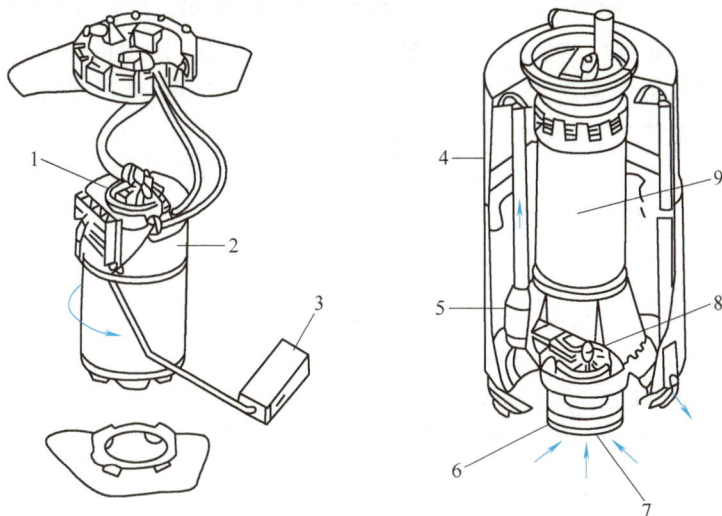

图1-30　双级式电动燃油泵

1、9—主输油泵　2、4—调节器　3—燃油表传感器浮子

5—初级油泵　6—滤清器　7—燃油进口　8—轴

（3）电动燃油泵的控制电路　不同车型燃油泵的控制电路各不相同，下面是几种常用的控制电路。

1）ECU控制的燃油泵控制电路。如图1-31所示，此种控制电路主要应用在D型电控燃油喷射系统，以及装用热式或卡门旋涡式空气流量传感器的电控燃油喷射系统中。发动机高速、大负荷时，FPC端子向燃油泵ECU发出指令，FP输出12V电压，燃油泵高速运转；发动机低速、小负荷工作时，DI端子向燃油泵ECU发出指令，FP输出9V电压，燃油泵低速运转。

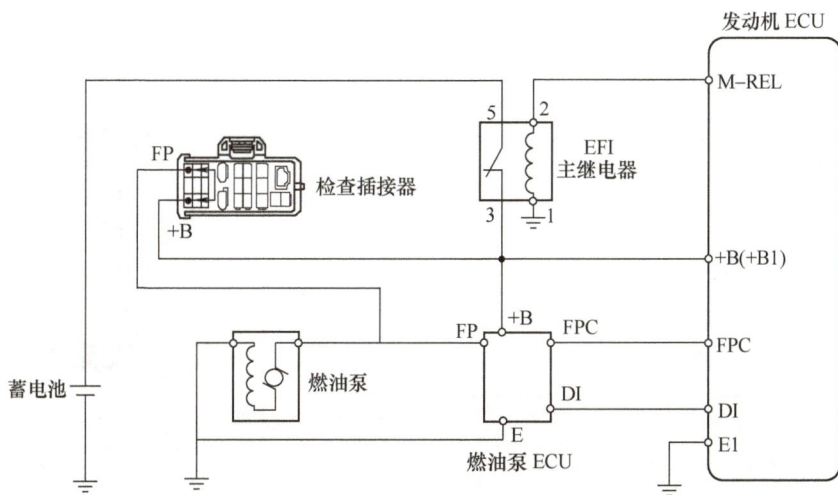

图1-31　ECU控制的燃油泵控制电路

2）燃油泵继电器控制的燃油泵控制电路。如图 1-32 所示，此种控制电路可根据发动机转速和负荷的变化，通过燃油泵继电器改变燃油泵供电线路。发动机高速、大负荷时，FPR 端子高电位，燃油泵继电器触点 B 闭合，燃油泵高速运转。发动机低速、小负荷工作时，FPR 端子低电位，燃油泵继电器触点 A 闭合，燃油泵低速运转。

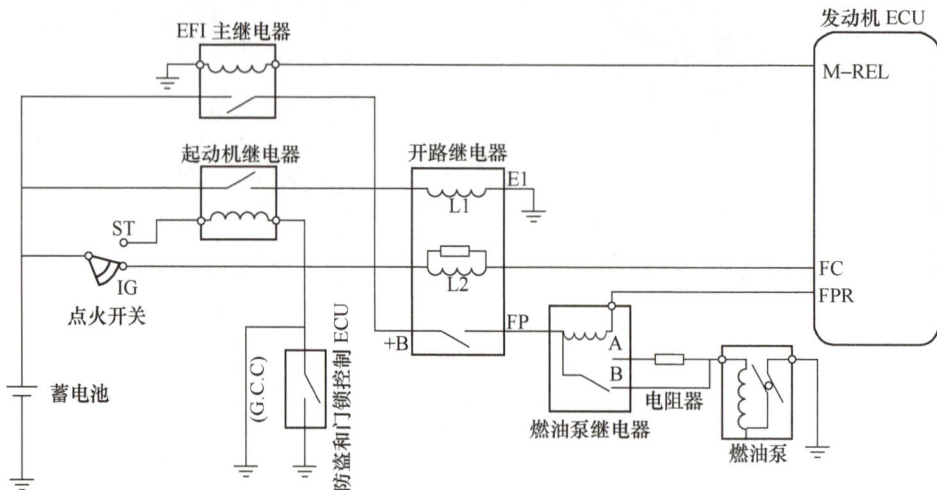

图 1-32　燃油泵继电器控制的燃油泵控制电路

3）大众车系燃油泵控制电路。如图 1-33 所示，此种控制电路在打开点火开关后，发动机 ECU J220 的端子 T80/4 低电位，燃油泵继电器 J17 触点工作，由蓄电池直接向燃油泵 G6 供电，燃油泵工作。

2. 燃油滤清器

燃油滤清器安装在燃油泵之后，其作用是滤清燃油中的杂质和水分，防止燃油系统堵塞，减小机件磨损，保证发动机正常工作。在电控燃油喷射系统中，燃油滤清器一般采用的都是纸质滤芯，如图 1-34 所示。燃油滤清器的滤芯通常有两种，即菊花形和涡卷形，如图 1-35 所示。

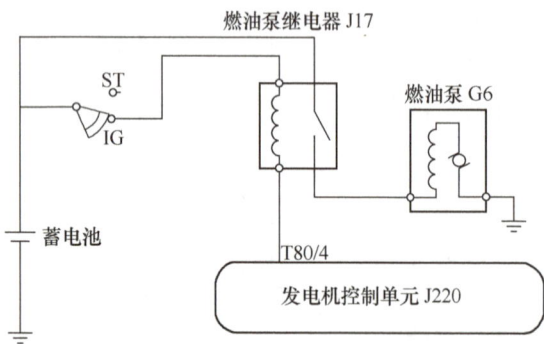

图 1-33　大众车系燃油泵控制电路

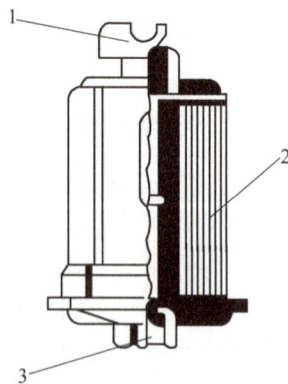

图 1-34　燃油滤清器
1—出口　2—滤芯　3—进口

燃油滤清器每行驶 20 000~40 000km 或 1~2 年应更换，安装时应注意燃油流动方向的箭头，不能装反。

3. 脉动阻尼器

部分车型的电控燃油喷射系统中，在输油管的一端装有脉动阻尼器，脉动阻尼器由膜片、回位弹簧、阀片和外壳组成，如图 1-36 所示。其作用是衰减喷油器喷油时引起的燃油压力脉动，并抑制喷油器或汽油压力调节器在开启与关闭过程中产生的压力脉冲噪声，使系统压力保持稳定。

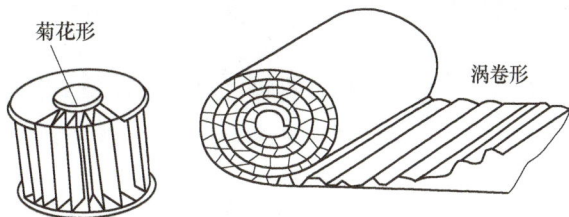

图 1-35　滤芯结构

发动机工作时，燃油经过脉动阻尼器膜片下方进入输油管，当燃油压力产生脉动时，膜片弹簧被压缩或伸张，膜片下方的容积稍有增大或减小，从而起到稳定燃油系统压力的作用。

4. 燃油压力调节器

燃油压力调节器安装在输油管的一端，如图 1-37 所示，主要由阀片、膜片、膜片弹簧和外壳组成。其作用是调节燃油压力，使输油管内燃油压力与进气管内气体压力的差值保持恒定的 250~300kPa，使喷油器喷油量仅与喷油时间有关。

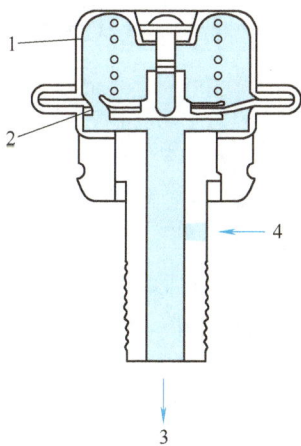

图 1-36　脉动阻尼器

1—回位弹簧　2—膜片　3—出油口　4—进油口

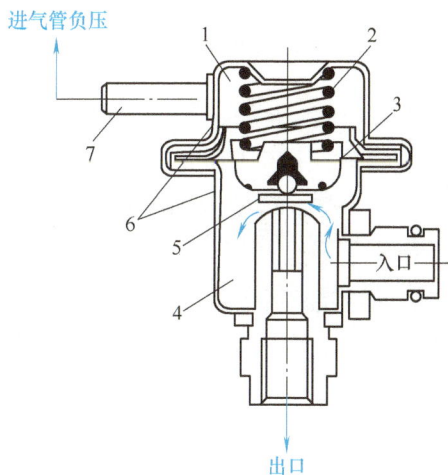

图 1-37　燃油压力调节器的结构

1—弹簧室　2—弹簧　3—膜片　4—燃油室
5—回油阀　6—壳体　7—真空管插头

发动机工作时，燃油压力调节器膜片上方承受的压力为弹簧压力和进气管内气体的压力之和，膜片下方承受的压力为燃油压力，当压力相等时，膜片处于平衡位置不动。当进气管内气体压力下降时，膜片向上移动，回油阀开度增大，回油量增多，使输油管内燃油压力也下降；反之，当进气管内气体压力升高时，燃油的压力也升高。

5. 喷油器

喷油器的作用是根据 ECU 的指令，控制燃油喷射量。单点喷射系统的喷油器安装在节气门体空气入口处，多点喷射系统的喷油器安装在各缸进气歧管或气缸盖上的各缸进气道处。

（1）喷油器的结构与原理　按喷油口的结构不同，喷油器可分为孔式和轴针式两种，如图1-38所示。喷油器主要由滤网、电插头、电磁线圈、回位弹簧、衔铁和针阀等组成。轴针式喷油器针阀下部还有一段探入喷口的轴针。不喷油时，弹簧将针阀压紧在阀座上，防止滴漏；停喷瞬时，弹簧使针阀迅速回位，断油干脆。轴针式喷油器可使燃油以环状喷出，有利于雾化，且由于轴针在喷口中的不断运动使喷口不易阻塞。

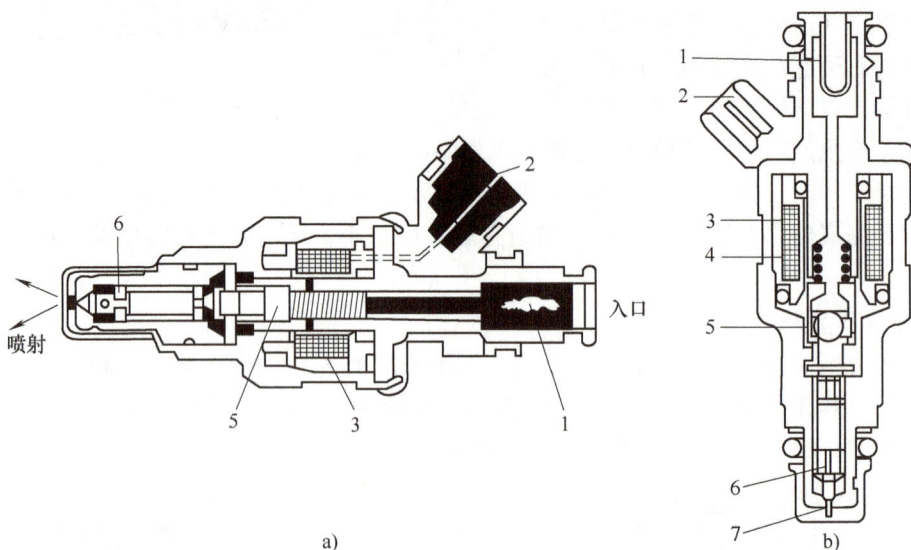

图1-38　喷油器的结构

a）孔式喷油器　b）轴针式喷油器

1—进油滤网　2—插接器　3—电磁线圈　4—回位弹簧　5—衔铁　6—针阀　7—轴针

ECU的喷油控制信号将喷油器与电源回路接通时，电磁线圈通电并在周围产生磁场，吸引衔铁移动，而衔铁与针阀一体，因此针阀克服弹簧张力而打开，燃油即开始喷射。当ECU将电路切断时，吸力消失，弹簧使针阀关闭，喷射停止。喷油量的多少取决于针阀行程、喷口截面面积、喷射环境压力与燃油压力的压差及喷油时间。当各因素确定时，喷油量就取决于针阀的开启时间，即电磁线圈的通电时间。即喷油量由ECU控制。

（2）喷油器的驱动方式　喷油器的驱动方式可分为电压驱动和电流驱动两种方式。各车型装用的喷油器，按其线圈的电阻值可分为高阻（电阻为$13\sim16\Omega$）和低阻（电阻为$2\sim3\Omega$）两种类型。电流驱动只适用于低阻喷油器，电压驱动既可用于低阻喷油器，又可用于高阻喷油器，如图1-39所示。高阻喷油器常采用电压驱动方式。

在电流驱动回路中无附加电阻，低阻喷油器直接与蓄电池连接，通过ECU中的晶体管对流过喷油器电磁线圈的电流进行控制，如图1-39a所示。由于无附加电阻，回路阻抗小，开始导通时，大电流使针阀迅速打开，使喷油器具有良好的响应性。针阀打开后，需要的保持电流较小，可以防止喷油器线圈发热，减少功率消耗。

电压驱动方式的原理如图1-39b、c所示。电压驱动方式的驱动能力较低，可直接驱动线圈电阻值高、线圈匝数量多、工作电流小的高阻值喷油器。在电压驱动回路中使用低阻喷

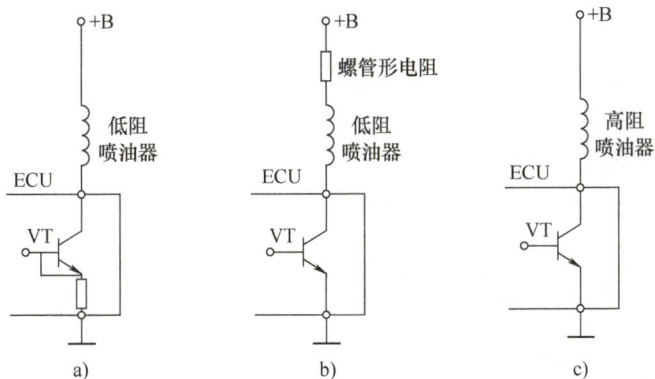

图1-39　喷油器的驱动方式

a）电流驱动　b）电压驱动（低阻）　c）电压驱动（高阻）

油器时，必须在回路中串入附加电阻。为使喷油器响应性好，在低阻喷油器中减少了电磁线圈匝数以减少电感；在回路中加入附加电阻，可以防止匝数减少后线圈中电流加大，造成线圈发热而损坏。

（三）控制系统传感器

1. 空气流量传感器

空气流量传感器安装在空气滤清器与节气门体之间，如图1-40所示。在L型电控燃油喷射系统中，空气流量传感器用于将单位之间内进入发动机的进气量转换成电信号，并将信号输入ECU。根据空气流量传感器测量原理的不同，空气流量传感器可分为叶片式空气流量传感器、热式空气流量传感器和卡门旋涡式空气流量传感器三种类型。

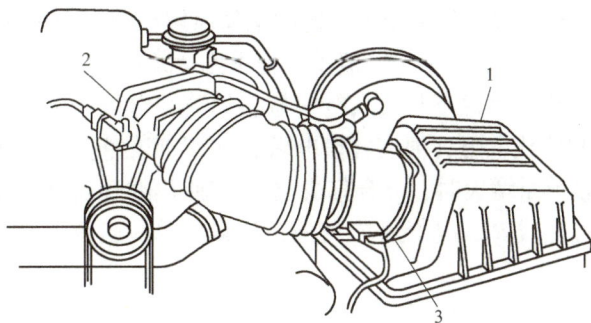

（1）叶片式空气流量传感器　如图1-41所示，叶片式空气流量传感器由测量板、补偿板、回位弹簧、电位计和旁通气道等组成。此外还包括怠速调整螺钉、油泵开关及进气温度传感器等。

图1-40　空气流量传感器的安装位置

1—空气滤清器　2—空气流量传感器　3—节气门体

叶片式空气流量传感器的工作原理如图1-42所示，空气通过空气流量传感器→测量板打开一个角度→与测量板同轴转动的电位计检测出叶片转动的角度→将进气量转换成电压信号VS送给ECU，从而获得发动机进气量的信号。在当前的汽车发动机上此种传感器应用越来越少。

（2）热式空气流量传感器　热式空气流量传感器按测量元件形式可以分为热线式和热膜式两种类型。热线式空气流量传感器根据测量位置不同，也可以分为主流测量方式和旁通测量方式。主流测量方式是将热线电阻安装在主进气道中，旁通测量方式是将热线电阻安装在旁通气道中。

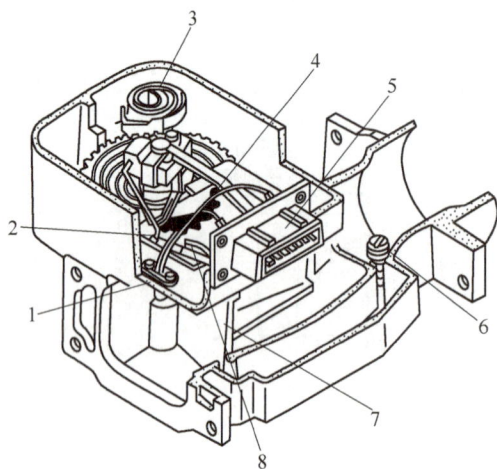

图 1-41　叶片式空气流量传感器的结构

1—进气温度传感器　2—电动燃油泵控制触点（动触点）
3—回位弹簧　4—电位计　5—导线插接器
6—CO 调节螺钉　7—旋转测量叶板
8—电动燃油泵静触点

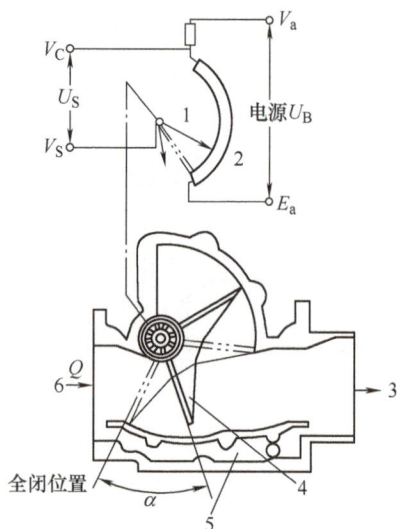

图 1-42　叶片式空气流量传感器的工作原理

1—电位计滑动臂　2—可变电阻　3—接进气管
4—旋转测量叶板　5—旁通空气道
6—接空气滤清器

热线式空气流量传感器的结构如图 1-43 所示，主要由防护网、取样管、铂丝热线、温度补偿电阻和控制电路等组成。

热线式空气流量传感器的工作原理如图 1-44 所示。安装在控制电路板上的精密电阻 R_A 和 R_B 与热线电阻 R_H、温度补偿电阻 R_K 组成惠斯顿电桥，热线电阻 R_H 的温度由混合集成电路 A 保持其温度与吸入空气温度相差一定值，热线式空气流量传感器中始终保证热线电阻 R_H 与冷线电阻（温度补偿电阻 R_K）之间的差值在 $100 \sim 200℃$ 之间的某一个数值上。当空气质量流量增大时，混合集成电路 A 使热线通过的电流加大，反之，则减小。这样，就使得通过热线 R_H 的电流是空气质量流量的单一函数。

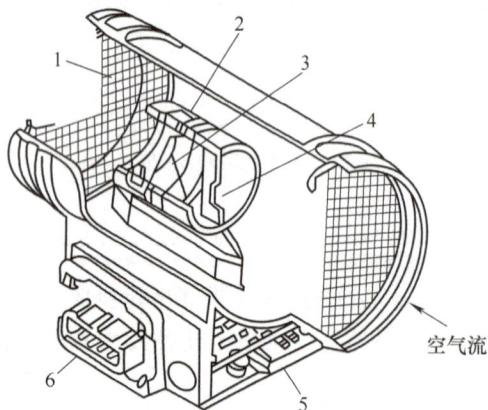

图 1-43　热线式空气流量传感器的结构

1—防护网　2—取样管　3—铂丝热线　4—温度补
偿电阻（冷线）　5—控制电路　6—插接器

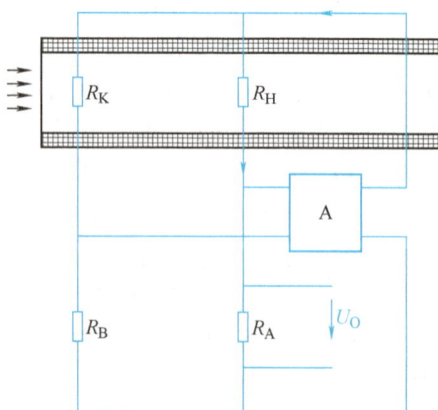

图 1-44　热线式空气流量传感器的工作原理

热膜式空气流量传感器的结构如图1-45所示,热膜式空气流量传感器与热线式空气流量传感器的工作原理基本相同,不同之处在于热线式空气流量传感器是采用铂丝热线制成的电阻器,而热膜式空气流量传感器的测量元件不采用价格昂贵的铂丝热线,它用热膜代替热线,并将热膜镀在陶瓷片上,制造成本较低。此外热膜式空气流量传感器的测量元件不直接承受空气流的作用力,使用寿命较长。

(3)卡门旋涡式空气流量传感器 卡门旋涡式空气流量传感器按其检测方式不同,分为光学检测方式和超声波检测方式两种类型。

光学式卡门旋涡式空气流量传感器的结构如图1-46所示,空气流经进气道时,在涡流发生器的特殊结构作用下,涡流发生器后部产生有规律的卡门旋涡,此旋涡的产生引起周围的空气压力发生变化,由于旋涡是按进气的一定频率产生的,因此,周围压力的变化也是有一定频率的,变化的压力经导压孔引向金属膜制成的反光镜使反光镜产生振动,其振动频率与涡流发生的频率相等,而涡流发生器的涡流发生频率与空气流速成正比;反光镜再将发光二极管投射的光反射给光电管(光敏晶体管),通过光电管检测到涡流发生的频率,并传向ECU,ECU则根据此信号确定发动机的实际进气量。

超声波检测式空气流量传感器的结构如图1-47所示,空气流经涡流发生器时,在涡流发生器后部产生卡门旋涡,引起压力变化,变化的压力空气经过超声波发射探头与超声波接收探头之间时,产生空气密度的改变。超声波发射探头不断地接收超声波传感器输送来的超声波信号,并将其转换成机械波。超声波接收探头安装在发射探头正对面,它利用压电效应将接收到的机械波转换成电信号输送给转换电路。因卡门旋涡对空气密度的影响,就会使机械波从发射探头传到接收探头的时间产生相位差。转换电路对此相位信号进行处理,就可得到与涡流发生的频率成正比的脉冲信号,ECU获得此信号,就可计算出进入汽缸内的体积空气量,并进一步换算成相应的空气质量。

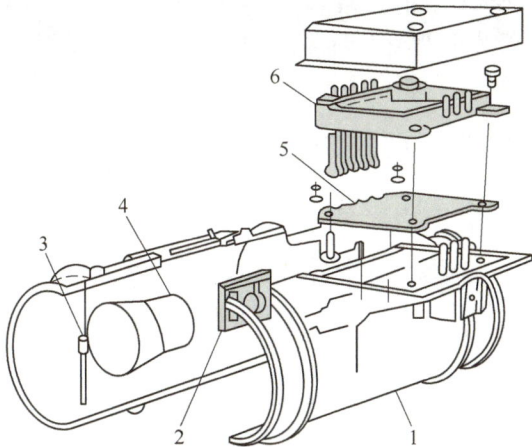

图1-45 热膜式空气流量传感器的结构

1—流通管 2—金属箔敏感元件 3—空气温度传送电阻
4—取样气管 5—桥接组件 6—电控组件

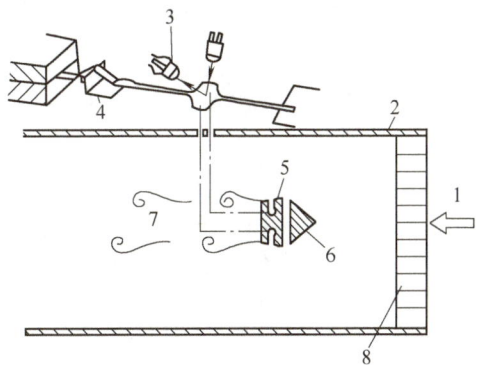

图1-46 光学式卡门旋涡式空气
流量传感器的结构

1—空气流 2—进气管路 3—光敏晶体管
4—支撑板 5—涡流稳定板 6—涡流发生器
7—卡门旋涡 8—整流栅

2. 进气管绝对压力传感器

在 D 型电控燃油喷射系统中，由进气管绝对压力传感器测量进气管压力，并将信号输入 ECU，作为燃油喷射和点火控制的主控制信号。进气管绝对压力传感器安装在节气门后方的进气管道上，如图 1-48 所示。进气管绝对压力传感器的种类较多，按其检测原理可分为压敏电阻式、电容式、膜盒式和表面弹性波式等，目前应用最广泛的是压敏电阻式。

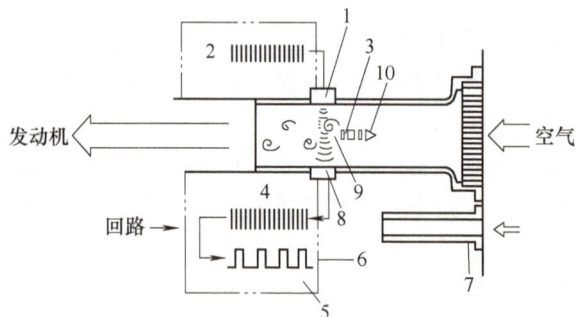

图 1-47　超声波检测式空气流量传感器的结构

1—超声波发射探头　2—超声波传感器　3—涡流稳定板　4—超声波信号接收器　5—转换电路　6、10—涡流发生器　7—卡门旋涡　8—超声波接收探头　9—卡门旋涡

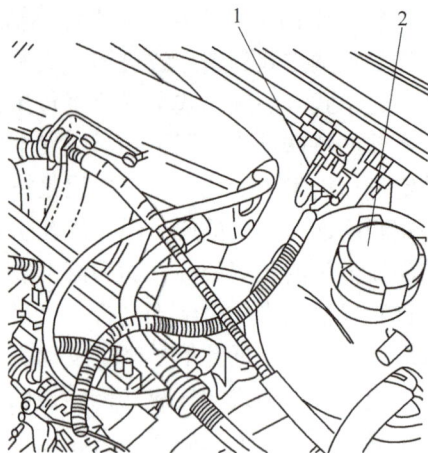

图 1-48　进气管绝对压力传感器的安装位置

1—传感器　2—冷却液罐

压敏电阻式进气管绝对压力传感器的结构如图 1-49a 所示，其核心部分是压力转换元件和混合集成电路。压敏电阻式进气管绝对压力传感器的工作原理如图 1-49b 所示，压力转换元件是利用半导体的压敏效应制成的硅膜片。硅膜片中部经光刻腐蚀形成圆形薄膜，薄膜的

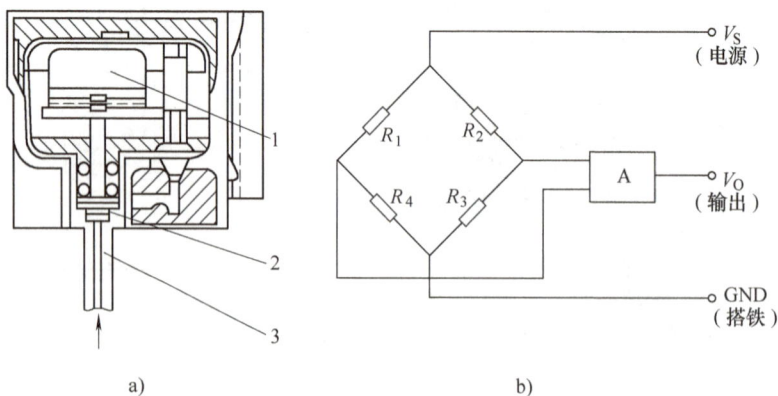

a)　　　　　　　　　　　　b)

图 1-49　压敏电阻式进气管绝对压力传感器

a）压敏电阻式进气管绝对压力传感器的结构　b）压敏电阻式进气管绝对压力传感器的工作原理

1—压力转换元件　2—滤清器　3—进气压力连接管

R_1、R_2、R_3、R_4—超声波信号接收器　A—放大电路

周围分布四个应变电阻，以惠斯顿电桥的方式连接，薄膜的一侧是真空泵，另一侧承受进气压力的作用。进气压力越高膜片的变形越大，应变电阻的阻值与应力成正比。利用惠斯顿电桥即可将进气压力转变为压力信号，并经混合集成电路放大后输出。

3. 节气门位置传感器

在电控燃油喷射系统中，节气门位置传感器用来检测节气门的开度及开度变化。发动机工作时，ECU 主要根据节气门位置传感器信号判断发动机负荷的大小及变化情况，以便根据发动机负荷的大小及变化进行燃油喷射控制及其他辅助控制。节气门位置传感器安装在节气门体上，如图 1-50 所示。它由节气门轴驱动，可分为开关式节气门位置传感器、线性节气门位置传感器和综合式节气门位置传感器。

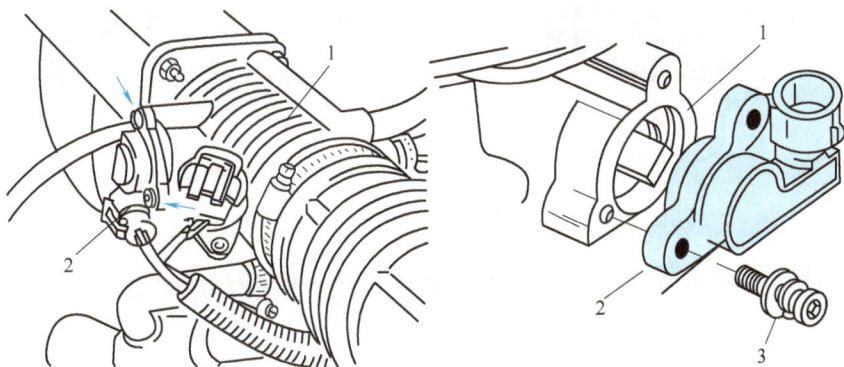

图 1-50 节气门位置传感器的安装位置

1—节气门体 2—节气门位置传感器 3—螺钉

（1）开关式节气门位置传感器 开关式节气门位置传感器主要由动触点（TL）、怠速触点（IDL）和全负荷触点（PSW）组成，如图 1-51 所示。怠速触点和全负荷触点为固定触点，动触点由一个与节气门同轴转动的凸轮控制，动触点在节气门全关（怠速）时与怠速固定触点闭合，而在节气门接近全开时与全负荷触点闭合；节气门开度在中间位置时，滑动触点与两个固定触点均断开。ECU 根据触点的闭合情况（IDL 信号和 PSW 信号），确定发动机处于怠速工况、中等负荷工况或全负荷工况。

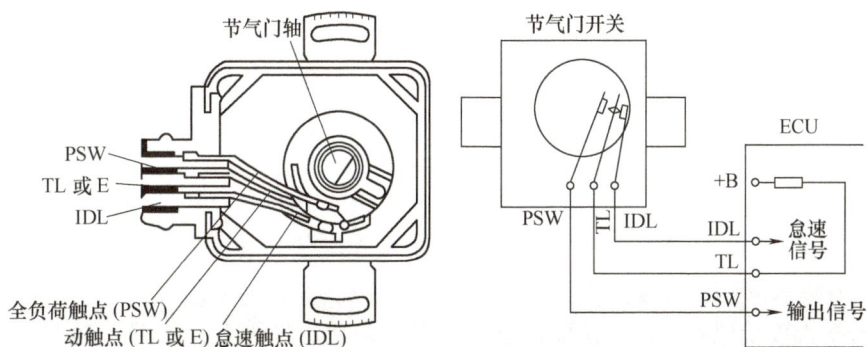

图 1-51 开关式节气门位置传感器

（2）线性节气门位置传感器　线性节气门位置传感器由一个线性可变电阻型的电位计组成，如图 1-52 所示。节气门电位计直接与节气门轴相连接，当驾驶人踩下加速踏板时，节气门轴转动，节气门电位计轴也随之转动，使其电阻发生变化，把这个信号传至 ECU，ECU 就判断出了节气门当前打开的具体位置。

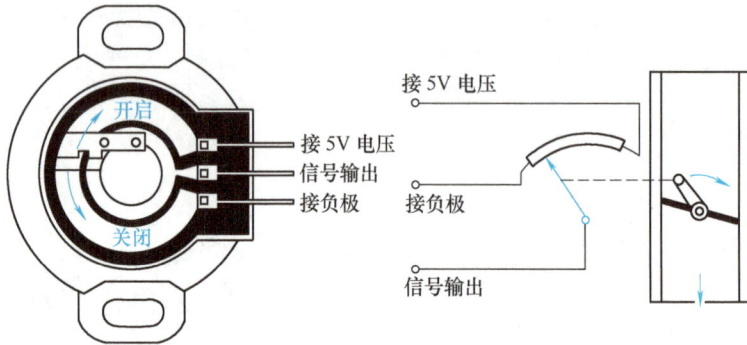

接 5V 电压
信号输出
接负极

接 5V 电压
接负极
信号输出

图 1-52　线性节气门位置传感器

（3）综合式节气门位置传感器　综合式节气门位置传感器主要由怠速触点（IDL）和一个线性可变电阻型的电位计组成，如图 1-53 所示。它不仅可以连续检测节气门的开度，还可以检测发动机的怠速状况，当怠速固定触点闭合时，传感器将怠速信号传至 ECU。

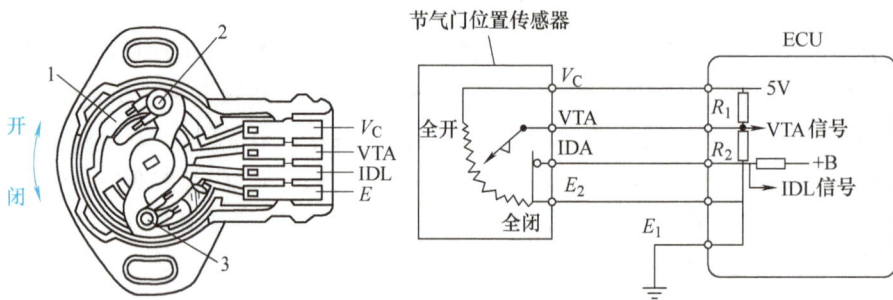

图 1-53　综合式节气门位置传感器
1—电阻体　2—检测节气门开度的电刷　3—检测节气门全闭的电刷

4. 温度传感器

在发动机电控系统中，进气温度传感器用于给 ECU 提供进气温度信号，冷却液温度传感器用于给 ECU 提供冷却液温度信号。ECU 将进气温度信号和冷却液温度信号作为燃油喷射和点火正时控制的修正信号。

（1）进气温度传感器　进气温度传感器一般安装在进气管上，如图 1-54 所示。也有的安装在空气滤清器内或空气流量传感器（叶片式和卡门旋涡式）内。进气温度传感器的外形及结构如图 1-55 所示。

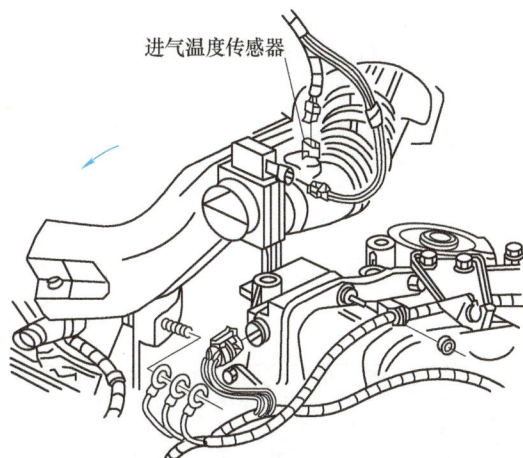

图 1-54 进气温度传感器的安装位置

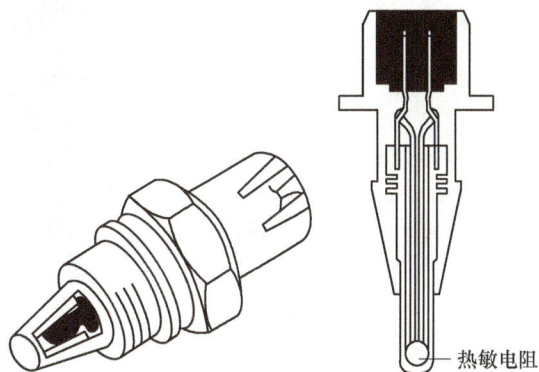

图 1-55 进气温度传感器的外形及结构

通常采用负温度系数的热敏电阻作为测量元件，传感器壳体内装有一个热敏电阻，进气温度变化时，热敏电阻的阻值发生变化，其输出特性如图 1-56 所示，随进气温度升高，阻值减小。

（2）冷却液温度传感器 冷却液温度传感器一般安装在气缸体水道上或冷却液出口处，图 1-57 所示为某轿车发动机冷却液温度传感器的安装位置。冷却液温度传感器的外形及结构如图 1-58 所示。

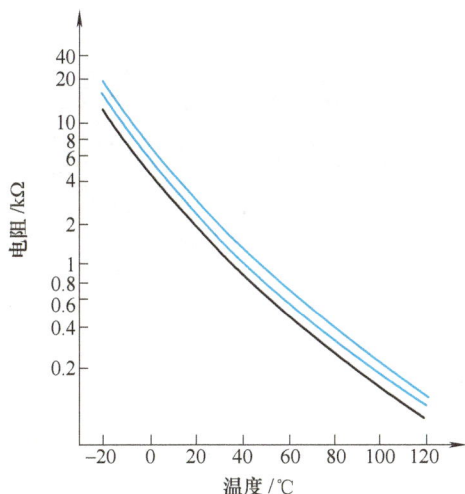

图 1-56 进气温度传感器输出特性图

图 1-57 某轿车发动机冷却液温度传感器的安装位置

通常采用负温度系数的热敏电阻作为测量元件，传感器壳体内装有一个热敏电阻，冷却液温度变化时，热敏电阻的阻值发生变化，其输出特性如图 1-59 所示，随冷却液温度升高，阻值减小。

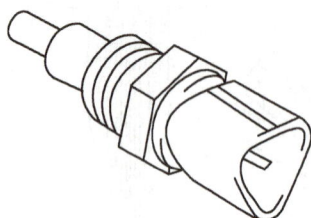

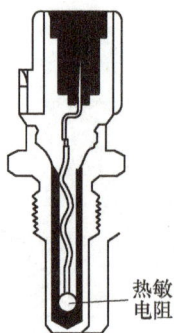

图1-58　冷却液温度传感器的外形及结构

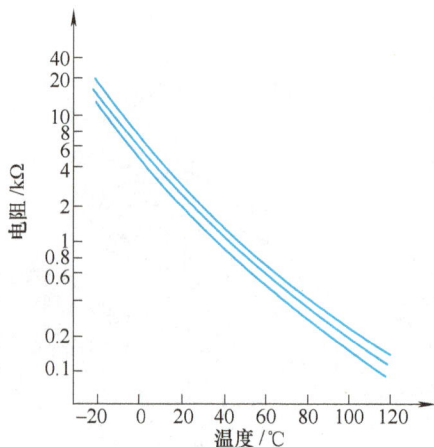

图1-59　冷却液温度传感器输出特性图

5. 曲轴/凸轮轴位置传感器

在发动机电控系统中，曲轴位置传感器 CKPS（Crankshaft Position Sensor ）又称为转速传感器，用于检测曲轴转角位移，给 ECU 提供发动机转速信号和曲轴转角信号，作为燃油喷射和点火控制的主控信号。曲轴位置传感器通常安装在曲轴、飞轮等处，如图1-60所示。也有的与凸轮轴位置传感器同时安装在分电器内。

凸轮轴位置传感器 CMPS（Camshaft Position Sensor）用于给 ECU 提供曲轴转角基准位置（第一缸压缩上止点）信号，也作为燃油喷射控制和点火控制的主控信号。凸轮轴位置传感器通常安装在凸轮轴处，如图1-61所示。

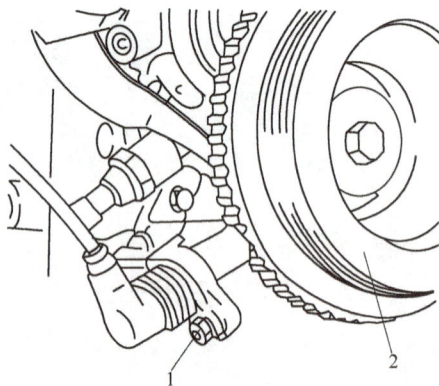

图1-60　曲轴位置传感器的安装位置

1—曲轴位置传感器　2—飞轮

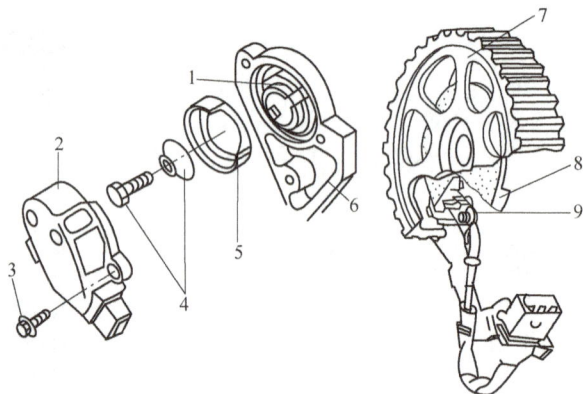

图1-61　凸轮轴位置传感器的安装位置

1—凸轮轴　2、9—凸轮轴位置传感器　3—螺钉
4—定位螺栓与座圈　5—信号转子　6—气缸盖
7—凸轮轴正时齿轮　8—叶轮

曲轴与凸轮轴位置传感器可分为光电式、电磁式、霍尔式和差动霍尔式。

（1）电磁式曲轴/凸轮轴位置传感器　电磁式曲轴/凸轮轴位置传感器都由信号转子、永久磁铁、铁心和绕在铁心上的传感线圈等组成，如图1-62所示。

电磁式曲轴/凸轮轴位置传感器都是利用电磁感应原理工作的，当通过传感线圈的磁通发生变化时，在传感线圈内便产生交变电动势，它相当于一个极小的发电机。其永久磁铁的磁路是：永久磁铁 N 极—空气隙—信号转子—空气隙—铁心（通过传感线圈）—永久磁铁 S 极。当发动机未转动时，信号转子不动，通过传感线圈的磁通未发生变化，传感线圈不产生电动势，因而无信号输出。当发动机转动时，信号转子便由转子轴带动旋转，这时信号转子的凸齿与铁心间的空气隙将发生变化，使通过传感线圈的磁通发生变化，因此在传感线圈中便产生感应电动势。

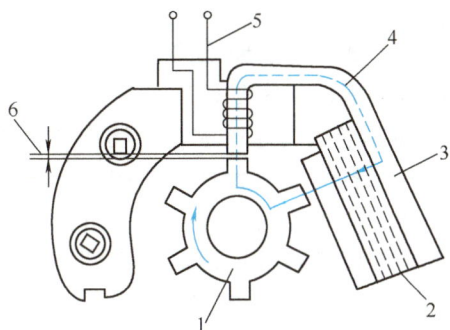

当信号转子在两个凸齿中央正对铁心的中心线时，如图 1-63a 所示，磁路中凸齿与铁心间的空气隙最长，通过传感线圈的磁通量最小，且磁通变化率为零。

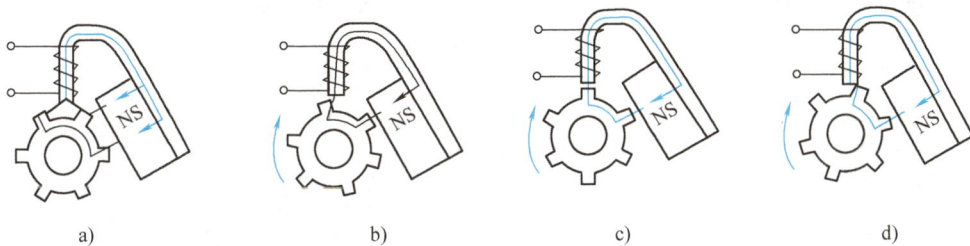

图 1-62 电磁式曲轴/凸轮
轴位置传感器的组成

1—信号转子 2—永久磁铁 3—铁心
4—磁通 5—传感线圈 6—空气隙

图 1-63 电磁式传感器的工作原理

a）信号转子在两个凸齿中央正对铁心的中心线 b）信号转子凸齿的齿角与铁心边线相对
c）信号转子凸齿的中心正对铁心的中心线 d）信号转子凸齿的齿角正对铁心的边缘

如果信号转子顺时针转动，信号转子的凸齿逐渐接近铁心，凸齿与铁心间的空气隙越来越小，通过传感线圈的磁通逐渐增大。当信号转子凸齿的齿角与铁心边线相对时，如图 1-63b 所示，通过传感线圈的磁通急剧增加，磁通变化率最大；当信号转子转过图 1-63b 后，虽然磁通仍在增加，但磁通变化率降低；当信号转子凸齿的中心正对铁心的中心线时，如图 1-63c 所示，空气隙最小，通过传感线圈的磁通最大，但此时磁通变化率为零；当信号转子继续顺时针转动时，凸齿与铁心间的空气隙逐渐增大，通过传感线圈的磁通逐渐减小；当信号转子凸齿的齿角正对铁心的边缘时，如图 1-63d 所示，磁通急剧地减小，通过传感线圈的磁通变化率为负向最大值。

由上述分析可知，信号转子转动过程中，通过传感线圈的磁通的变化情况如图 1-64a 所示，图中 a、b、c、d 各点与图 1-63 工作过程中的 a、b、c、d 位置相对应。

由于传感线圈感应电动势的大小与线圈磁通变化率成正比，因而当图 1-64a 中 a、c 点磁通变化为零时，其感应电动势也为零。图中 b、d 点磁通变化率为最大时，其感应电动势也为最大，所不同的是 b 点的磁通为增加，d 点的磁通为减小，致使两点产生的感应电动势

31

极性相反，如图 1-64b 所示，可见信号转子转动时，传感器线圈两端产生的信号是交变电动势。

（2）霍尔式曲轴/凸轮轴位置传感器 霍尔式曲轴/凸轮轴位置传感器都是根据霍尔效应原理制成的，霍尔效应的原理如图 1-65 所示。当电流通过放在磁场中的半导体基片（称为霍尔元件）A 的电流方向和磁场方向垂直时，在垂直于电流和磁通的半导体基片的横向侧面上即产生一个电压，这个电压称为霍尔电压 U_h。霍尔电压 U_h 的高低与通过的电流 I 和磁感应强度 B 成正比。通过的电流 I 为一定值时，霍尔电压 U_h 则与磁感应强度 B 成正比，即霍尔电压随磁感应强度的大小而变化，与磁通的变化速率无关。

霍尔式曲轴/凸轮轴位置传感器的基本结构如图 1-66 所示，它由触发叶轮 1 和霍尔传感器 4 等组成。

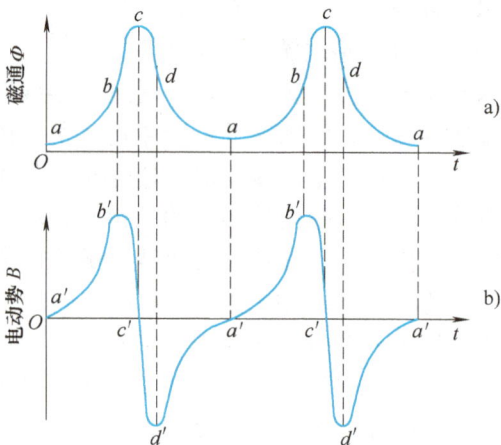

图 1-64　通过传感线圈的磁通及电动势情况
a）通过传感线圈的磁通的变化情况
b）感应电动势的变化情况

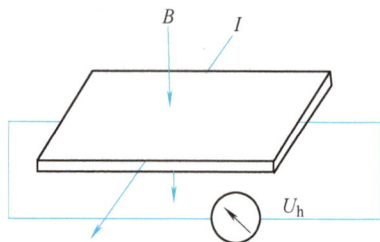

图 1-65　霍尔效应原理图

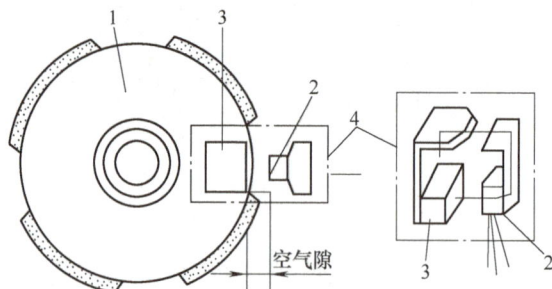

图 1-66　霍尔式曲轴/凸轮轴位置传感器的基本结构
1—触发叶轮　2—霍尔集成块
3—永久磁铁　4—霍尔传感器

触发叶轮转动时，每当叶片进入永久磁铁与霍尔集成块之间的空气隙时，霍尔集成块中的磁场即被触发叶轮的叶片所旁路（或称隔磁），如图 1-67a 所示，这时霍尔元件不产生霍尔电压，集成电路输出级的晶体管处于截止状态，传感器输出高电位。当触发叶轮的叶片离开空气隙时，永久磁铁的磁通便通过霍尔集成块和导板构成回路，如图 1-67b 所示，这时霍尔元件产生霍尔电压，集成电路输出级的晶体管处于导通状态，传感器输出低电位。

由上可知，叶片进入空气隙时传感器输出高电位，叶片离开空气隙时，传感器输出低电位。转子不停地转动，上述方波便不断产生。霍尔传感器完成功能时的波形如图 1-68 所示，传感器输出方波中，高低电位的时间比由触发叶轮叶片的分配角（叶片宽度）决定。

（3）光电式曲轴/凸轮轴位置传感器 光电式曲轴/凸轮轴位置传感器通常都由光源、

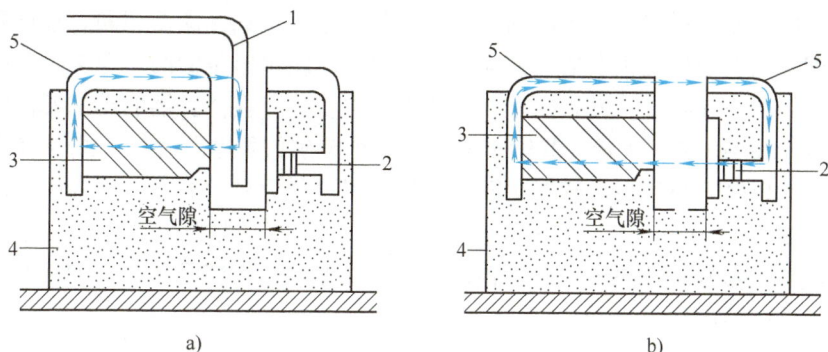

图 1-67　霍尔传感器的工作原理

a）触发叶片进入空气隙中　b）触发叶片离开空气隙

1—触发叶轮的叶片　2—霍尔集成块　3—永久磁铁　4—霍尔传感器　5—导板

光接收器和遮光盘三部分组成，并装于转子轴上，如图 1-69 所示。光源是一只发光二极管，它发出红外线光束，用一只近似半球形的透镜聚焦。该发光二极管比白炽灯泡耐振，并能耐较高的温度，在 150℃ 的环境温度下能连续工作，工作寿命很长。光接收器是一只光敏晶体管，它与光源相对，并相距一定距离，以使红外线光束聚焦后照射到光敏晶体管上。光敏晶体管的工作与普通晶体管的不同之处是它的基极电流由光产生，因此不必在基极上输入电信号，也无须基极引线。遮光盘用金属或塑料制成，盘的外缘伸入光源与光接收器之间，盘的外缘上开有缺口，缺口处允许红外线光束通过，其余实体部分则能挡住光束。当遮光盘转动时，即产生相应的电压信号。

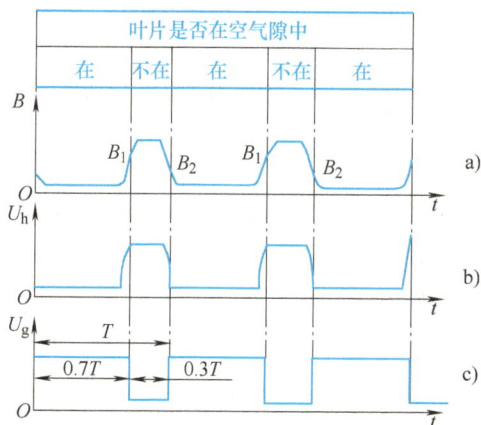

图 1-68　霍尔传感器完成功能时的波形

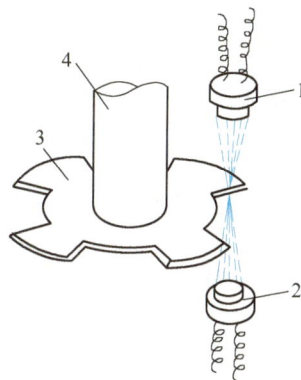

图 1-69　光电式曲轴/凸轮轴位置传感器的组成

1—光源　2—光接收器　3—遮光盘　4—转子轴

（4）差动霍尔式曲轴/凸轮轴位置传感器　差动霍尔式曲轴/凸轮轴位置传感器又称为

双霍尔式传感器，其结构与电磁式传感器相似，如图1-70a所示。它由带凸齿的信号转子和霍尔传感器组成。差动霍尔式传感器的工作原理与普通霍尔式传感器相同。根据霍尔式传感器的工作原理，当发动机飞轮上的齿缺与凸齿转过差动霍尔电路的两个探头时，齿缺或凸齿与霍尔探头之间的空气隙就会发生变化，磁通量随之变化，在传感器的霍尔元件中就会产生交变电压信号，如图1-70b所示。其输出电压由两个霍尔信号电压叠加而成，因为输出信号为叠加信号，所以转子凸齿与传感器之间的空气隙可以增大到（1 ± 0.5）mm（普通霍尔式传感器仅为$0.2 \sim 0.4$mm），因而便可将信号转子制成像电磁式传感器转子一样的齿盘式结构，其突出优点是信号转子便于安装。在汽车上，一般将凸齿转子装在发动机曲轴上或将发动机飞轮作为传感器的信号转子。

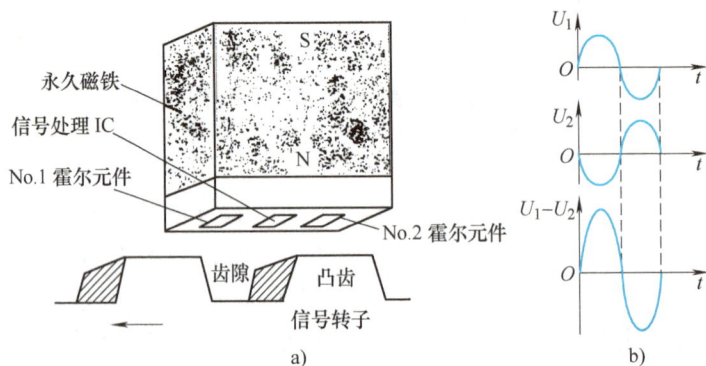

图1-70　差动霍尔式曲轴/凸轮轴位置传感器结构原理
a）基本结构　b）输出波形

（5）曲轴/凸轮轴位置传感器的工作过程　下面主要以其ECU控制系统（TCCS）采用的电磁式曲轴与凸轮轴位置传感器为例，对曲轴与凸轮轴位置传感器的工作过程，进一步予以说明。

该系统的曲轴与凸轮轴位置传感器由上、下两部分组成，上部分为凸轮轴位置传感器，检测曲轴位置基准信号（即气缸识别与上止点信号，称为G信号）；下部分为曲轴位置传感器，检测曲轴转速与转角信号（称为Ne信号）如图1-71所示。Ne传感器安装在G传感器的下面，主要由No.2信号转子、Ne传感线圈和磁头组成，如图1-72a所示。信号转子固定在传感器轴上，传感器轴由配气凸轮轴驱动，轴的上端套装分火头，转子外制有24个凸齿。传感线圈及磁头固定在传感器壳体内，磁头固定在传感线圈中。

当发动机曲轴旋转时，配气凸轮轴便驱动传感器信号转子旋转，转子凸齿与磁头间的气隙交替发生变化，传感线圈的磁通随之交替发生变化，由电磁式传感器工作原理可知，在传感线圈中就会感应产生交变电动势，信号电压的波形如图1-72b所示。因为信号转子有24个凸齿，所以转子旋转一圈，传感线圈就会产生24个交变信号。传感器轴每转一圈（360°）相当于发动机曲轴旋转两圈（720°），所以一个交变信号（即一个信号周期）相当于曲轴旋转30°（720°/24 = 30°），相当于分火头旋转15°（30° ÷ 2 = 15°）。ECU每接收Ne传感器24个信号，即可知道曲轴旋转了两圈，分火头旋转了一圈。ECU内部程序根据每个Ne信号周期所占时间，即可计算确定发动机曲轴转速和分火头转速。为了精确控制点火提

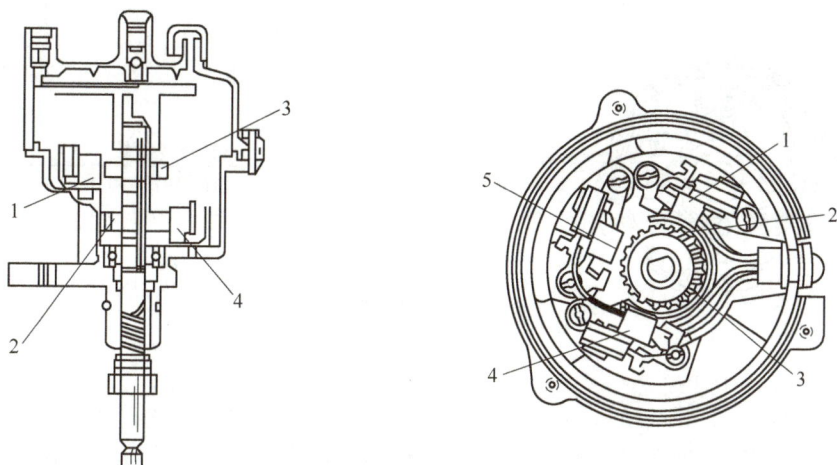

图 1-71　TCCS 的电磁式曲轴与凸轮轴位置传感器
1—G 传感线圈　2—Ne 信号转子　3—G 信号转子　4、5—Ne 传感线圈

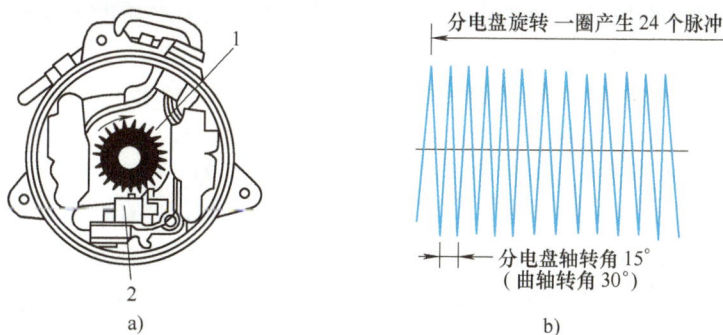

分电盘旋转一圈产生 24 个脉冲

分电盘轴转角 15°
（曲轴转角 30°）

a)　　　　b)

图 1-72　Ne 传感器的结构与输出波形
a) 结构　b) 波形
1—Ne 信号转子　2—Ne 传感线圈

前角和喷油提前角，还需将每个信号周期所占的曲轴转角（30°角）分得更小。微处理器完成这一工作十分方便，由分频器将每个 Ne 信号（曲轴转角 30°）等分成 30 个脉冲信号，每个脉冲信号就相当于曲轴转角 1°（30°/30 = 1°）。如将每个 Ne 信号等分成 60 个脉冲信号，则每个脉冲信号相当于曲轴转角 0.5°（30°/60 = 0.5°）。具体设定由转角精度要求和程序设计确定。

G 传感器用来检测活塞上止点位置与判别是哪一个气缸即将到达上止点位置等基准信号，故 G 传感器又称为气缸识别与上止点传感器或基准传感器。G 传感器由 No.1 信号转子、传感线圈 G_1、G_2 和磁头等组成，如图 1-73a 所示。信号转子带有两个凸缘，固定在传感器轴上。传感线圈 G_1、G_2 相隔 180°安装，G_1 线圈产生的信号对应于发动机第六缸压缩上止点前（简称 BTDC）10°，G_2 线圈产生的信号对应于发动机第一缸压缩 BTDC10°，如图 1-73b 所示。图 1-74 所示为 G_1、G_2、Ne 信号与曲轴转角的关系。

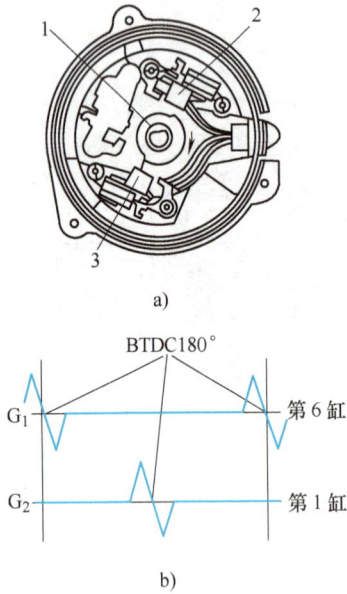

图 1-73 G 传感器的结构与输出波形

a) 结构 b) 波形

1—G 信号转子 2—G₁ 传感线圈 3—G₂ 传感线圈

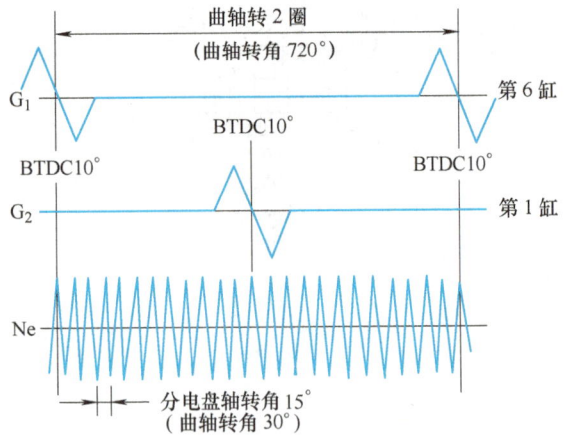

图 1-74 G₁、G₂、Ne 信号与曲轴转角的关系

6. 氧传感器

氧传感器是排气氧传感器 EGO（Exhaust Gas Oxygen Sensor）的简称，安装在发动机排气管上，三元催化器之前，如图 1-75 所示。其功用是通过监测排气中氧离子的含量获得混合气的空燃比信号，并将该信号转变为电信号输入 ECU。ECU 根据氧传感器信号，对喷油时间进行修正，实现空燃比反馈控制（闭环控制），从而将过量空气系数（λ）控制在 0.98 ~ 1.02 的范围内（空燃比 A/F 约为 14.7），使发动机得到最佳含量的混合气，从而达到降低有害气体的排放量和节约燃油的目的。

图 1-75 氧传感器

1—排气管 2—氧传感器 3—火花塞高压线

为保证三元催化器的工作效率，部分车型发动机采用双氧传感器系统，即在三元催化器后增加第二个氧传感器，用以比较后排气管中氧的含量，以监测三元催化器的工作状况，如图 1-76 所示。在双氧传感器系统中，上游氧传感器装在三元催化器前面，用于检测混合气空燃比，控制喷油量；下游氧传感器装在三元催化器后面，用于检测经三元催化器转化后的排气成分，监测三元催化器的转化效率。

汽车发动机燃油喷射系统采用的氧传感器按照检测范围，可分为传统氧传感器和宽带型

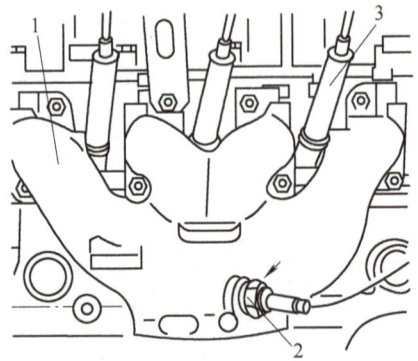

氧传感器。传统氧传感器按材质不同，可分为二氧化锆（ZrO_2）式和二氧化钛（TiO_2）式两种类型，二氧化锆式氧传感器又分为加热型氧传感器与非加热型氧传感器两种，二氧化钛式氧传感器一般都为加热型氧传感器。

加热型氧传感器内有一个起预热作用的加热元件，可在发动机起动后的 20～30s 内迅速将氧传感器加热至工作温度（传统氧传感器的工作温度为 300℃ 以上，宽带型氧传感器的工作温度为 650℃ 以上），非加热型氧传感器内没有加热元件，只能靠排气加热，这种传感器必须在发动机起动后运转一段时间，待氧传感器达到工作温度后才开始工作。

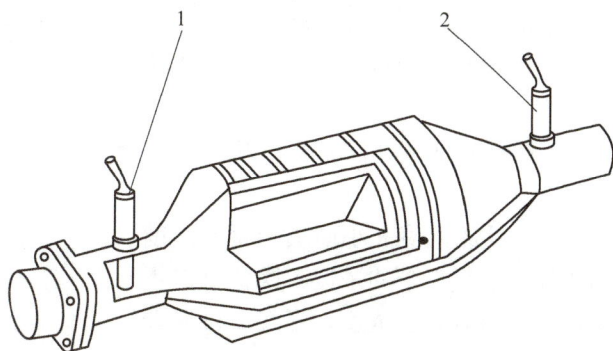

图 1-76　双氧传感器的安装位置
1—上游氧传感器　2—下游氧传感器

（1）二氧化锆式氧传感器　二氧化锆式氧传感器的外形及结构如图 1-77 所示，主要由钢质护管、钢质壳体、锆管、加热元件、电极引线、防水护套和线束插头等组成。

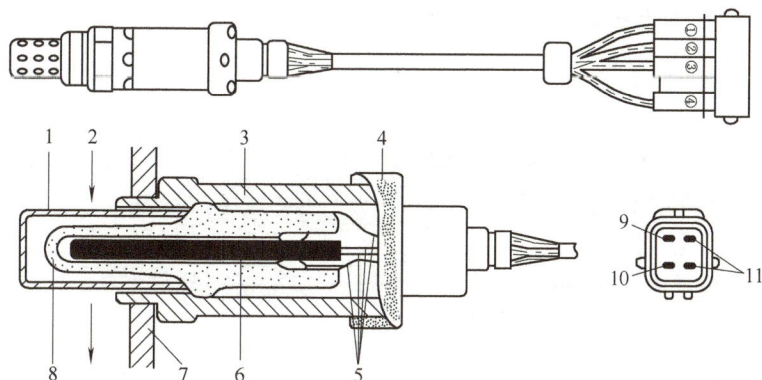

图 1-77　二氧化锆式氧传感器的外形及结构
1—钢质护管　2—排气　3—壳体　4—防水护套　5—电极引线
6—陶瓷加热元件　7—排气管　8—二氧化锆固体电解质陶瓷管
9—加热元件电源端子　10—加热元件搭铁端子
11—信号输出端子

氧传感器的工作特性如图 1-78 所示。当供给发动机的可燃混合气较浓（即空燃比 A/F 小于 14.7 或过量空气系数小于 1）时，排气中氧离子含量较少，一氧化碳（CO）含量较大。在锆管外表面催化剂铂的催化作用下，氧离子全部都与 CO 发生氧化反应生成二氧化碳（CO_2）气体，使外表上氧离子含量为零。由于锆管内表面与大气相通，氧离子含量很大，因此锆管内、外表面之间的氧离子含量差较大，两个铂电极之间的电位差较高，约 0.9V。

当供给发动机的可燃混合气较稀（即空燃比 A/F 大于 14.7 或过量空气系数大于 1）时，排气中氧离子含量较多，CO 含量较小，即使 CO 全部都与氧离子产生化学反应，锆管外表面上还是有多余的氧离子存在。因此，锆管内、外表面之间氧离子的含量差较小，两个铂电极之间的电位差较低，约 0.1V。

（2）二氧化钛式氧传感器　二氧化钛式氧传感器的结构如图 1-79 所示。二氧化钛（TiO_2）属于 N 型半导体材料，其电阻特性如图 1-80 所示。

二氧化钛的阻值大小取决于材料温度以及周围环境中氧离子的浓度，因此可以用来检测排气中的氧离子浓度。当发动机混合气稀（过量空气系数大于 1）时，排气中氧离子含量较多，传感元件周围的氧离子浓度较大，二氧化钛呈现低阻状态。当发动机的可燃混合气浓（过量空气系数小于 1）时，由于燃烧不完全，排气中会剩余一定的氧气，

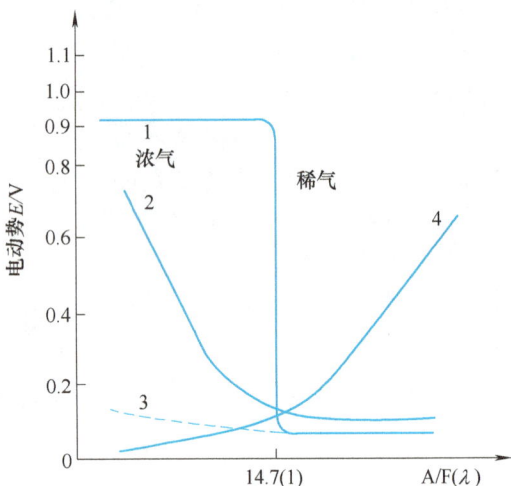

图 1-78　氧传感器的工作特性
1—传感器的电动势　2—二氧化碳含量
3—无铂电极时的电动势　4—氧离子含量

传感元件周围的氧离子很少，在催化剂铂的催化作用下，使剩余氧离子与排气中的一氧化碳（CO）产生化学反应，产生二氧化碳（CO_2），将排气中的氧离子进一步消耗掉，二氧化碳呈现高阻状态，从而大大提高了传感器的灵敏度。

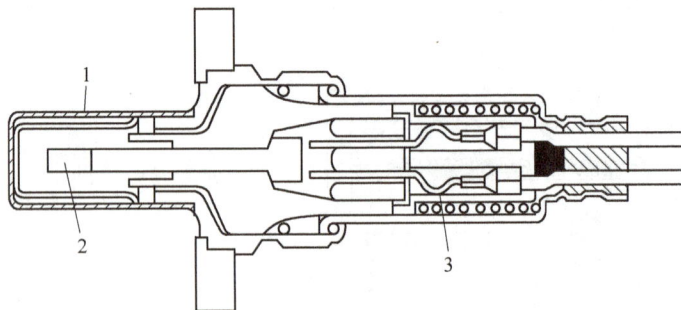

图 1-79　二氧化钛式氧传感器的结构
1—罩盖　2—氧化钛厚镆元件　3—电极

（3）宽带型氧传感器　宽带型氧传感器是以普通二氧化锆式氧传感器为基础扩展而来，它利用了二氧化锆的两个特性：第一个特性是当二氧化锆两侧的含氧量不同时，在二氧化锆两侧的电极上产生电动势，普通氧传感器正是利用了二氧化锆的这一特性；第二个特性与第一个特性相反，即当在二氧化锆两侧的电极上加上电压时，可以使氧离子移动。

宽带型氧传感器的结构如图 1-81 所示，主要由两部分组成。一部分称为感应室，它的一面与大气接触，而另一面是测试腔，通过扩散孔与排气接触，和普通二氧化锆氧传感器一样，由于感应室两侧的氧含量不同而产生一个电动势 U_s，一般的二氧化锆传感器将此电压

作为控制单元的输入信号来控制空燃比。而宽带型氧传感器与此不同的是：发动机 ECU 要使感应室两侧的氧含量保持一致，让电压值维持在 0.45V，这个电压只是 ECU 的参考标准值，它需要传感器的另一部分来完成。

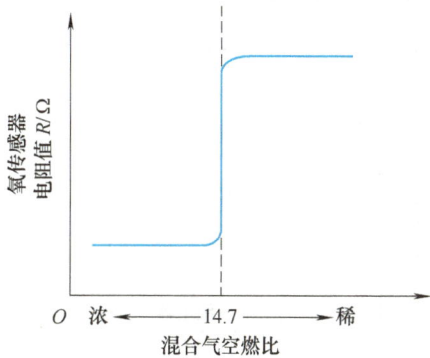

图 1-80　二氧化钛式氧传感器的电阻特性

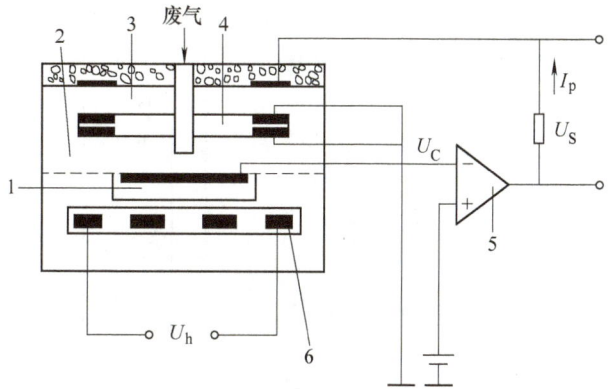

图 1-81　宽带型氧传感器的结构

1—空气　2—氧浓度差电池　3—泵电池
4—扩散通道　5—控制电路　6—加热器

另一部分是传感器的关键部件泵氧元，泵氧元一边通排气，另一边与测试腔相连。泵氧元就是利用二氧化锆传感器的反作用原理，将电压施加于二氧化锆组件（泵氧元）上的，这样会造成氧离子的移动，把排气中的氧泵入测试腔当中，使感应室两侧的电压值维持在0.45V。这个施加在泵氧元上变化的电压，才是需要的氧含量信号。如果混合气太浓，那么排气中含氧量下降，此时从扩散孔溢出的氧较多，感应室的电压升高。

为达到平衡，发动机控制单元增加控制电流使泵氧元增加泵氧效率，使测试腔的氧含量增加，这样可以调节感应室的电压恢复到 0.45V；相反，混合气太稀，则排气中的含氧量增加，这时氧要从扩散孔进入测试腔，感应室电压降低，此时泵氧元向外排出氧来平衡测试腔中的含氧量，使感应室的电压维持在 0.45V。总而言之，加在泵氧元上的电压可以保证当测试腔内的氧多时，排出腔内的氧，这时发动机控制单元的控制电流是正电流；当腔内的氧少时，进行供氧，此时发动机控制单元的控制电流是负电流。以上过程供给泵氧元的电流就反映了排气中的过量空气系数。

第三节　电控点火系统

一、电控点火系统的组成与工作原理

（一）电控点火系统的组成

电控点火系统主要由凸轮轴位置传感器、曲轴位置传感器、空气流量传感器、节气门位置传感器、冷却液温度传感器、进气温度传感器、车速传感器、爆燃传感器以及各种控制开关、ECU、点火控制器、点火线圈以及火花塞等组成，如图 1-82 所示。

点火控制器又称为点火电子组件、点火器或功率放大器，是电控点火系统的功率输出

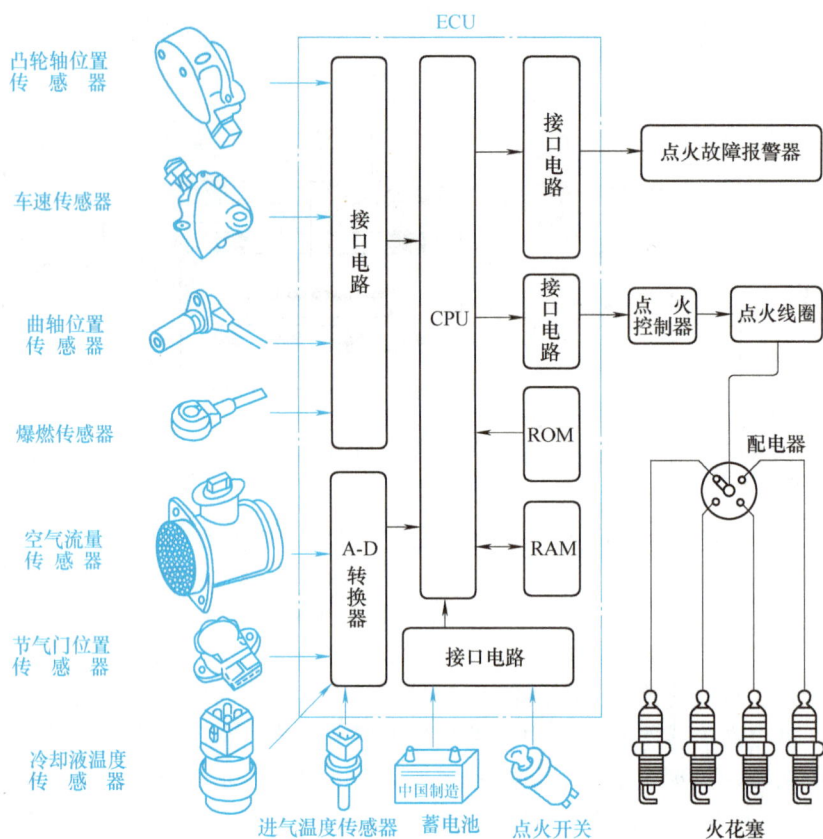

图 1-82　电控点火系统的组成

级，它接收 ECU 输出的点火控制信号并进行功率放大，以便驱动点火线圈工作。

（二）电控点火系统的工作原理

当发动机工作时，ECU 通过传感器把发动机的工况信息采集到随机存储 RAM 中，并不断检测凸轮轴位置传感器信号（即标志位信号），判定是哪一缸即将到达压缩上止点。当接收到标志信号后，ECU 立即开始对曲轴转角信号进行计数，以便控制点火提前角。与此同时，ECU 根据反映发动机工况的转速信号、负荷信号以及与点火提前角有关的传感器信号，从只读存储器中查询出相应工况下的最佳点火提前角。在此期间，ECU 一直在对曲轴转角信号进行计数，判断点火时刻是否到来。当曲轴转角等于最佳点火提前角时，ECU 立即向点火控制器发出控制指令，使功率晶体管截止，点火线圈初级电流切断，次级绕组产生高压，并按发动机点火顺序分配到各缸火花塞跳火点着可燃混合气。

上述控制过程是指发动机在正常状态下点火时刻的控制过程。当发动机起动、怠速或汽车滑行工况时，设有专门的控制程序和控制方式进行控制。

二、电控点火系统的配电方式

电控点火系统高压配电方式可分为分电器式和无分电器式两种。

（一）分电器式电控点火系统

分电器式电控点火系统的组成如图 1-83 所示，除传感器外，主要包括电源、分电器、火花塞、点火线圈、点火控制器及发动机控制单元（ECU）。其中，在某些发动机上，点火控制器是独立部件，但在多数分电器式电控点火系统中，点火控制器常常固化在发动机控制单元中。

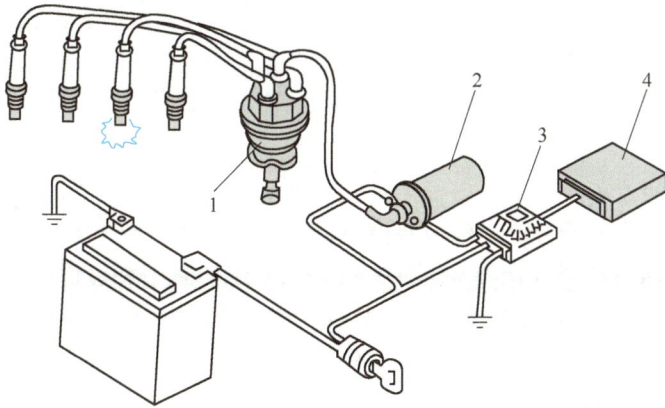

图 1-83　分电器式电控点火系统的组成

1—分电器　2—点火线圈　3—点火控制器　4—发动机控制单元

分电器式电控点火系统配电方式如图 1-84 所示，点火系统工作时，采用由分火头将高压电分配到分电器盖旁电极，再通过高压线输送到各缸火花塞上的传统配电方式。

分电器式电控点火系统的控制电路如图 1-85 所示，主要特点是只有一个点火线圈，由 ECU 根据各传感器信号确定某缸点火时刻，向点火器发出指令信号（IG$_t$信号）。点火器则根据 ECU 的指令控制点火线圈初级电路通电或断电。分电器的作用就是按发动机点火顺序，依次将高压电分配到各缸火花塞。分电器式电控点火系统由于有机械装置，因此发动机在一些工况下仍存在缺陷，无法保证在各种工况下点火提前角均处于最佳。此外，由于分电器在工作运转过程中有磨损的情况，所以也无法保证点火提前角的稳定性与准确性。

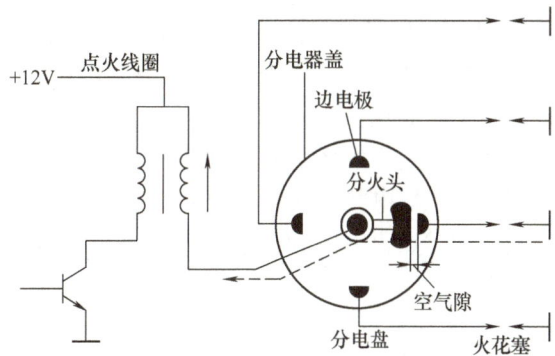

图 1-84　分电器式电控点火系统配电方式原理图

由于电控燃油喷射系统中，喷油器的驱动信号也来自于曲轴位置传感器。若点火系统出

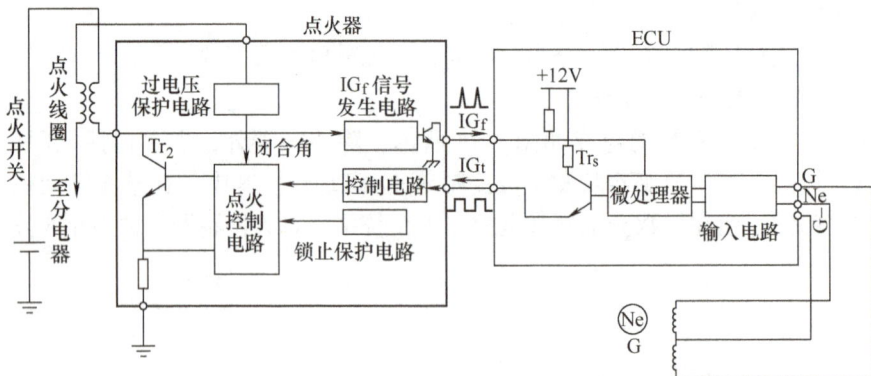

图 1-85　分电器式电控点火系统的控制电路

现故障，火花塞不能点火时，曲轴位置传感器工作正常，喷油器仍会喷油。为了防止不点火的情况下继续喷油，在电控点火系统中特设定点火确认信号（IG_f 信号），若发动机工作时，ECU 向点火器发出指令信号（IG_t 信号）后，若 3～5 次均收不到返回的点火确认信号（IG_f 信号），ECU 便以此判定点火系统有故障，且强行停止电控燃油喷射系统继续喷油，致使发动机熄火。

（二）无分电器电控点火系统

无分电器电控点火系统的主要特点是用电子控制装置取代了分电器，利用电子分火控制技术将点火线圈产生的高压电直接送给火花塞进行点火。无分电器电控点火系统不存在机械磨损，因此不存在各间隙间跳火的能量损失及由于机械的不确定性对点火的干扰；无分电器也使得发动机上的构件在布置上更方便与合理，方便检测与维修；外界的人为因素不能改变点火时刻，取消了在维修作业中的失误情况，如在安装的时候，由于装配不到位而使点火时刻不正确的现象等。

根据点火线圈的数量和高压电分配方式的不同，无分电器电控点火系统又可分为单独点火方式、同时点火方式和二极管配电点火方式三种类型。

1. 独立点火方式点火系统

独立点火方式点火系统的组成如图 1-86 所示，控制电路如图 1-87 所示。其特点是每缸一个点火线圈，即点火线圈的数量与气缸数相

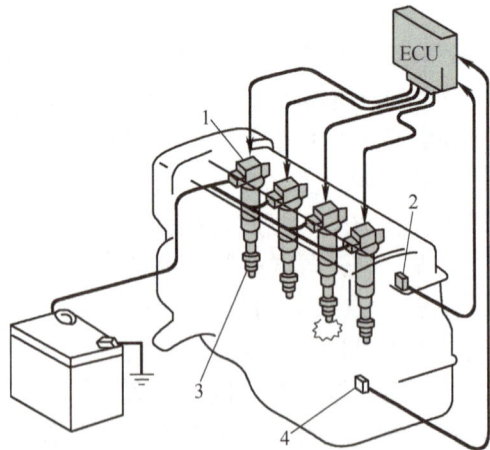

图 1-86　独立点火方式点火系统的组成
1—点火线圈（带点火控制器）　2—凸轮轴位置传感器
3—火花塞　4—曲轴位置传感器

等。采用独立点火方式时，每一个气缸都配有一个点火线圈，且直接安装在火花塞上方，其基本组成和工作原理与同时点火方式相同。单独点火的优点是省去了高压线，点火能量损耗

进一步减少；此外，所有高压部件都可安装在发动机气缸盖上的金属屏蔽罩内，点火系统对无线电的干扰可大幅度降低。

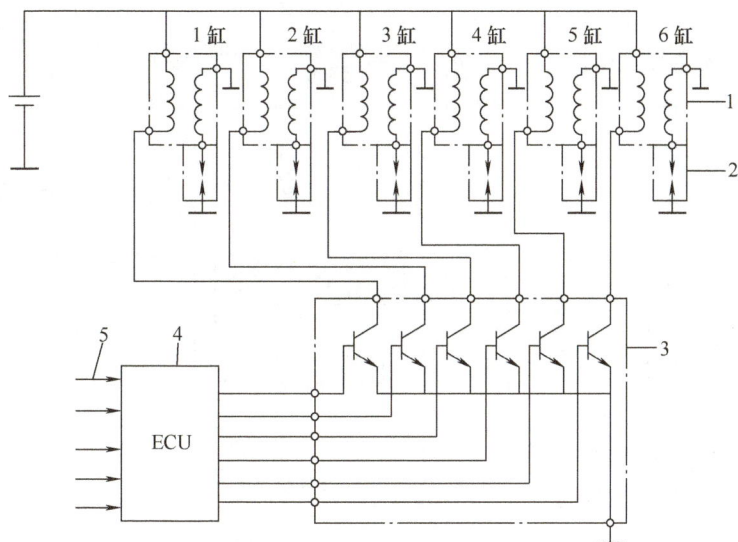

图 1-87 独立点火方式点火系统的控制电路

1—点火线圈 2—火花塞 3—点火器 4—ECU 5—各种传感器

2. 同时点火方式点火系统

同时点火是指点火线圈每产生一次高电压，都使两个气缸的火化塞同时跳火，即双缸同时点火。同时点火方式的特点是点火线圈的数量等于气缸数的一半，如图 1-88 所示。同时点火方式点火系统的控制电路如图 1-89 所示，次级绕组产生的高压电将直接加在四缸发动机的 1、4 缸或 2、3 缸（六缸发动机的 1、6 缸，2、5 缸或 3、4 缸）火花塞电极上跳火。采用同时点火方式的电控点火系统的结构和控制电路简单，但由于保留了点火线圈与火花塞之间的高压线，能量损失略大。

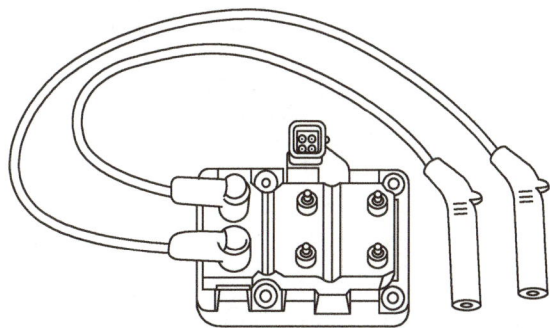

图 1-88 同时点火方式的特点

3. 二极管配电点火方式点火系统

二极管配电点火方式点火系统如图 1-90 所示，其特点是四个气缸共用一个点火线圈，点火线圈为内装双初级线圈、双输出次级线圈的特制线圈，利用四个二极管的单向导电性交替完成 1、4 缸和 2、3 缸的配电过程。二极管配电点火方式与同时点火方式相同，但对点火线圈要求较高，而且发动机的气缸数必须是 4 的整数倍，所以在应用上受到一定的限制。

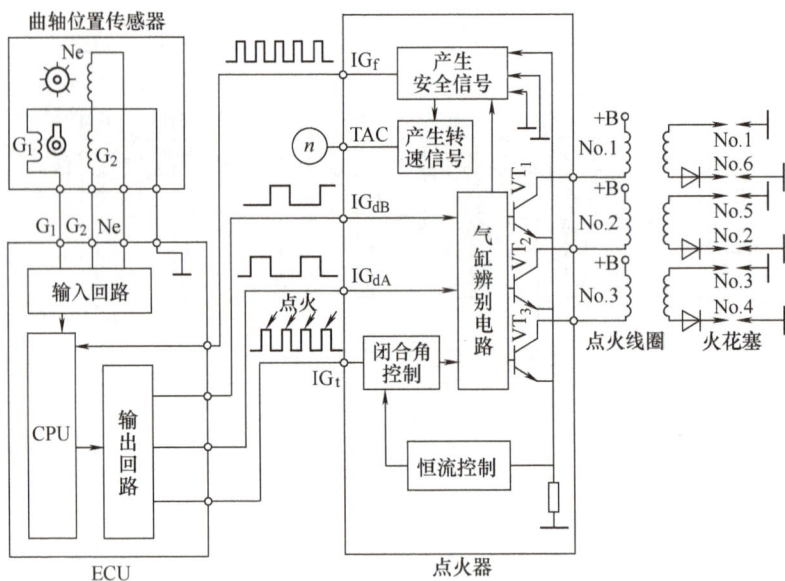

图 1-89　同时点火方式点火系统的控制电路

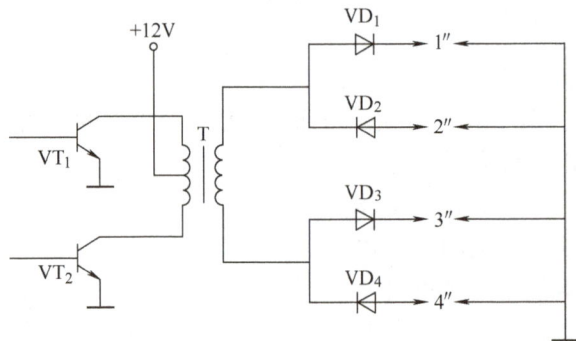

图 1-90　二极管配电点火方式点火系统

三、电控点火系统的功能

电控点火系统的功能主要包括点火提前角、点火闭合角（导通角）及爆燃控制三个方面。

1. 点火提前角的控制

微处理器控制的点火提前角 θ 由初始点提前角 θ_i、基本点火提前角 θ_b 和修正点火提前角 θ_c 三部分组成，即

$$\theta = \theta_i + \theta_b + \theta_c$$

初始点火提前角 θ 又称为固定点火提前角，其值大小取决于发动机形式，并由曲轴位置传感器的初始位置决定，一般为 BTDC6° ~ BTDC12°。

　　基本点火提前角 θ_b 是发动机最主要的点火提前角，是设计微处理器控制点火系统时确定的点火提前角。综合考虑发动机油耗、转矩、排放和爆燃等因素，对试验结果进行优化处理后，即可获得如图 1-91 所示的以转速和负荷为变量的三维点火特性脉谱图。将脉谱图以数据形式存储在 ECU 的只读存储器 ROM 中。当发动机处于怠速工况时，ECU 根据节气门位置信号（怠速触点闭合信号）、发动机转速信号 Ne 及空调开关信号共同来确定基本点火提前角。当发动机处于非怠速工况时，ECU 根据发动机转速和节气门位置及空气流量传感器信号，从 ECU 存储器 ROM 中查询出相应的基本点火提前角来控制点火。

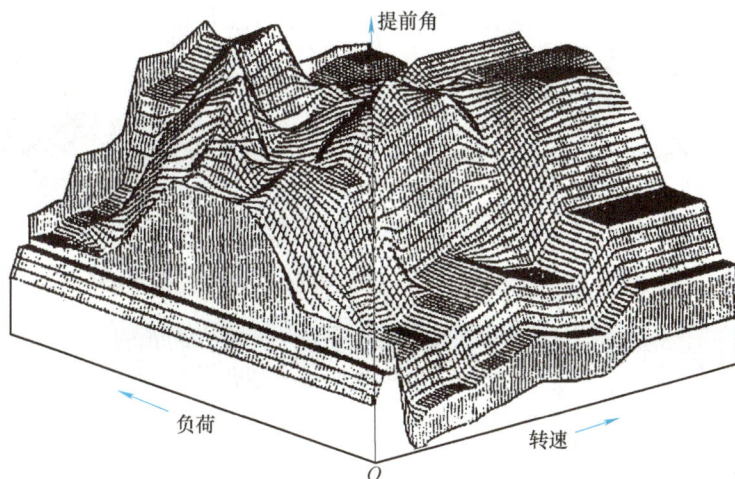

图 1-91　三维点火特性脉谱图

　　为使实际点火提前角适应发动机的运转情况，以便得到良好的动力性、经济性和排放性能，必须根据相关因素（冷却液温度、进气温度、开关信号等）适当增大或减小点火提前角，即对点火提前角进行必要的修正。修正点火提前角的项目有多有少，主要有暖机修正、怠速稳定性修正、空燃比反馈修正和过热修正等。

　　暖机修正是指发动机冷机起动后，冷却液温度较低且汽油雾化不良，此时应增大点火提前角。在暖机过程中，随着冷却液温度的升高，点火提前角修正值逐渐减小。修正值的变化规律及大小随发动机暖机修正的主要控制信号（如冷却液温度信号、空气流量信号和节气门位置信号等）有关。

　　怠速稳定性修正是指发动机在怠速工况运行时，由于负荷变化使发动机转速发生变化，ECU 要调整点火提前角，使发动机在规定的怠速转速内稳定运转。当发动机处于怠速工况时，ECU 不断地计算发动机的平均转速，当发动机的转速低于规定的怠速转速时，ECU 根据实际转速与目标转速差值的大小相应地增大点火提前角；当发动机的转速高于目标转速时，则减小点火提前角。调节范围一般在 ±20r/min。怠速稳定性修正的控制信号主要有发动机转速信号、节气门位置信号、车速信号和空调信号等。

　　现在的发动机都装有氧传感器，空燃比反馈修正是指 ECU 根据氧传感器反馈出来的电信号对空燃比进行修正。随着修正喷油量的增加或减少，发动机转速在一定范围内波动。为了提高怠速的稳定性，在反馈修正油量减少时，点火提前角会适当地增加。空燃比反馈修正的控制信号主要有氧传感器信号、节气门位置信号、冷却液温度信号和车速信号等。

过热修正是指发动机处于正常运行工况时（怠速触点断开），如果冷却液温度过高，很可能造成发动机爆燃，此时应将点火提前角适当推迟。而在发动机处于怠速工况时（怠速触点闭合），若冷却液温度过高，为了避免发动机长时间过热，应将点火提前角增大（提高发动机的转速）。过热时修正的主要控制信号有冷却液温度信号和节气门位置信号等。

2. 点火闭合角的控制

点火闭合角是指点火线圈初级电路的功率晶体管导通期间，发动机曲轴转过的角度。闭合角的控制方法是ECU首先根据电源电压高低，在存储器存储的导通时间脉谱图中查询选择导通的时间，然后根据发动机转速确定闭合角的大小。闭合角控制脉谱图如图1-92所示，随着发动机转速的提高和电源电压的下降，点火闭合角增大。

3. 爆燃控制

爆燃是汽油机运行过程中产生的一种最有害的故障现象，是在火花塞点燃气缸内的可燃混合气之前的自燃。产生的原因有积炭聚集过多、发动机过热和燃油使用不当。

从最佳点火提前角控制原理中可知，为了最大限度地发挥汽油机的功率，应把点火提前角控制在接近临界爆燃点，同时又不能使发动机发生爆燃的边缘。在发动机电子控制系统中，通过采用图1-93所示的爆燃控制系统，对点火时刻进行闭环控制，从而有效地抑制发动机产生爆燃。

ECU根据爆燃信号超过基准

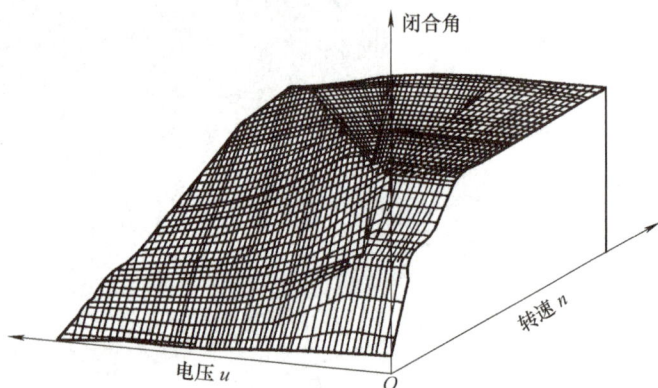

图1-92 闭合角控制脉谱图

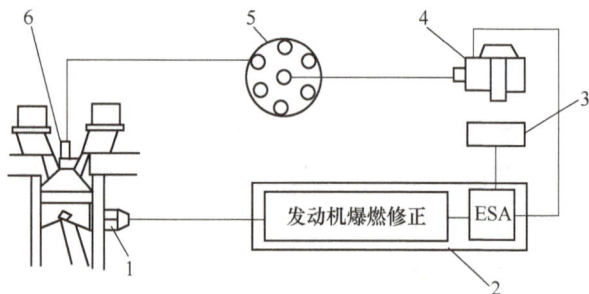

图1-93 爆燃控制系统

1—爆燃传感器 2—ECU 3—其他传感器
4—点火控制器 5—分电器 6—火花塞

值的次数来判定爆燃强度，其次数越多，爆燃强度越大；次数越少，爆燃强度越小。当爆燃传感器向ECU提供爆燃信号时，电控点火系统采用闭环控制，并以固定角度使点火提前角减小；若仍有爆燃存在，则再以固定角度使点火提前角减小，直到爆燃消失为止。爆燃消失后的一定时间内，系统使发动机维持在当前的点火提前角下工作，此时间内若无爆燃再次发生，则以一个固定角度使点火提前角逐渐增大，直到爆燃再次发生，如图1-94所示。在点火系统工作过程中，不断重复上述过程。

爆燃传感器（Knock Sensor）是点火时刻闭环控制必不可少的重要部件，其功用是将发动机爆燃信号转换为电信号传递给ECU，ECU根据爆燃信号对点火提前角进行修正，从而

爆燃判别基准值

爆燃传感器输入信号

爆燃判别信号

点火时期（°CA）

爆燃发生时渐渐减小点火提前角，不产生爆燃时，又渐渐增大点火提前角

时间

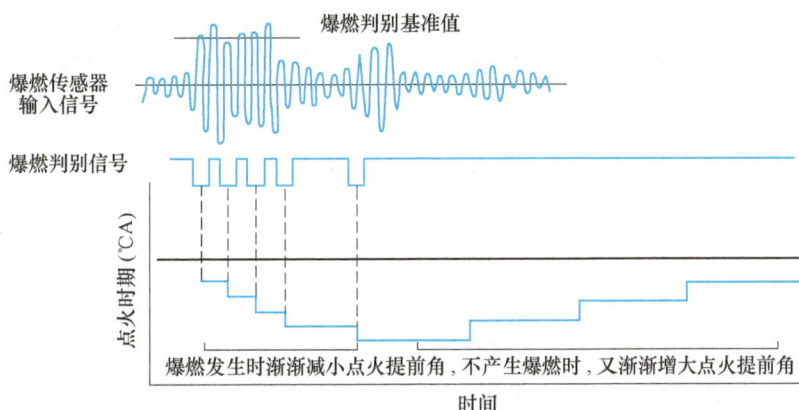

图1-94　爆燃时点火提前角的反馈控制

使点火提前角保持最佳。爆燃传感器安装在发动机缸体侧面，如图1-95所示。

　　常用的爆燃传感器有压电式爆燃传感器和磁致伸缩式爆燃传感器两类。压电式爆燃传感器又分为非共振型爆燃传感器、共振型爆燃传感器和压电式火花塞座金属垫型爆燃传感器三种。非共振型爆燃传感器主要由压电元件、配重块及接线插座等组成，如图1-96所示。其工作原理是在发动机工作，当机体的振动传递到传感器外壳上时，外壳与配重块之间产生相对运动，夹在两者之间的压电元件所受的压力发生变化，从而产生不同频率的电压信号。ECU检测出该电压信号，并根据信号频率判断爆燃是否发生。

a)

图1-95　爆燃传感器的安装位置

1—爆燃传感器接线插座　2—爆燃传感器

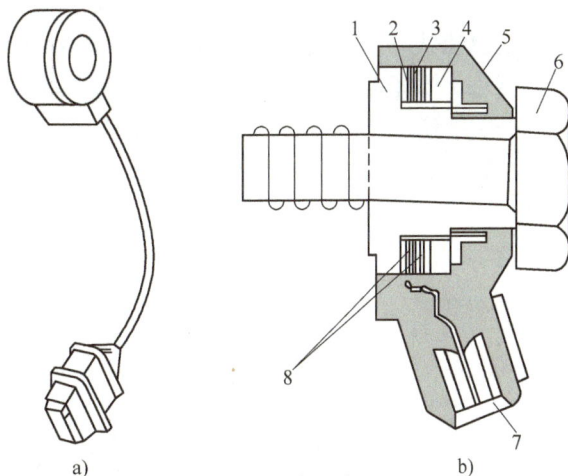

b)

图1-96　非共振型爆燃传感器的结构

a）传感器外形　b）内部结构

1—套筒底座　2—绝缘垫圈　3—压电元件

4—配重块　5—塑料壳体　6—固定螺栓

7—接线插座　8—电极

共振型爆燃传感器与非共振型爆燃传感器的结构和工作原理基本相同，只是在壳体设有一个共振体，但没有配重块。爆燃发生时，振子与发动机共振，压电信号电压有明显增大。

压电式火花塞座金属垫型爆燃传感器是将压电元件安装在火花塞的垫圈处，每缸安装一个。根据各气缸的燃烧压力直接检测各缸的爆燃信息，并转换成电信号输送给ECU。

磁致伸缩式爆燃传感器主要由永久磁铁、强磁性铁心及线圈等组成，如图1-97所示。其工作原理是在发动机的气缸体振动时，该传感器在7kHz左右处与发动机发生共振，强磁性材料铁心的磁导率发生变化，致使永久磁铁穿过铁心的磁通密度也发生变化，从而在铁心周围的线圈中产生感应电动势，并将这一信号输入ECU。

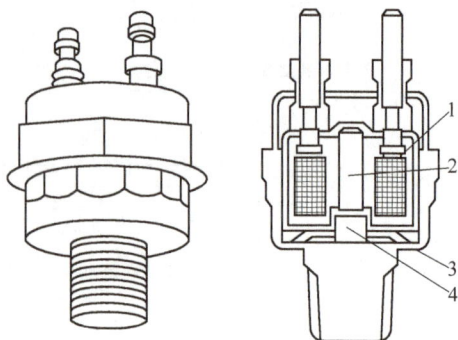

图1-97 磁致伸缩式爆燃传感器的结构

1—线圈 2—强磁性铁心 3—壳体 4—永久磁铁

第四节 辅助控制系统

一、怠速控制系统

（一）怠速控制系统组成

怠速控制系统的组成如图1-98所示，由各种传感器、ECU和执行器组成。车速传感器提供车速信号，节气门位置传感器提供怠速触电开闭信号，通过这两个信号来判断发动机是否处于怠速状态。当发动机怠速时，节气门关闭，节气门位置传感器的怠速触电IDL闭合，传感器输出端子IDL输出低电平信号。冷却液温度信号用于修正怠速转速。空调开关、动力转向开关、空档起动开关信号和电源信号等向ECU提供发动机负荷变化的状态信息。

怠速控制的方法及执行器的类型因车型而异，目前常用的执行器有节气门直动式怠速控制器、步进电动机式怠速控制器等。

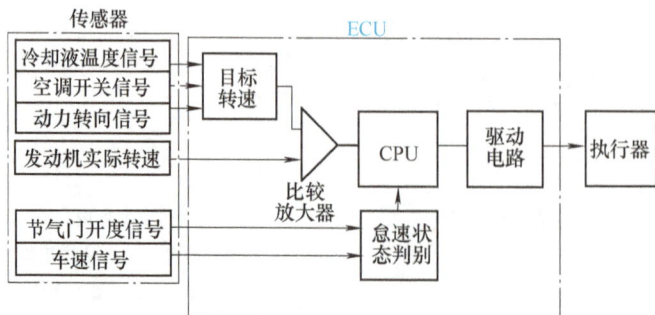

图1-98 怠速控制系统组成

（二）怠速控制的过程

怠速控制内容主要是发动机负荷变化控制和电器负荷变化控制。怠速控制的实质是控制怠速时的充气量（进气量）。当发动机怠速负荷增大时，ECU 控制怠速控制阀使进气量增大，从而使怠速转速提高，防止发动机运转不稳定或熄火；当发动机怠速负荷减小时，ECU 控制怠速控制阀使进气量减少，从而使怠速转速降低，以免怠速转速过高。怠速时的喷油量则由 ECU 根据预先设定的怠速空燃比和实际充气量计算确定。

ECU 进行怠速转速控制时，首先根据怠速触点 IDL 信号和车速信号，判断发动机是否处于怠速状态。当判定为怠速工况时，再根据发动机冷却液温度传感器信号、空调开关、动力转向开关等信号，从存储器存储的怠速转速数据中查询相应的目标转速（n_g），然后目标转速与曲轴位置传感器检测的发动机实际转速 n 进行比较。

当发动机负荷增大，需要发动机快怠速运转，目标转速高于实际转速（$n_g > n$）时，ECU 将控制怠速控制阀（增大比例电磁阀式怠速控制阀的占空比，或增加步进电动机步进的步数）增大旁通进气量来实现快怠速；反之，当发动机负荷减小，目标转速低于实际转速（$n_g < n$）时，ECU 将控制怠速控制阀减小旁通进气量来调节怠速转速。

（三）节气门直动式怠速控制器

节气门直动式怠速控制执行机构通过控制节气门的开启程度，调节空气通路的截面以调节怠速时的空气流量，从而实现怠速控制。如图 1-99 所示，节气门直动式怠速控制器主要由直流电动机、减速齿轮机构、丝杠机构和传动轴等组成。当直流电动机通电转动时，经减速齿轮机构减速增扭后，再由丝杠机构将其旋转运动转换为传动轴的直线运动。传动轴顶靠在节气门最小开度限制器上，发动机怠速运转时，ECU 根据各传感器的信号，控制直流电动机的正反转和转动量，以改变节气门最小开度限制器的位置，从而控制节气门的最小开度，实现对怠速进气量进行控制的目的。

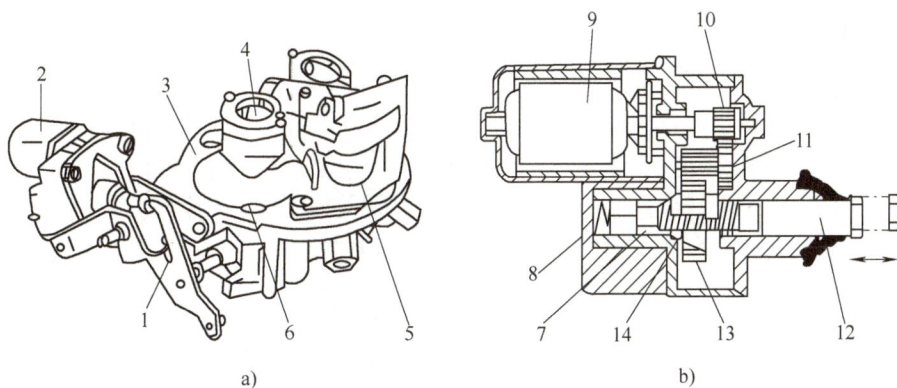

a)　　　　　　　　　　　b)

图 1-99　节气门直动式怠速控制器

a）外形图　b）结构图

1—节气门操纵臂　2—怠速控制器　3—节气门体　4—喷油器
5—燃油压力调节器　6—节气门　7—六角孔　8—弹簧
9—直流电动机　10、11、13—齿轮　12—传动轴　14—丝杠

（四）步进电动机式怠速控制阀

步进电动机与怠速控制阀做成一体，装在进气歧管内，如图1-100所示。执行机构由永久磁铁构成的转子、励磁线圈构成的定子和把旋转运动变成直线运动的进给丝杠及阀门等组成。它利用步进转换控制，使转子可顺时针也可逆时针旋转，从而使阀芯上下运动（轴向移动）改变阀与阀座之间的间隙以达到调节旁通空气道截面的目的，从而调节流过节气门旁通空气道的空气量。步进电动机主要由用永久磁铁制成有16个（8对）磁极的转子和两个定子铁心组成。

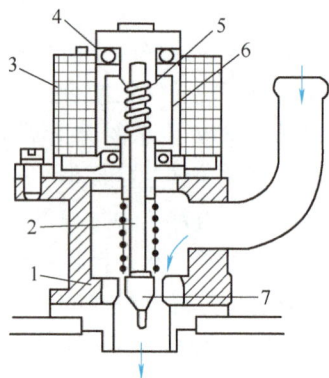

图1-100　步进电动机式怠速控制阀
1—阀座　2—阀轴　3—定子线圈　4—轴承
5—进给丝杠　6—转子　7—阀芯

二、电子节气门控制系统

（一）电子节气门控制系统的功用

节气门是汽车发动机的重要控制部件。电子节气门与发动机电子控制系统合理匹配，组成电子节气门控制系统（EPC），使节气门开度得到精确控制，不但可以提高燃油经济性，减少排放；同时，系统响应迅速，可获得满意的操控性能；此外，还可实现怠速控制、巡航控制和车辆稳定控制等系统的集成，简化了汽车控制系统结构。

在电子节气门控制系统中，节气门仅靠电动机带动，驾驶人踩加速踏板只是为控制系统提供踏板位置的信息，控制系统参考这个信号，并根据各种工况的需求（包括燃油经济性、排放等）进行运算后，来确定节气门的开度位置，使动力匹配得以精确。如在打开点火开关踩加速踏板时，节气门会随着踏板的逐渐踩下而开大；在发动机运转时，节气门开度并不一定随加速踏板的踩下而改变，而是受控制系统来控制。控制系统主要是根据改变节气门位置，喷油时间，点火提前角来匹配因预热、怠速、排放控制、速度限制、动力限制、自动变速器换档点、制动系统（牵引力控制，发动机制动）、空调，巡航控制等带来的转矩的变化。

（二）电子节气门控制系统的组成及工作原理

电子节气门控制系统主要由加速踏板位置传感器、节气门位置传感器、转速传感器、节气门执行器、发动机ECU等组成，如图1-101所示。

加速踏板位置传感器的结构如图1-102所示。其作用是将踏板的移动量和变化率转换成相应的电压信

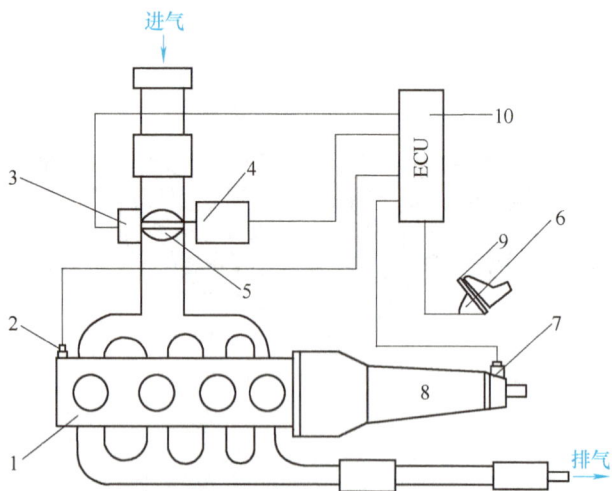

图1-101　电子节气门控制系统的组成
1—发动机　2—转速传感器　3—节气门位置传感器
4—节气门驱动电动机　5—节气门　6、7—车速传感器
8—变速器　9—加速踏板　10—发动机ECU

号，输入发动机ECU。为了确保可靠性，在某些系列轿车的电子节气门控制系统中，装有两个加速踏板位置传感器，两个传感器信号值正好相反，也就是一个由小到大，一个由大到小，形成对比。控制系统根据两个信号来确定踏板位置。当一个加速踏板位置传感器出现故障时，在故障存储器储存故障码，EPC故障指示灯亮；通过制动灯开关识别怠速；巡航功能关闭；当加速踏板全开时，发动机转速缓慢提高；起动怠速识别模式。当两个加速踏板位置传感器都出现故障时，在故障存储器储存故障码，EPC故障指示灯亮；发动机在高怠速（1500r/min）运转，踩加速踏板无反应。

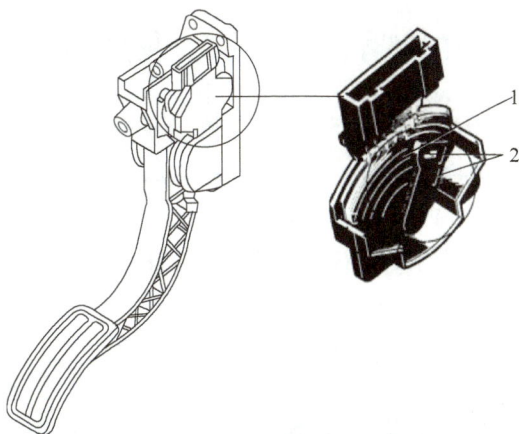

图1-102　加速踏板位置传感器的结构
1—滑动路径　2—加速踏板位置传感器

节气门位置传感器用于监测节气门位置及执行电机动位置。为了精确和备用，在某些系列轿车的电子节气门控制系统中，装有两个节气门位置传感器，两个传感器信号值正好相反，也就是一个由小到大，一个由大到小，向系统反馈节气门位置信号。当一个节气门位置传感器出现故障时，在故障存储器储存故障码，EPC故障指示灯亮；维持对加速踏板的响应；关闭相关功能。当两个节气门位置传感器都出现故障时，在故障存储器储存故障码，EPC故障指示灯亮；发动机在高怠速（1500r/min）运转，踩加速踏板无反应。

在电子节气门控制系统中，ECU的作用是接收传感器提供的电压信号，并对接收到的信号进行计算后，得到节气门的最佳开度，并把相应的电压信号输送到电动机驱动电路模块。电动机驱动电路模块控制电动机转动相应的角度，使节气门达到或保持相应的开度。ECU同时对系统的功能进行监控，如果发现故障，将点亮系统故障指示灯，提示驾驶人系统有故障。同时电磁离合器被分离，节气门不再受电动机控制。节气门在回位弹簧的作用下返回到一个小开度的位置，使车辆慢速开到维修地点。

节气门驱动电动机为步进电动机或伺服直流电动机（早期多为步进电动机，现在以伺服直流电动机为主），如图1-103所示。步进电动机或直流电动机的控制方式也有所不同。驱动步进电动机常采用惠斯顿电桥电路结构，控制单元通过发出的脉冲个数、频率和方向控制电平对步进电动机进行控制。电平的高低控制步进电动机转动的方向，脉冲个数控制电动机转动的角度，即发出一个脉冲信号，步进电动机就转动一个步进角，脉冲频率控制电动机转速，转速与脉冲频率成正比。因此，通过对上述三个参数的调节

图1-103　节气门驱动电动机
1—减速齿轮　2—驱动电动机　3—节气门

可以实现电动机精确定位与调速。

伺服直流电动机采用脉冲宽度调制（PWM）技术，其特点是频率高，效率高，功率密度高，可靠性高。控制单元通过调节脉宽调制信号的占空比来控制直流电动机转角的大小，电动机方向则是由和节气门相连的复位弹簧控制的。电动机输出转矩和脉宽调制信号的占空比成正比。当占空比一定，电动机输出转矩与回位弹簧阻力矩保持平衡时，节气门开度不变；当占空比增大时，电动机驱动力矩克服回位弹簧阻力矩，节气门开度增大；反之，当占空比减小时，电动机输出转矩和节气门开度也随之减小。

节气门驱动电动机接收来自发动机 ECU 的指令使驱动电动机动作，通过传动机构使节气门转动，或保持发动机工作所需的节气门开度。

EPC 故障指示在电子节气门控制系统正常时，打开点火开关自检 3s 后熄灭；当电子节气门控制系统有故障时则常亮。

三、废气涡轮增压系统

（一）废气涡轮增压系统的作用

废气涡轮增压器的涡轮安装在发动机的排气管上，被发动机排出的废气推动旋转，并带动与其同轴的压气机泵轮工作，如图 1-104 所示。泵轮位于发动机的进气管路上，它转动时使进气管内的空气压力升高。

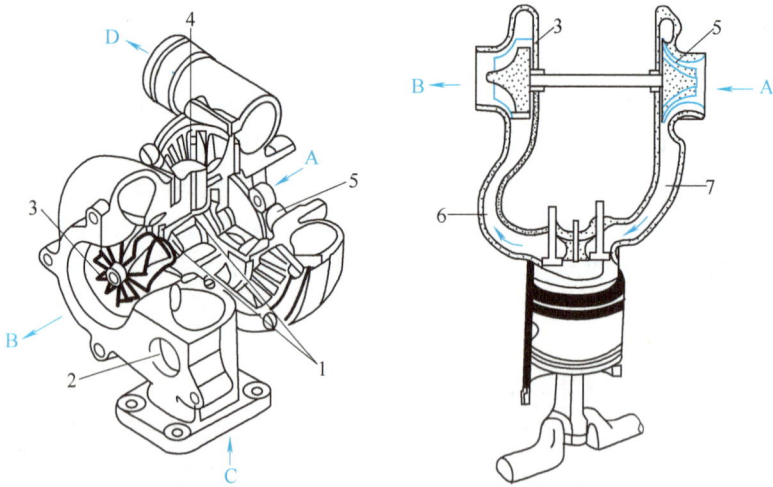

图 1-104　废气涡轮增压器

1—轴承　2—废气旁通道　3—涡轮　4—润滑油道　5—泵轮　6—排气管　7—进气管
A—从空气滤清器进入的新鲜空气　B—驱动增压器转子工作后的废气经排气管排出
C—发动机废气经排气歧管进入增压器　D—经过增压的新鲜空气经进排气歧管进入气缸

废气涡轮增压系统的作用就是将空气进行预压缩，然后再供入气缸。它通过提高进气的密度来增加进气量，从而可以使发动机的功率增加。实践证明，在汽油发动机上采用增压技术后，不仅可以获得良好的动力性，燃油经济性也有所提高。

(二) 废气涡轮增压系统的工作原理

发动机工作时，排气流过涡轮机的喷管时，推动涡轮机旋转，并带动增压器轴和压气机泵轮一起旋转。离心式压气机旋转时，空气在离心力的作用下，沿着压气机叶片流向泵轮周边。其流速、压力和温度均有较大的升高。

当ECU检测到的进气压力高于目标值时，释压电磁阀打开，关闭进入涡轮室的通道，同时排气旁通道口打开，废气不经涡轮室直接排出，增压器停止工作。直到进气压力降至规定的压力时，ECU又将释压阀关闭，切换阀又将进入涡轮室的通道口打开，废气涡轮增压器又开始工作，如图1-105所示。

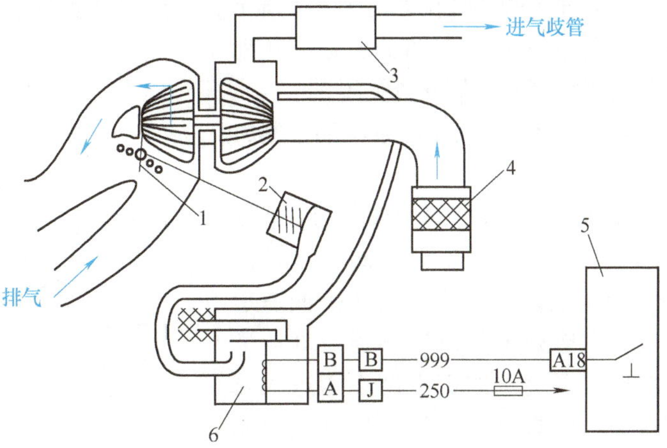

图1-105　废气涡轮增压系统

1—切换阀　2—驱动气室　3—空气冷却器　4—空气滤清器
5—ECU　6—释压电磁阀

四、谐波进气增压系统

(一) 谐波进气增压系统的功用

谐波进气增压系统的功用是利用进气流的惯性产生的压力波，提高发动机进气准备效率，从而改善发动机在低速、高速时的动力性能和功率。

谐波进气增压主要是利用进气流的惯性。当气体高速流向进气门时，如进气门突然关闭，进气门附近气流流动突然停止，但由于惯性，进气管仍在进气，于是将进气门附近气体压缩，压力上升。当气体的惯性过后，被压缩的气体开始膨胀，向进气气流相反方向流动，压力下降。膨胀气体的波传到进气管口时又被反射回来，形成压力波。

一般而言，进气管长度长时，压力波长大，可使发动机中低转速区功率增大；进气管长度短时，压力波波长短，可使发动机高速区功率增大。

(二) 谐波进气增压系统的组成

以某轿车发动机为例，其谐波进气增压系统如图1-106所示，主要由发动机ECU、节气门位置

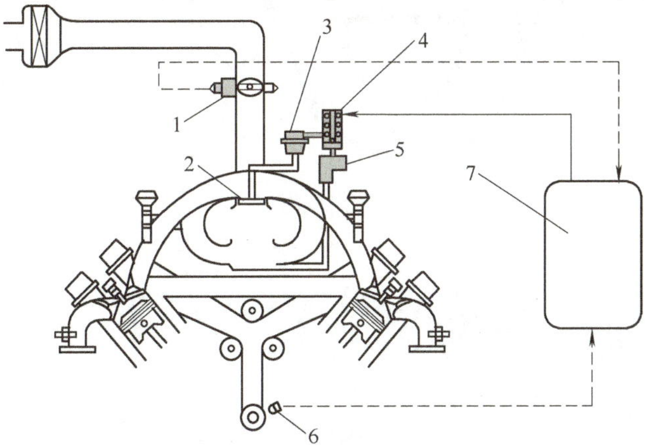

图1-106　部分谐波进气增压系统

1—节气门位置传感器　2—进气控制阀　3—真空气室
4—真空开关阀（VSV）　5—真空罐　6—曲轴位置传感器
7—发动机ECU

传感器、曲轴位置传感器及真空罐、真空开关阀（VSV）、真空气室、进气控制阀等组成。

真空开关阀的结构如图1-107所示。其作用是执行发动机ECU的指令信号，控制通往真空执行器的真空管路的通断，从而操作进气控制阀的打开或关闭。

（三）谐波进气增压系统的控制方式

发动机运转时，发动机ECU根据转速信号，通过真空开关阀控制谐波进气增压系统的工作。发动机低速运转时，真空开关阀电路不通，真空通道关闭，真空罐的真空度不能进入真空气室，受真空气室控制的进气控制阀处于关闭状态。此时进气管长度长，压力波长大，以适应低速区域形成气体动力增压效果，如图1-108所示。

图1-107　真空开关阀的结构

A—外界空气　B—进入真空执行器　C—来自真空罐

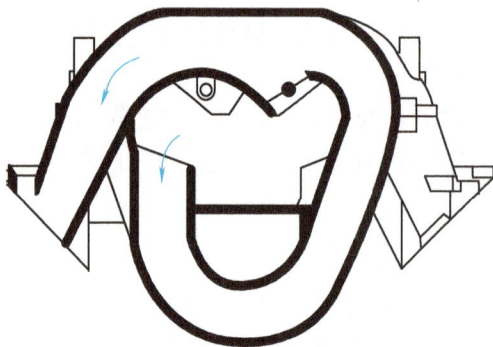

发动机高速运转时，发动机ECU接通电磁真空阀的电路，真空通道打开，真空罐的真空度进入真空气室，吸动膜片，从而将进气控制阀打开，由于大容量空气室的参与，缩短了压力波的传播距离，使发动机在高速区域也得到较好的气体动力增压效果，如图1-109所示。

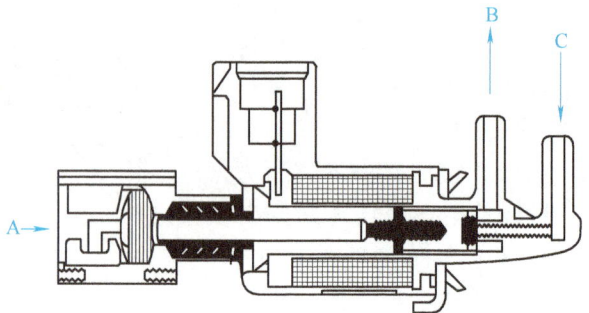

图1-108　进气控制阀关闭

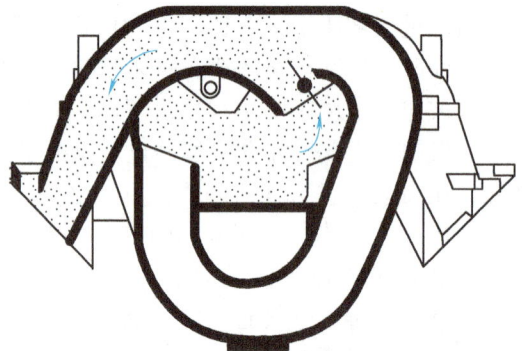

图1-109　进气控制阀打开

五、可变气门正时系统

发动机可变气门正时系统的作用，就是根据发动机运行工况的变化，调整配气相位，充分利用进、排气惯性，使发动机进气充分、排气干净，以提高发动机在各种工况下的运行性能。下面以几种典型机构为例，对发动机可变气门正时系统进行介绍。

（一）丰田轿车可变气门正时系统（VVT-i）

丰田轿车可变气门正时系统（VVT-i）是通过移动进气凸轮轴的位置，改变气门正时与气门重叠角度，从而提高功率输出、减少燃油消耗。

1. 丰田轿车可变气门正时系统的组成

丰田轿车可变气门正时系统的组成如图1-110所示，主要包括发动机ECU，曲轴位置、凸轮轴位置、冷却液温度传感器，VVT-i控制器，凸轮轴正时控制阀等。

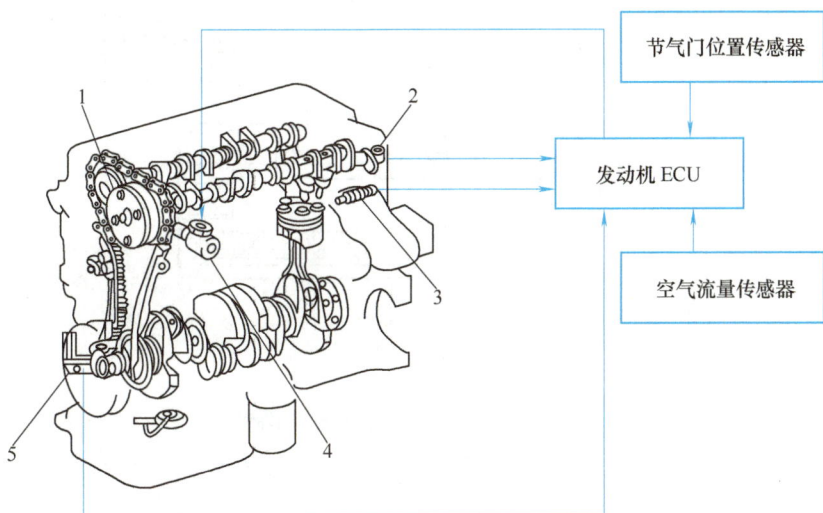

图1-110　丰田轿车可变气门正时系统的组成
1—VVT-i控制器　2—凸轮轴位置传感器　3—冷却液温度传感器　4—凸轮轴正时控制阀
5—曲轴位置传感器

VVT-i控制器的结构如图1-111所示，主要包括一个由正时链条驱动的外壳、固定在进气凸轮轴上的叶片、锁销等。发动机运转时，叶片在油压的作用下，可以圆周方向驱动进气凸轮轴转动，从而调整进气门气门正时。当发动机停机时，进气凸轮轴被移动到最大延迟状态，以利于发动机起动。当发动机再次起动后，油压并未立即作用于VVT-i控制器时，锁销锁定VVT-i控制器的动作，以防机械部分发生撞击而产生噪声。

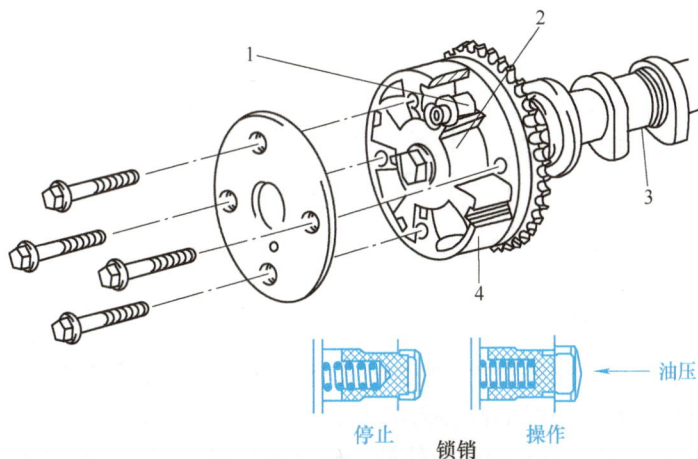

图1-111　VVT-i控制器的结构
1—锁销　2—叶片　3—凸轮轴　4—外壳

凸轮轴正时控制阀的结构如图 1-112 所示,其作用是按照发动机 ECU 的指令,改变滑阀的位置,控制 VVT-i 控制器的油压,使 VVT-i 控制器动作而驱动进气凸轮轴,调整配气相位,使其与发动机的运转状态相适应。

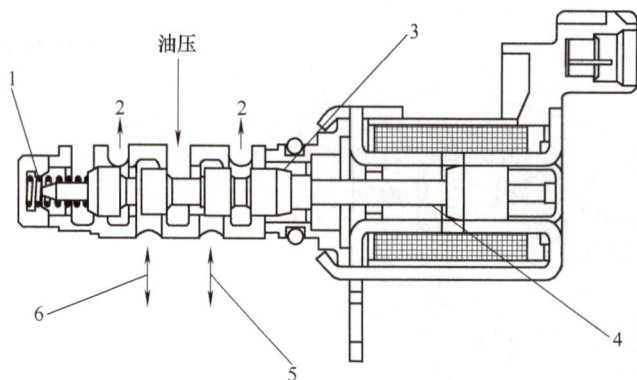

图 1-112　凸轮轴正时控制阀的结构

1—回位弹簧　2—回油口　3—滑阀　4—柱塞　5—延迟侧　6—提前侧

2. 丰田轿车可变气门正时系统的工作过程

丰田轿车可变气门正时系统的工作过程如图 1-113 所示,发动机 ECU 根据各传感器的输入信号,产生一占空比控制的输出指令,送给凸轮轴正时控制阀,改变其滑阀的位置,控制 VVT-i 控制器的油压,从而改变进气凸轮轴的位置,实现配气正时的调整。

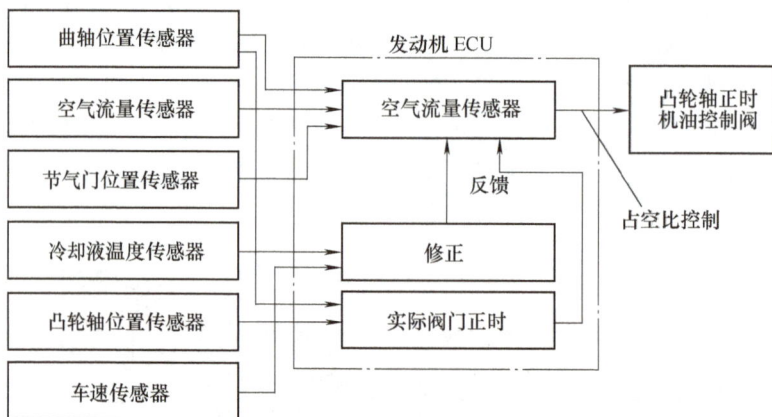

图 1-113　丰田轿车可变气门正时系统的工作过程

当发动机 ECU 根据各传感器的输入信号,确定发动机进气正时应提前时,发动机 ECU 控制凸轮轴正时控制阀中滑阀的位置,使油压作用于气门正时提前侧的叶片室,进气凸轮轴向气门正时提前方向旋转,如图 1-114 所示。

当发动机 ECU 根据各传感器的输入信号,确定发动机进气正时应延迟时,发动机 ECU 控制凸轮轴正时控制阀中滑阀的位置,使油压作用于气门正时延迟侧的叶片室,进气凸轮轴向气门正时延迟方向旋转,如图 1-115 所示。

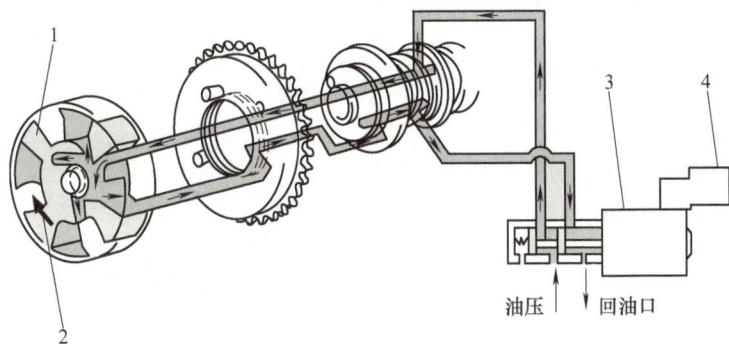

图 1-114 进气正时提前

1—叶片 2—旋转方向 3—凸轮轴正时控制阀 4—发动机 ECU

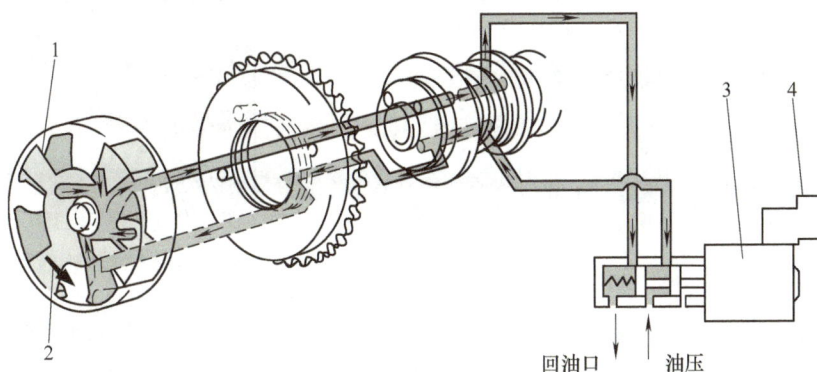

图 1-115 进气正时延迟

1—叶片 2—旋转方向 3—凸轮轴正时控制阀 4—发动机 ECU

当发动机 ECU 根据各传感器的输入信号，确定发动机进气凸轮轴位置达到目标角度时，发动机 ECU 控制凸轮轴正时控制阀中滑阀的位置，关闭油道，使气门正时处于保持状态，如图 1-116 所示。

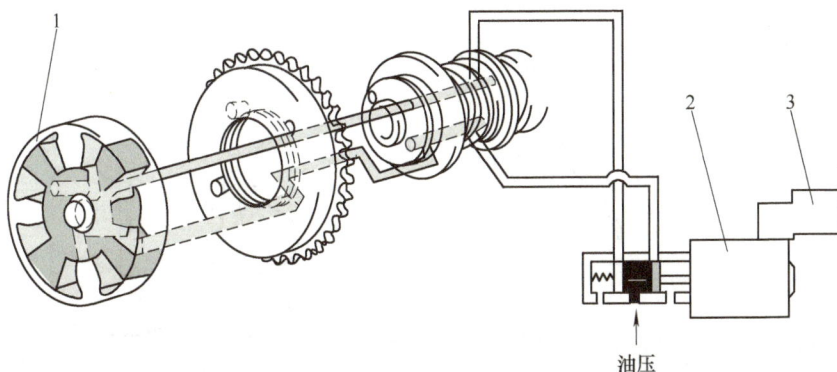

图 1-116 保持进气正时

1—叶片 2—凸轮轴正时控制阀 3—发动机 ECU

（二）本田轿车可变气门正时系统（VTEC）

1. 本田轿车可变气门正时系统的组成

某轿车可变气门正时系统由凸轮轴、主摇臂、副摇臂、中间摇臂、正时活塞、正时板、同步活塞 A、同步活塞 B 与主副进气门等组成，如图 1-117 所示。

中间摇臂的两端分别是主摇臂与次摇臂，中间摇臂为高转速用，主摇臂与次摇臂为低转速用，如图 1-118 所示。

主摇臂内有正时活塞、同步活塞 A，中间摇臂内有同步活塞 B，次摇臂内还装有阻挡活塞；中间摇臂内有运动弹簧总成，为一辅助定位装置，可抑制凸轮轴低速回转时的摇臂空隙，并可在凸轮轴高速回转时，圆滑地驱动进气门；为使摇臂容易连接与分离，特别加装了正时板，其作用是在正时活塞处于初始位置时，靠回位弹簧使其插入正时活塞的相应槽中，使正时活塞定位。主摇臂内有一油道与摇臂轴油道相通。

在凸轮轴上，每缸进气门设有一主一次两个低转速用凸轮，及一个高转速用中间凸轮，如图 1-119 所示。三个凸轮的升程各不相同，中间凸轮的升程最大，次凸轮升程最小。在发动机未达到设定的高转速条件时，进气门由低转速用凸轮驱动。由于主凸轮升程比次凸轮升程大，因此主进气门开度比副进气门大。当发动机达到设定的高转速条件时，进气门由高转速用凸轮驱动，主副进气门以相同开度打开，由于中间凸轮升程最大，因此进气门的开度比低速时大。

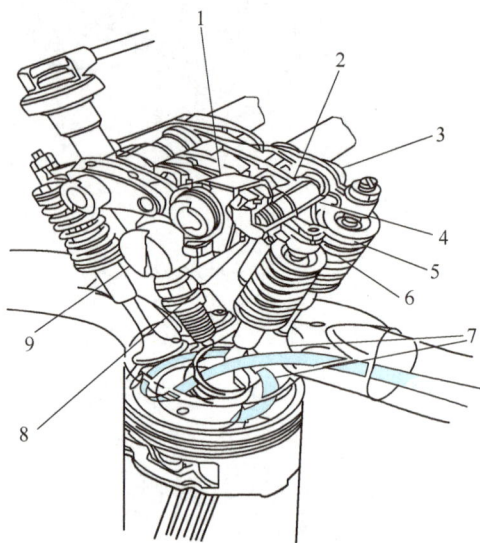

图 1-117　某轿车可变气门正时系统的组成

1—正时板　2—中间进气摇臂　3—次摇臂　4—同步活塞 A　5—同步活塞 B　6—正时活塞　7—进气门　8—主摇臂　9—凸轮轴

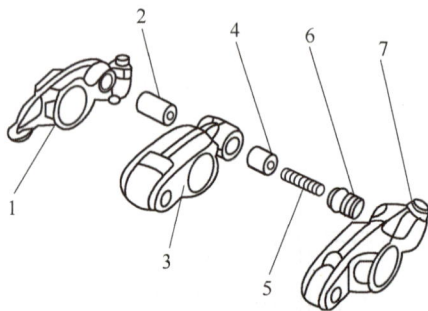

图 1-118　气门摇臂组结构

1—次摇臂　2—同步活塞 B　3—中间摇臂　4—同步活塞 A　5—弹簧　6—正时活塞　7—主摇臂

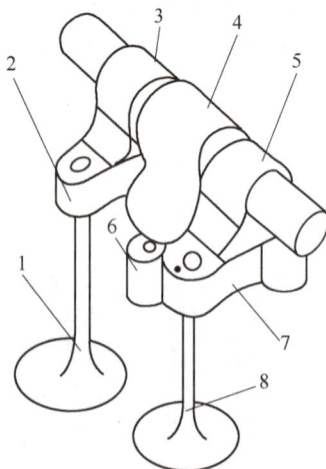

图 1-119　凸轮轴示意图

1—主进气门　2—主摇臂　3—主凸轮　4—中间凸轮　5—次凸轮　6—中间摇臂　7—次摇臂　8—次进气门

2. 本田轿车可变气门正时系统的工作过程

本田轿车可变气门正时系统如图 1-120 所示，发动机 ECU 将发动机转速、发动机负荷、车速、发动机冷却液温度、VTEC 压力开关等信号进行分析处理后，通过 VTEC 电磁阀，控制 VTEC 机构的工作。当 VTEC 电磁阀通电后，VTEC 压力开关向发动机 ECU 提供一个反馈信号，以监控 VTEC 系统的工作情况。

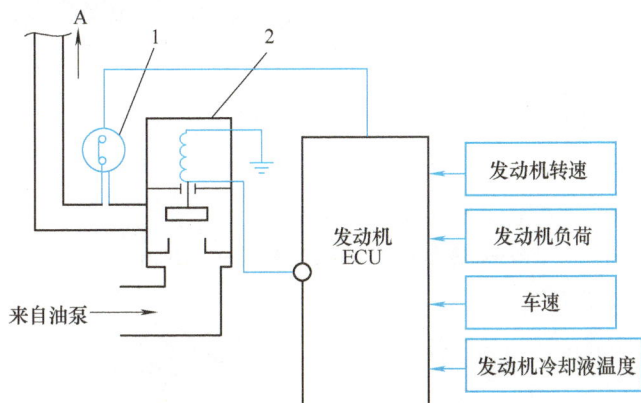

图 1-120　本田轿车可变气门正时系统

1—压力开关　2—VTEC 电磁阀　A—油液流动方向

当发动机未达到设定的高转速条件时，VTEC 电磁阀没有打开，在弹簧力的作用下液压执行活塞处于最高位置，机油经活塞中部的孔流回油底壳。装在主摇臂上的正时板也在弹簧作用下，挡住正时活塞向右运动，如图 1-121 所示。

此时，主摇臂、中间摇臂和次摇臂是彼此分离独立动作的，凸轮 A 与凸轮 B 分别驱动主摇臂和次摇臂，以控制气门的开闭，如图 1-122 所示。由于凸轮 B 的升程很小，因而进气门只稍微打开。虽然此时中间摇臂已被凸轮 C 驱动，但由于中间摇臂与主摇臂、次摇臂是彼此分离的，故不影响气门的正常开闭。也就是说，在低速状态 VTEC 机构不工作，气门的开闭情况与普通顶置凸轮轴式配气机构相同。

图 1-121　活塞的工作情况（低速状态）

1—主摇臂　2—中间摇臂　3—次摇臂
4—正时活塞　5—正时板
6—同步活塞 A　7—同步活塞 B

当发动机高速运转时，由于离心力和惯性力的作用，正时板克服弹簧力而取消对正时活塞的锁止。当发动机达到设定的高转速条件时，控制电磁阀接收到发动机 ECU 的信号而接通油路，一部分机油流到液压控制活塞的顶部，活塞向下运动而关闭回油道，使机油经活塞中部的孔沿摇臂轴流到各气门摇臂的液压腔，流入正时活塞的左侧，使同步活塞移动，将主摇臂、次摇臂和中间摇臂锁成一体。此时主摇臂、次摇臂和中间摇臂一起动作，如图 1-123 所示。此时，由于凸轮 C 比凸轮 B 高，所以由它来驱动整个摇臂，并且使气门开启时间延长，开启的升程增大，从而达到改变气门正时和气门升程的目的。

当发动机转速降低至设定值时，摇臂中同步活塞端的油压也将由 VTEC 电磁阀控制而降低，同步活塞由回位弹簧推回原位，三根摇臂又彼此分离独立工作。

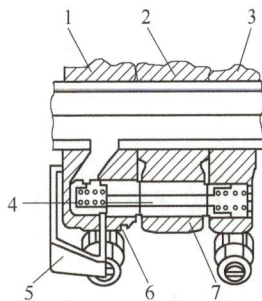

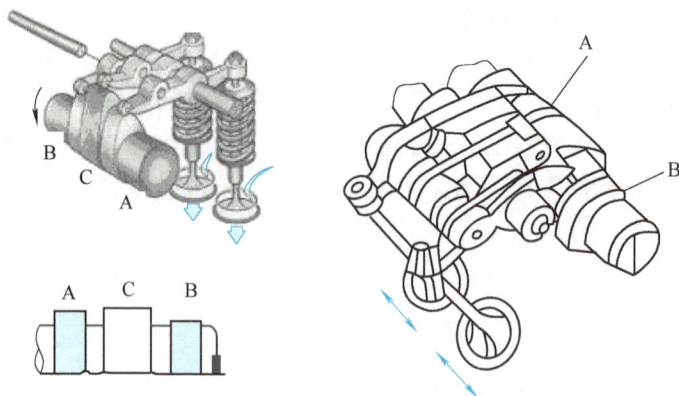

图 1-122　凸轮与摇臂工作情况（低速状态）
A—高速凸轮　B—低速凸轮　C—中间凸轮

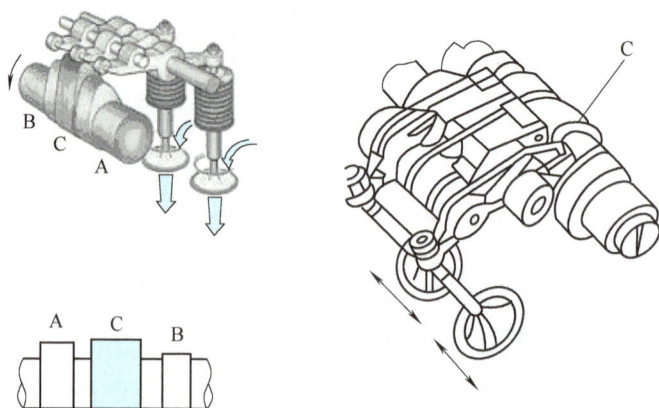

图 1-123　凸轮与摇臂工作情况（高速状态）
A—高速凸轮　B—低速凸轮　C—中间凸轮

（三）大众轿车可变气门正时系统（VVT）

1. 大众可变气门正时机构的组成

大众汽车公司的部分发动机上，采用了凸轮轴相位可变的配气机构，主要由凸轮轴调节电磁阀和凸轮轴调节器总成等组成，如图 1-124 所示。

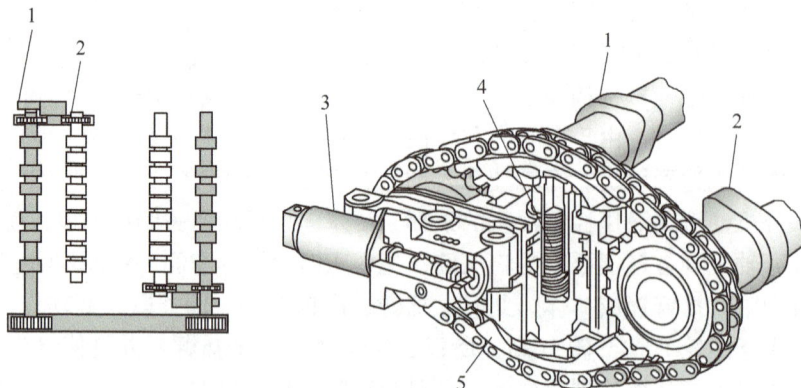

图 1-124　大众可变气门正时机构的组成
1—排气凸轮轴　2—进气凸轮轴　3—凸轮轴调节电磁阀　4—液压缸
5—凸轮轴调节器总成（包括链条张紧器）

在上述机构中，排气凸轮轴由发动机通过正时带直接驱动，其相位不可变。排气凸轮轴通过链传动，带动进气凸轮轴转动。当链条张紧器高度变化时，由于排气凸轮轴相位不会发生变化，因此进气凸轮轴的相位必然会因链条张紧器高度的变化而变化，从而实现对进气门正时的调整。

凸轮轴调节器总成的结构如图 1-125 所示，其中链条张紧器的上下弧形滑板利用液压缸等机构连接在一起，各由其弹簧上下张开，使链条有一定的张紧度。凸轮轴调节器总成内部有控制活塞，活塞在油压的作用下能够上下移动，对链条产生推力，从而改变进气凸轮轴相对于排气凸轮轴的角度，从而实现进气门"提前"或"滞后"调整。

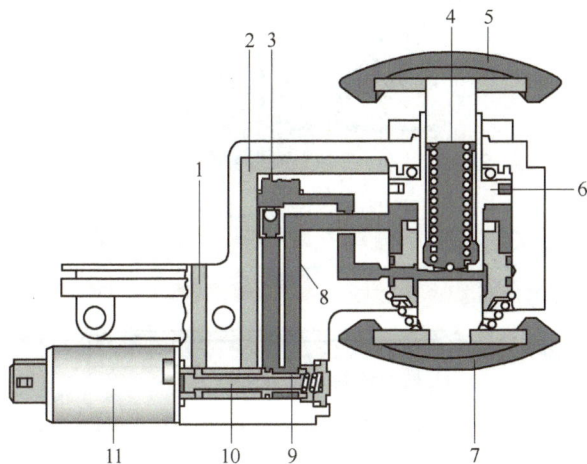

图 1-125 凸轮轴调节器总成的结构

1—回油道 2—控制油道 B 3—主油道 4—链条张紧器 5—上滑板 6—控制活塞
7—下滑板 8—节流球 9—控制油道 A 10—滑阀 11—控制电磁阀

在凸轮轴调节器总成中，主油道中的节流球可使控制油压柔和地变化；回油道在滑阀末端，可保证控制油道 B 在进气门进行"提前"动作时不泄油，及时能够封闭回油道。

凸轮轴调节器总成的工作，是由发动机 ECU 通过控制电磁阀控制的。控制电磁阀的滑阀可以轴向移动，通过控制各油道的通断，完成"提前"或"滞后"调整。

2. 大众可变气门正时系统的工作过程

装有可变气门正时系统的大众汽车发动机的润滑系统如图 1-126 所示。发动机运转时，发动机 ECU 根据发动机转速、曲轴位置、凸轮轴位置、发动机负荷和发动机温度等输入信号，确定发动机在相应工况下的配气相位，通过凸轮轴控制电磁阀，控制发动机润滑系统中润滑油在凸轮轴调节器总成的流动方向，使控制活塞向上或向下滑动，使进气门正时"提前"或"滞后"。

当发动机的转速低于 1300r/min 时，控制电磁阀无电流通过，控制油道 A 通过主油道，与发动机润滑系统接通，润滑油通过控制油道 A，进入控制活塞下部，如图 1-125 所示。此时凸轮轴调节器通过活塞向上推动链条，于是链条下部变短、上部变长，如图 1-127 所示。因为排气凸轮轴被同步带固定了，此时排气凸轮轴不能转动，进气凸轮轴被逆时针转动一个角度，进气门提前关闭，进、排气门的重叠角变小，防止发动机回火，发动机低速运转平稳。

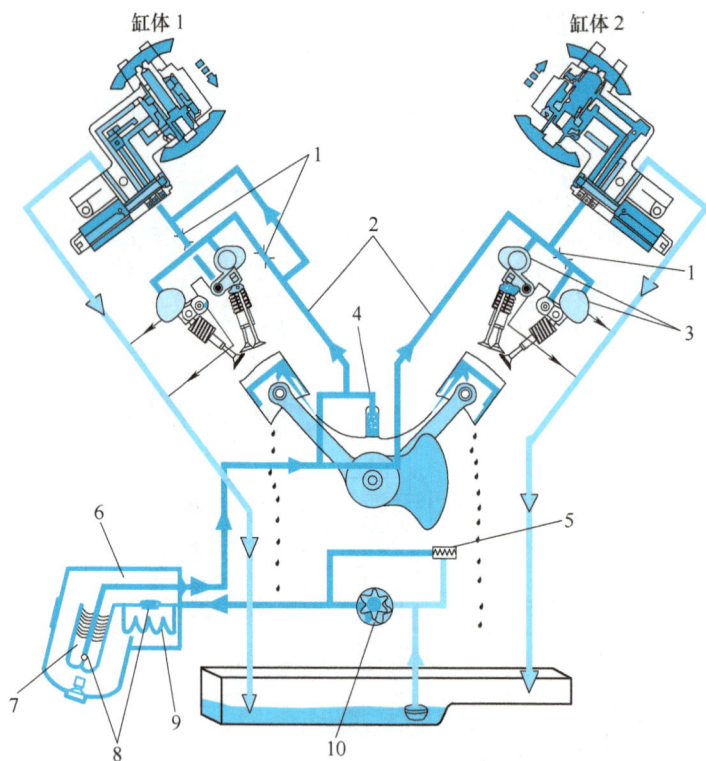

图 1-126　装有可变气门正时系统的发动机润滑系统

1—节流阀　2—限压阀　3—凸轮轴　4—喷油器　5—压力调节阀　6—机油滤清器
7—滤芯　8—安全阀　9—机油冷却器　10—机油泵

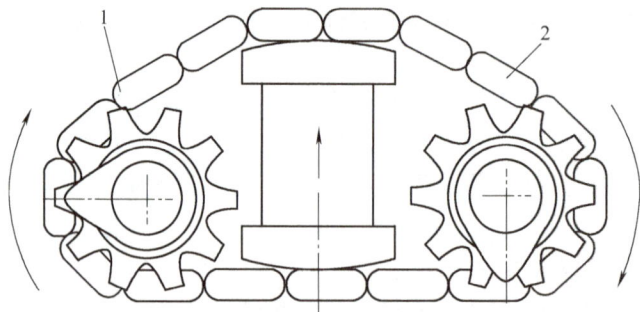

图 1-127　发动机低速时凸轮轴的相对位置

1—排气凸轮轴　2—进气凸轮轴

　　当发动机的转速超过 1300r/min 时，控制电磁阀通电，电磁吸力使滑阀右移，控制油道 B 有电流通过，控制油道 B 通过主油道，与发动机润滑系统接通，润滑油通过控制油道 B 进入控制活塞上部，如图 1-128 所示。

　　此时凸轮轴调节器通过活塞向下推动链条，于是链条上部变短、下部变长，如图 1-129 所示。因为排气凸轮被同步带固定了，此时排气凸轮轴不能转动，进气凸轮轴被顺时针转动一个角度，进气门提前角变大，进、排气门的重叠角变大，废气排出率增大，提高了发动机的进气效率和功率。

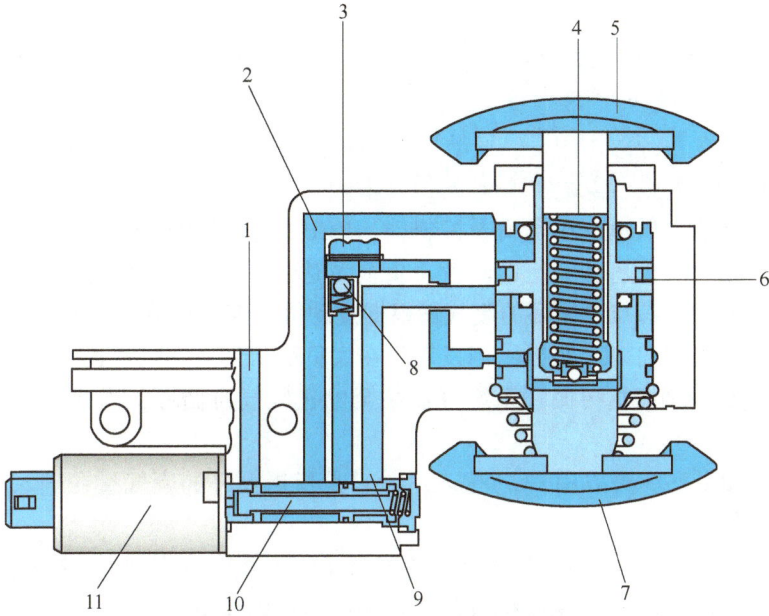

图 1-128　凸轮轴调节器内油道连通情况

1—回油道　2—控制油道B　3—主油道　4—链条张紧器　5—上滑板　6—控制活塞
7—下滑板　8—节流球　9—控制油道A　10—滑阀　11—控制电磁阀

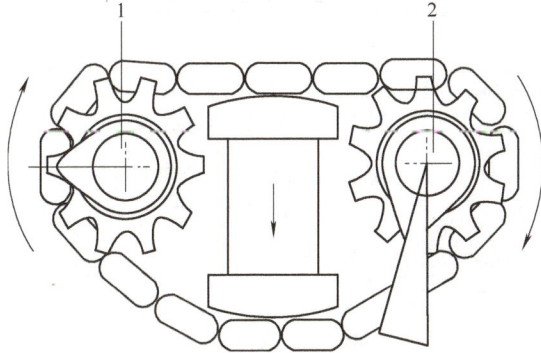

图 1-129　发动机高速时凸轮轴的相对位置

1—排气凸轮轴　2—进气凸轮轴

六、排放控制系统

汽油是多种碳氢化合物的混合物。在发动机气缸内，汽油和空气混合并燃烧，大部分生成 CO_2 和 H_2O。但由于混合气燃烧不完全，也会在排气中生成 CO 和 HC 化合物；而当燃烧温度很高时，空气中的氮会与未燃的氧发生反应，生成 NO_x 气体。此外，从油箱盖、油泵插头、油泵与油箱的连接处挥发出的汽油蒸气，有害物的主要成分是 HC。

在大气污染中，汽车排放所造成的污染占有相当比重。据有关资料介绍，大气中所含 CO 的 75%、HC 和 NO_x 的 50% 来源于汽车的排放。目前汽车的排污标准和净化措施，主要旨在降低 CO、HC 和 NO_x 这三种气体的含量。在发动机上用于排放的控制系统及装置主要有三元催化装置（TWC）、废气再循环（EGR）系统、燃油蒸发（EVAP）控制系统和二次

空气供给系统等。

（一）废气再循环（EGR）系统

1. 废气再循环控制系统的作用

废气再循环控制系统的作用是在发动机工作时，将适当的废气重新引入气缸参加燃烧，从而降低气缸的最高温度，以减少 NO_x 的排放量。

当发动机在怠速、低速、小负荷及冷机时，ECU 控制废气不参与再循环，避免发动机性能受到影响；当发动机超过一定的转速、负荷及达到一定的温度时，ECU 控制少部分废气参与再循环，而且，参与再循环的废气量根据发动机转速、负荷、温度及废气温度的不同而不同，以达到废气中的 NO_x 最低；当发动机在大负荷工作时，空燃比（A/F）较小，NO_x 生成量不多，ECU 控制废气再循环系统降低甚至停止废气再循环，以保证发动机有足够的功率输出。

废气再循环量的多少可以用 EGR 率表示，它是指再循环的废气量在进入气缸内的气体中所占的比率，即

$$EGR 率 = [EGR 量/(进气量 + EGR 量)] \times 100\%$$

按控制模式不同，EGR 控制系统可分为开环控制系统和闭环控制系统。

2. 开环控制废气再循环系统

开环控制废气再循环系统如图 1-130 所示，主要由 EGR 阀和 EGR 电磁阀等组成。

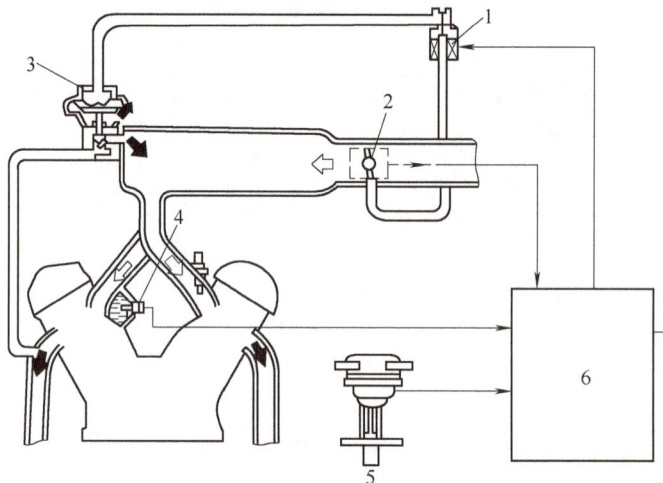

图 1-130　开环控制废气再循环系统

1—EGR 电磁阀　2—节气门　3—EGR 阀　4—冷却液温度传感器
5—曲轴位置传感器　6—ECU

EGR 阀安装在废气再循环通道中，如图 1-131 所示，EGR 阀膜片下方与进气道相通，上方为真空室，与真空管相通。其作用是控制废气再循环量。EGR 电磁阀安装在通向 EGR 真空通道中，ECU 根据发动机冷却液温度、节气门开度、转速和起动等信号来控制电磁阀的通电或断电。ECU 不给 EGR 电磁阀通电时，控制 EGR 阀的真空通道接通，EGR 阀开启，进行废气再循环；ECU 给 EGR 电磁阀通电时，控制 EGR 阀的真空通道被切断，EGR 阀关闭，停止废气再循环。

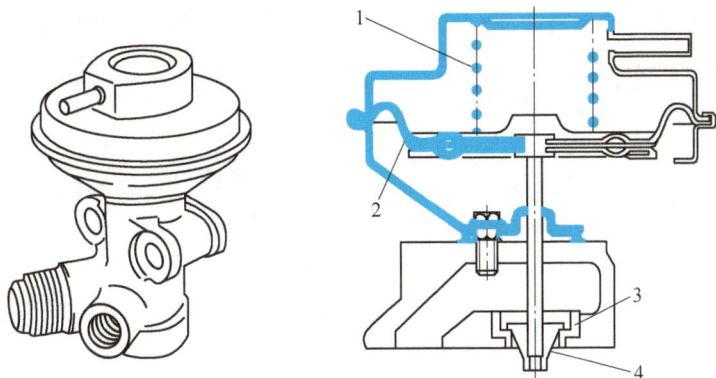

图 1-131 EGR 阀的外形及结构

1—弹簧 2—膜片 3—阀座 4—阀

3. 闭环控制废气再循环系统

闭环控制废气再循环系统，检测实际的 EGR 率或 EGR 阀开度作为反馈控制信号，其控制精度更高。

图 1-132 所示为利用 EGR 阀开度反馈控制的闭环控制废气再循环系统。在此系统中增设一个 EGR 阀开度传感器，其作用是向发动机 ECU 反馈 EGR 电磁阀的开度信号，发动机 ECU 根据此信号修正 EGR 电磁阀的开度，使 EGR 率保持在最佳值。

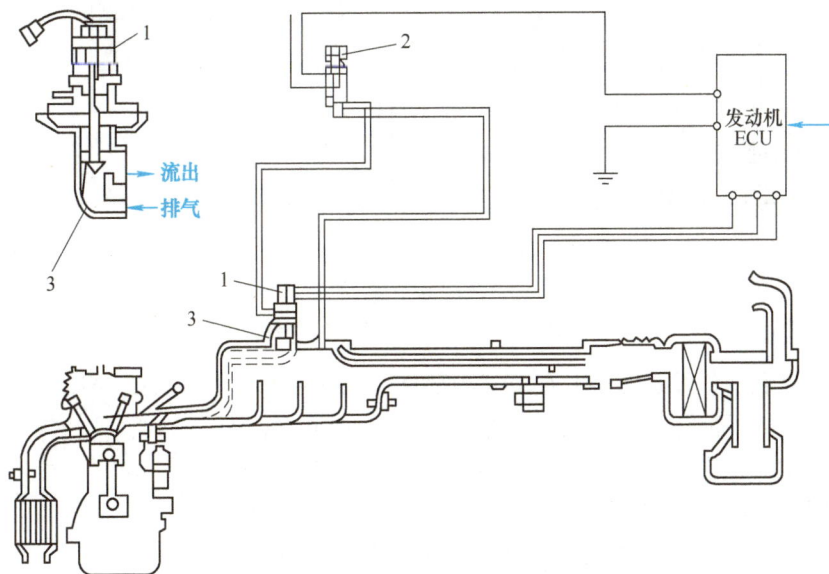

图 1-132 用 EGR 阀开度反馈控制的闭环控制废气再循环系统

1—EGR 阀开度传感器 2—EGR 电磁阀 3—EGR 阀

图 1-133 所示为利用 EGR 率反馈控制的闭环控制废气再循环系统。在此系统中，EGR 率传感器安装在进气总管中的稳压箱上，新鲜空气经节气门进入稳压箱，参与再循环的废气经 EGR 电磁阀进入稳压箱，传感器检测稳压箱内气体中的氧含量，并转换成电信号送给发

动机 ECU，发动机 ECU 根据此反馈信号修正 EGR 电磁阀的开度，使 EGR 率保持在最佳值。

（二）燃油蒸发（EVAP）控制系统

1. 燃油蒸发控制系统的作用

燃油蒸发系统的作用是收集汽油箱和浮子室内蒸气的汽油蒸气，并将汽油蒸气适时导入气缸参加燃烧，从而防止汽油蒸汽直接排出大气且防止造成污染。同时，根据发动机工况，控制导入气缸参加燃烧的汽油蒸气量。

2. EVAP 系统的组成及工作原理

目前常见的比较简单的燃油蒸发系统主要由燃油箱、活性炭罐、炭罐电磁阀和发动机 ECU 等组成，图 1-134 所示为某轿车发动机的燃油蒸发系统。

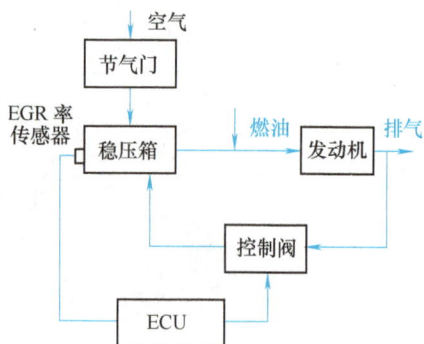

图 1-133　用 EGR 率反馈控制的闭环控制废气再循环系统

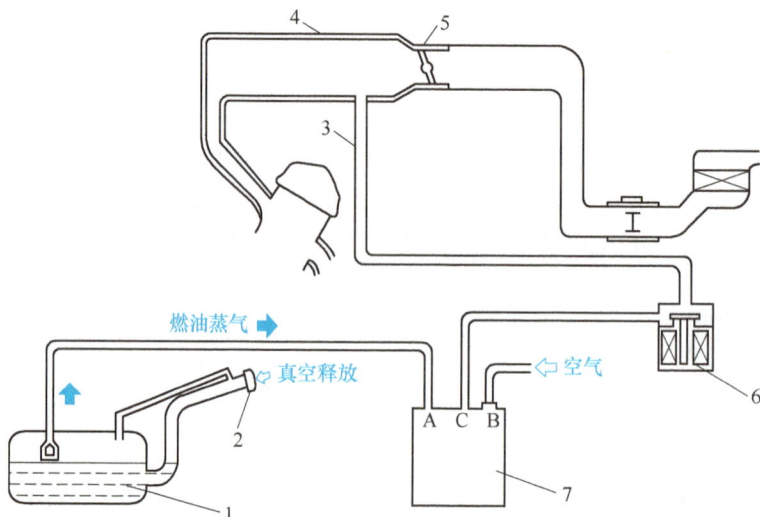

图 1-134　某轿车发动机的燃油蒸发系统的组成

1—油箱　2—带泄压阀和真空释放阀的加油口盖　3—清洁管路　4—进气管
5—节气门体　6—炭罐电磁阀　7—活性炭罐

活性炭罐是燃油蒸发系统中贮存蒸气的部件，如图 1-135 所示。活性炭罐的下部与大气相通，上部有插头与油箱相连，用于收集和清除燃油蒸气。中间是活性炭粒，它具有极强的吸附作用。燃油箱内的燃油蒸气（HC），经油箱管道进入活性炭罐后，蒸气中的燃油分子被吸附在活性炭颗粒表面，活性炭罐有一个出口，由软管与发动机进气歧管相连。软管的中部设一个活性炭罐电磁阀（常闭），以控制管路的通断。

发动机工作时，ECU 根据发动机转速、温度和空气流量等信号，控制炭罐电磁阀的开闭。炭罐电磁阀的结构如图 1-136 所示。

当炭罐电磁阀打开时，燃油蒸气随新鲜空气一起被吸入

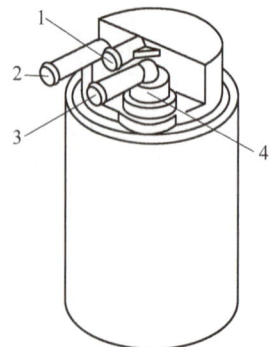

图 1-135　活性炭罐

1—接外界空气　2—接发动机进气管
3—接油箱　4—单向阀

进气歧管，与空气混合后进入发动机燃烧。当燃油蒸气从活性炭罐吸入进气管时，新鲜空气通过活性炭罐通向外界空气的通气孔，补充进入活性炭罐，使活性炭罐内的燃油蒸气更快脱离吸附。

油箱盖上装有真空释放阀，当油箱内的燃油蒸气被吸出后，油箱内压力下降，外界空气通过真空释放阀进入油箱。

（三）二次空气供给系统

1. 二次空气供给系统的作用

二次空气供给系统是降低尾气排放的机外净化装置之一，它通过向废气中吹进额外的空气（二次空气），增加其中氧气的含量，这样使废气中未燃烧的有害物质在高温环境下再次燃烧。发动机冷起动阶段未燃烧的 HC 化合物及 CO 等有害物质排放相对较高，并且此时，三元催化器尚未达到工作温度（300℃ 以上）。在轿车排放标准达到欧Ⅲ或欧Ⅳ要求时，必须装备此机外净化装置，以降低发动机冷起动阶段有害物质的排放。另一方面，再次燃烧的热量使三元催化器很快就达到所需的工作温度。

在发动机工作过程中，二次空气供给系统只是在发动机冷机起动状态或是发动机低速运转而使 CO 以及 HC 化合物排放增大时起作用。常见的二次空气供给系统主要有空气喷射控制系统和脉冲控制系统。

2. 空气喷射控制系统

空气喷射控制系统的组成如图 1-137 所示。系统工作时，发动机 ECU 通过继电器起动二次空气泵，同时为真空开关阀（VSV）提供信号，真空开关阀接通通往空气喷射阀的真空管路，空气喷射阀打开，空气进入排气管，未燃烧的 HC 化合物及 CO 再次燃烧。

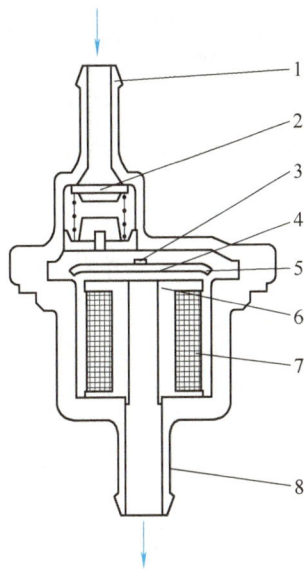

图 1-136　炭罐电磁阀的结构

1、8—软管插头　2—单向阀
3—叶片弹簧　4—密封元件
5—电磁衔铁　6—密封座
7—电磁线圈

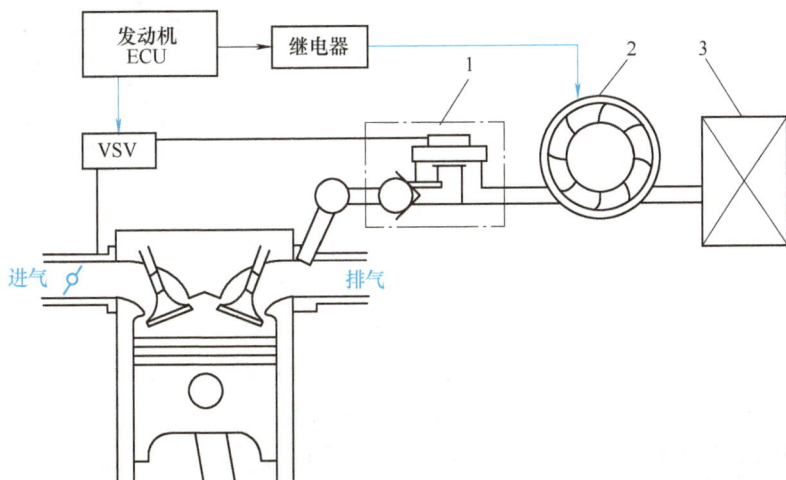

图 1-137　空气喷射控制系统的组成

1—空气喷射阀　2—电动空气泵　3—空气滤清器

67

3. 脉冲控制系统

脉冲控制系统的组成如图 1-138 所示。系统工作时，发动机 ECU 为真空开关阀提供信号，真空开关阀接通通往脉冲控制阀的真空管路，空气滤清器与排气管相通。由于排气中的压力是正负交替的脉冲压力波，当排气压力为负时，来自空气滤清器的空气进入排气管；当排气压力为正时，簧片式单向阀关闭，空气不能返回。

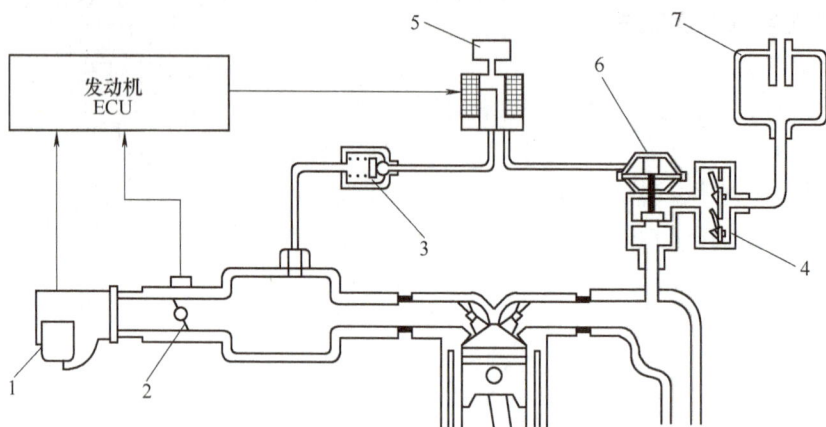

图 1-138　脉冲控制系统的组成

1—空气流量传感器　2—节气门　3—单向阀　4—簧片式单向阀　5—真空开关阀
6—脉冲控制阀　7—空气滤清器

（四）三元催化装置（TWC）

1. 三元催化器的结构

三元催化反应是指当高温的汽车尾气通过净化装置时，三元催化器中的净化剂将增强 CO、HC 和 NO_x 三种气体的活性，促使其进行一定的氧化-还原化学反应，其中 CO 在高温下氧化成为无色、无毒的二氧化碳气体（CO_2）；HC 化合物在高温下氧化成水（H_2O）和二氧化碳（CO_2）；NO_x 还原成氮气和氧气。三种有害气体变成无害气体，使汽车尾气得以净化。

三元催化反应是在三元催化器中完成的。三元催化器的外形类似消声器，如图 1-139 所示。

三元催化器外面用双层不锈薄钢板制成筒形，在双层薄板夹层中装有绝热材料石棉纤维毡；内部在网状隔板中间装有净化剂如图 1-140 所示。净化剂由载体和催化剂组成。载体一般由三氧化二铝制成，其形状有球形、多棱体形和网状隔板等。净化剂实际上是起催化作用的，也称为催化剂。催化剂用的是金属铂、铑、钯。将催化剂喷涂在载体上，就构成了净化剂。

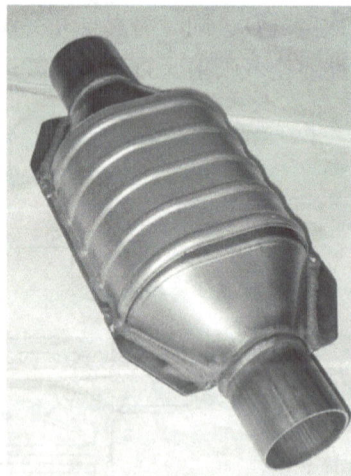

图 1-139　三元催化器的外形

2. 三元催化器的工作条件

（1）燃油要求　由于汽油中的一些元素，如铅、硫、磷等，会导致三元催化器的转换效率严重下降，也是导致其烧缩、烧结的主要原因之一，因此使用三元催化器的汽车，必须

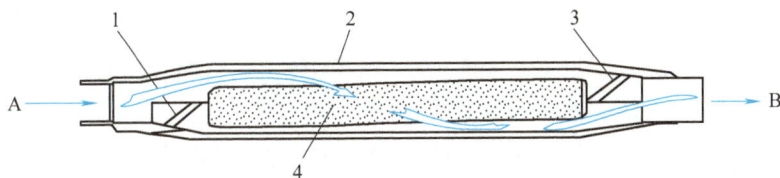

图 1-140 三元催化器的结构

1、3—网状隔板 2—壳体 4—净化剂

加注无铅汽油，且硫、磷等杂质的含量必须较低。

（2）温度要求 三元催化器的工作温度应在 350～850℃ 范围内，低于或高于正常的工作温度，就会导致三元催化器的转换效率和使用寿命的降低。

（3）使用要求 空燃比与三元催化器的转换效率的关系如图 1-141 所示。只有当发动机空燃比保持在 14.7∶1 及其附近区域时，三元催化器才能保持比较高的转换效率。为了将发动机空燃比精确地控制在理论空燃比附近，发动机必须采用由氧传感器组成的空燃比反馈系统，即闭环控制系统。为监测三元催化器的转换效率，部分汽车三元催化器的后部还安装了下游氧传感器。

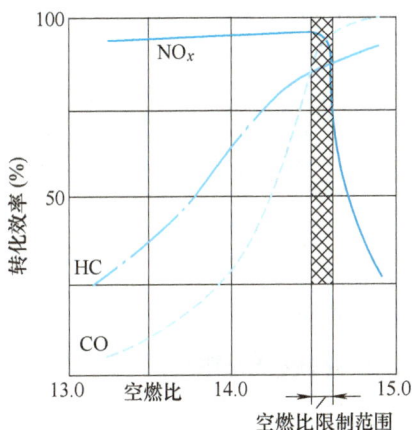

图 1-141 空燃比与三元催化器的转换效率的关系

七、巡航控制系统

（一）巡航控制系统的功能

汽车巡航控制系统也称为速度控制系统或自动驾驶系统，采用了这种装置，当汽车在良好路面行驶时，起动巡航控制系统就可以自动将汽车固定在特定的速度上，免除驾驶人长时间脚踏加速踏板之苦。同时，它还能在巡航状态下对预定的车速进行加速和减速的调节，提高了驾驶舒适性。因为汽车都有对应的经济速度，当驾驶人将巡航控制系统调置在经济速度上，还可以起到省油的作用。

具体来说，巡航控制系统的主要功能包括车速设定、消除、恢复、滑行、加速、低速自动消除和开关消除功能。

1. 巡航控制车速设定功能

当在高速公路上行驶时，路面质量好，没有人流，分道行车，无逆向车流，适宜较长时间的稳定行驶时，可按下"设定"开关，设定一个稳定行驶的车速，使驾驶人不用再踩急速踏板和换档，汽车一直以这一车速稳定运行。

2. 消除功能

当驾驶人根据运行情况需要踩下制动踏板时，则上述的车速设定功能立即消失，驾驶人要用常规方法操作驾驶，直到再按另外的功能开关为止，但其行驶速度大于 48km/h 时所设定的车速值仍然储存在系统中，供随时通过开关调整。

3. 恢复功能

当驾驶人处理好情况后，根据路面车流情况又可稳定运行时，可按"恢复"功能开关，这样汽车又自动按上述设定的车速稳定均匀运行。若不按"恢复"功能开关，也可在驾驶人认为最有利车速时按"设定"开关，汽车就又自动按新选择的设定车速稳定运行。

4. 滑行功能

滑行功能也称为减速功能。当按下"滑行"开关时，则汽车在原设定车速基础上减速行驶，开关一直按下不放，则车速一直在减低。当放松"滑行"开关，则汽车就自动以放松"滑行"开关瞬间的车速稳定行驶。

5. 加速功能

当按下"加速"开关时，则汽车在原设定的车速基础上加速行驶，开关一直按下不放，则车速一直在增加。当放松"加速"开关时，则汽车就自动以放松"加速"开关瞬间的车速稳定行驶。

6. 低速自动消除功能

当车速低于已输入的低速极限时（一般为48km/h），巡航控制不起作用，也不能存储低于这一速度的信息。

7. 开关消除功能

除了踩制动踏板有低速的消除功能外，当按驻车制动开关、离合器控制开关、变速器档位开关时，都有自动消除巡航控制的功能。

（二）巡航控制系统的基本组成

电子控制的巡航控制系统主要由巡航开关、安全开关、传感器、巡航ECU、执行器及其电气连接电路等组成，如图1-142所示。

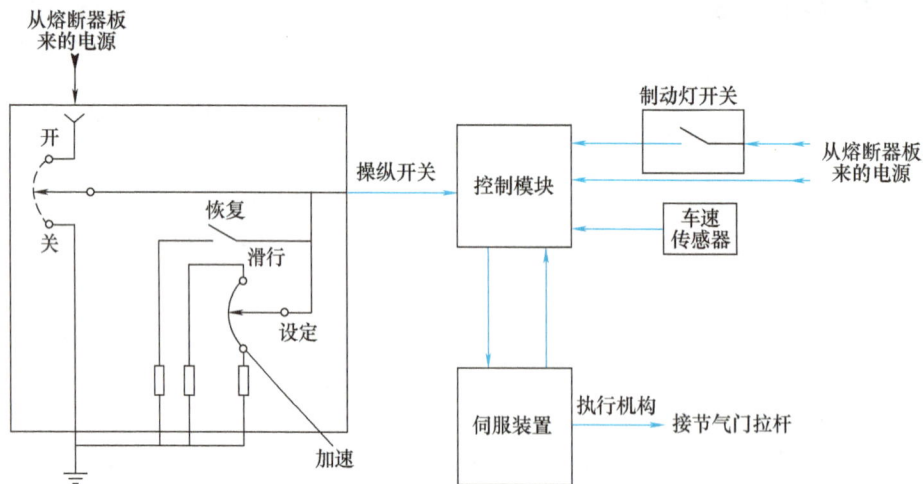

图1-142　巡航控制系统的基本组成

1. 巡航开关

巡航开关的作用是控制巡航系统的起动、关闭，控制调节巡航工作状态。其中，巡航开关用于开启或关闭巡航功能，原先记录的目标巡航车速将在巡航功能关闭后丢失；巡航设置/减少开关用于开启巡航车速设置功能或减少目标巡航车速，开关具有机械自动恢复功能；

巡航恢复/增加开关用于开启巡航车速恢复功能或增加目标巡航车速,开关具有机械自动恢复功能。

2. 安全开关

安全开关包括离合器开关、变速器空档起动开关(仅对安装自动变速器车辆)、制动灯开关、驻车制动开关。汽车巡航控制模式行驶时,ECU 接到上述其中任一安全开关信号,都将自动解除巡航控制模式。

3. 传感器

巡航控制系统工作时,除上述开关给 ECU 输送信号外,还必须由车速传感器、节气门传感器和执行器位置传感器向 ECU 提供信号。

4. 巡航控制 ECU

巡航 ECU 是巡航控制系统的中枢,在巡航控制系统工作时,它不断接收巡航开关、安全开关和传感器信号,通过计算后,控制执行器的工作。有些汽车使用专用巡航 ECU,有些则与发动机控制系统 ECU 或车身控制系统 ECU 合为一体。

5. 执行器

执行器的作用是将 ECU 输出的电流或电压信号转变为机械运动,进而控制节气门的开度,最终达到控制车速的目的。执行器有电动和气动操纵两种形式。

(三) 巡航控制执行器的工作原理

电动机式巡航控制执行器主要由电磁离合器、直流电动机或步进电动机等组成,如图 1-143 所示。执行器工作时利用电动机的转动并带动控制摇臂摆动,可使节气门的开度变化。直流电动机是连续运转,它的运转速度与 ECU 供给它的电压平均值有关;它的运转或停止,由 ECU 输出的电压"有"或"无"来决定;它的运转方向,由 ECU 输出的电压方向决定。步进电动机的工作,是对其通电一次,电动机轴就转过一定的角度。

电磁离合器的作用是当电磁离合器通电时,电动机的轴与节气门控制摇臂结合在一起,当电磁离合器断电时,电动机轴与节气门控制摇臂分离,使节气门受到电动机和电磁离合器的双重控制,工作更可靠。

气动方式大多采用有进气歧管真空度控制的气动活塞式结构。气动操作的巡航控制执行器的组成如图 1-144 所示。

图 1-143 电动机式巡航控制执行器

1—电动机 2—电磁离合器主动盘
3—电磁离合器从动盘 4—减速齿轮
5—扇形齿轮 6—节气门控制摇臂
7—输出轴 8—位置传感器
9—传感器驱动齿轮 10—安全开关

执行器活塞连杆与节气门拉杆相连,而活塞连杆对节气门拉杆无力作用时,弹簧力使节气门关闭。当执行器输入信号 V_e 给电磁线圈通电时,压力控制阀芯克服阀弹簧力下移,执行器气缸与进气歧管连通。由于进气歧管内为真空,于是执行器气缸压力迅速下降,执行器活塞带动节气门拉杆向左运动,从而使节气门平顺渐进地打开。活塞上的作用力随气缸中平均压力的变化而变化,而气缸中的平均压力则通过快速通断压力控制阀来控制。执行器的输入信号 V_e 是一脉冲电压信号,当 V_e 电位为高时,电磁

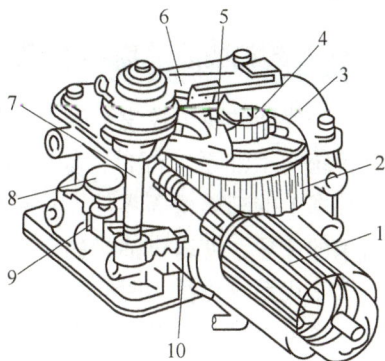

铁通电；当 V_c 电位为低时，电磁铁断电。因此气缸中的平均压力亦即节气门开度与压力控制阀控制信号 V_c 的占空比成正比。

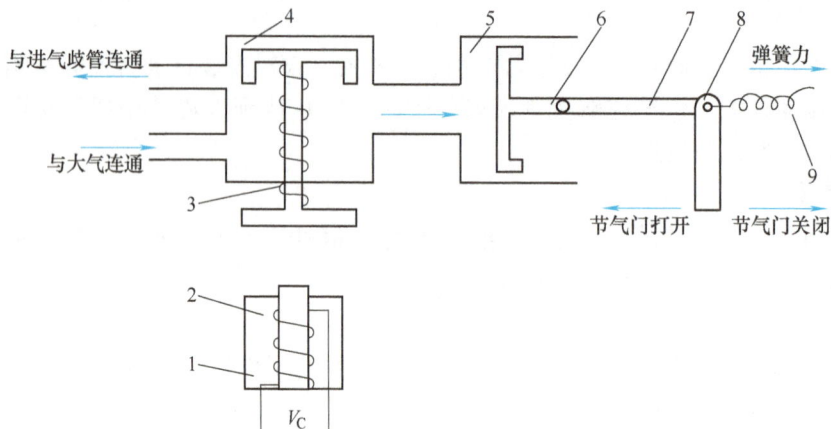

图 1-144　气动式巡航控制执行器

1—电磁铁　2—电磁线圈　3、9—弹簧　4—压力控制阀　5—气缸　6—活塞
7—连杆　8—节气门拉杆

第五节　共轨式电控柴油喷射系统

一、电控柴油喷射系统概述

第一代柴油机电控燃油喷射系统也称为位置控制系统。位置控制系统的特点是保留了大部分传统的燃油系统部件，如喷油泵-高压油管-喷油嘴系统和喷油泵中的齿条、齿圈、滑套、柱塞上的螺旋槽等零件，只是用电子伺服机构代替机械式调速器，来控制供油滑套或燃油齿条的位置，使得供油量的调整更为灵敏和精确。

第二代系统也称为时间控制系统。这种系统可以是保留原来的喷油泵-高压油管-喷油器系统，也可以采用新型的产生高压的燃油系统。但喷油量和喷油定时是由 ECU 控制的强力高速电磁阀的开闭时刻所决定的，电磁阀关闭，执行喷油；电磁阀打开，喷油结束。即喷油始点取决于电磁阀关闭时刻，喷油量取决于电磁阀关闭时间的长短，因此可以同时控制喷油量和喷油定时。

第三代系统为时间-压力控制系统，也称为共轨式电控柴油喷射系统。该系统摒弃了传统的泵-管-喷油器的脉动供油方式，代之用一个高压油泵在柴油机的驱动下，连续将高压燃油输送到共轨管内，高压燃油再由共轨送入各缸喷油器。在此喷油系统中，消除了传统供油系统中压力的产生与燃油喷射彼此间的相互影响，喷油压力的产生不完全依赖于发动机转速与喷油量，燃油在压力下贮存在高压油轨中随时准备喷油。

二、共轨式电控柴油喷射系统

（一）共轨式电控柴油喷射系统的特点

高压共轨电控柴油机的工作完全由 ECU 控制。ECU 根据当前发动机的转速、冷却液温

度、空气流量及节气门位置（即驾驶人的要求）等情况来确定发动机的运行工况，ECU 按照预定公式进行计算后，发出指令给各执行器，精确地计算出实时的喷油量、喷油时刻、喷油速率及喷油压力，因此相对于传统喷油系统有以下的优点：

1）发动机采用共轨系统后可在全部的工作范围内实现高压喷射，喷射压力比一般直列泵高出一倍，最高可达200MPa。所以采用此系统后会带来更高的功率输出和更低的尾气排放。

2）燃油喷射压力完全独立于发动机转速，具有良好的喷射特性，可以优化燃烧过程，在低速、低负荷工况下同样可以实现高压喷射，改善了发动机低速、低负荷时的性能。

3）系统通过对燃油喷射速率的控制，可以实现预喷射或多次预喷射，调节喷油速率形状，实现理想的喷油规律，使发动机油耗、噪声、烟度和排放等性能指标得到明显改善。

（二）共轨式电控柴油喷射系统的组成

共轨式电控柴油喷射系统的组成如图 1-145 所示，可以分为燃油供给和控制两大系统。其中控制系统主要由转速、冷却液温度、空气流量及节气门位置等传感器及 ECU 组成。

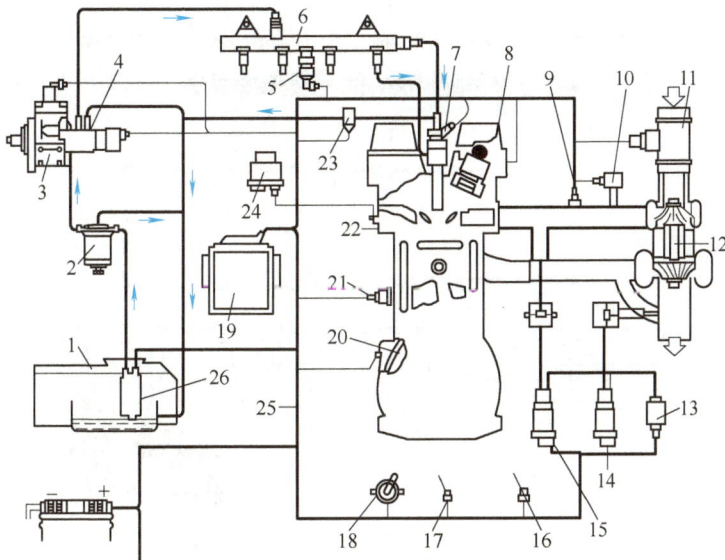

图 1-145　共轨式电控柴油喷射系统的组成

1—燃油箱　2—燃油滤清器　3—高压泵　4—油量控制电磁阀　5—共轨压力传感器　6—高压存储器（共轨管）
7—喷油器　8—凸轮轴位置传感器　9—进气温度传感器　10—进气压力传感器　11—空气流量传感器
12—增压器　13—真空泵　14—增压限压阀　15—EGR 阀　16—离合器开关　17—制动开关
18—车速传感器　19—共轨喷油系统 ECU　20—转速传感器　21—冷却液温度传感器
22—预热塞　23—油温传感器　24—预热 ECU　25—CAN 总线　26—电动输油泵

燃油供给系统由低压油路和高压油路两部分组成。低压油路主要包括燃油箱（带有滤网）、输油泵、燃油滤清器及低压油管等，如图 1-146 所示；高压油路主要包括高压泵、油量控制电磁阀、高压存储器（共轨管）、喷油器等，如图 1-147 所示。

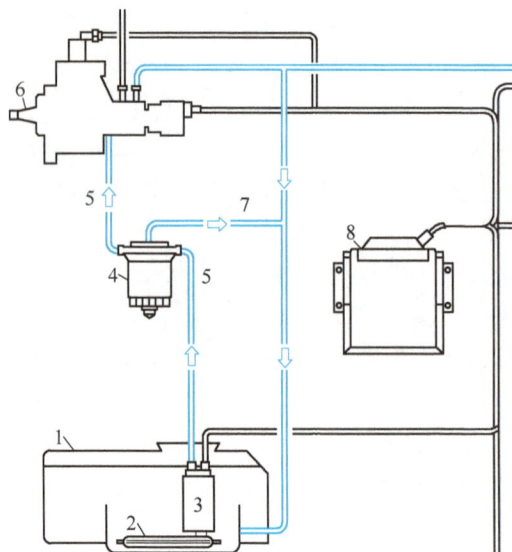

图 1-146 共轨式电控柴油喷射系统的低压油路

1—燃油箱 2—滤网 3—输油泵 4—燃油滤清器 5—低压油管

6—高压泵低压部分 7—回油管 8—ECU

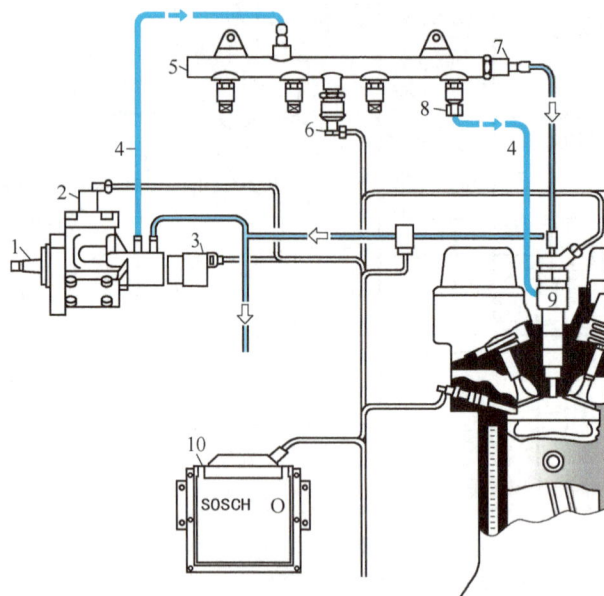

图 1-147 共轨式电控柴油喷射系统的高压油路

1—高压泵 2—柱塞偶件切断电磁阀 3—调压阀 4—高压油管 5—共轨管

6—共轨管压力传感器 7—限压阀 8—流量限制器 9—喷油器 10—ECU

(三) 主要部件及其工作过程

1. 输油泵

输油泵的任务是在任何工况下, 为燃油提供所需的预压力, 并在整个使用寿命期内, 向高压泵提供足够的燃油。目前输油泵有两种类型, 即电动输油泵 (滚子叶片泵) 和机械驱动的齿轮泵。

乘用车共轨喷油系统采用的滚子叶片泵（容积式泵），由偏心布置的内腔和在其中转动的开槽圆盘构成，每个槽内有可活动的滚子如图1-148所示。利用开槽圆盘转动的离心力和燃油压力的作用，滚子紧压在外侧的滚子滚道上和槽的驱动侧面上。在这种情况下，滚子的作用就好比是做圆周运动的密封件。开槽圆盘的每两个滚子与滚道之间构成了一个腔室，当进油口关闭，腔室容积不断缩小时，便产生泵油作用。燃油在出油口打开以后从电动机流过，并经压油端的连接盖输出。

齿轮泵装在高压泵中与高压泵共用驱动装置，或装在柴油机旁配有单独的驱动装置。驱动装置一般为万向节、齿轮或同步带。如图1-149所示，齿轮泵的基本构件是两个互相啮合反向转动的齿轮，它们将齿隙中的燃油从吸油端送往压油端。齿轮的接触线将吸油端和压油端互相密封以防止燃油倒流。其输油量与柴油机转速成正比，因此输油量的调节借助于吸油端的节流调节阀或压油端的溢流阀进行。

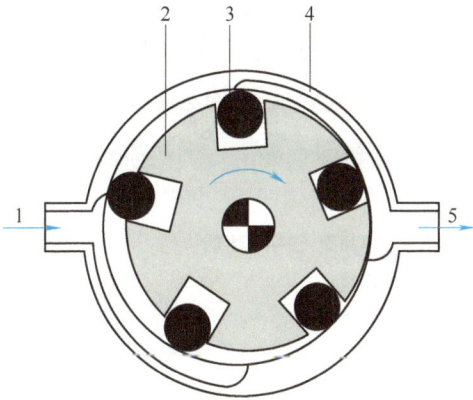

图1-148　滚子叶片泵

1—吸油端　2—圆盘形转子　3—滚子
4—油泵外壳　5—压油端

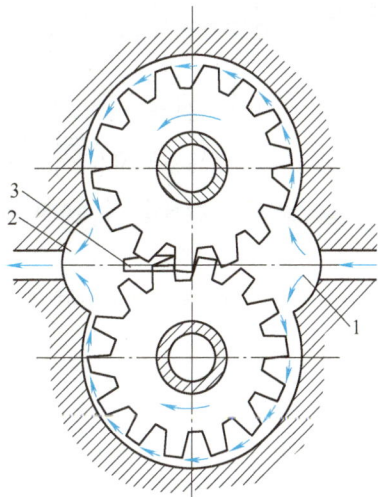

图1-149　齿轮泵

1—进油腔　2—出油腔　3—泄压槽

齿轮泵在工作期间无须维护。为了在第一次起动时或燃油箱放空后排空燃油系统中的空气，可在齿轮泵或低压管路上装配手动泵。

2. 高压泵

高压泵的作用是将输油泵输送来的燃油加压后供给共轨，经高压油管进入类似管状的共轨中。

燃油是由高压泵内三个相互成120°径向布置的柱塞压缩的如图1-150所示。由于每转一圈有三个供油行程，因此驱动峰值转矩小，泵驱动装置受载均匀。共轨喷油系统对泵驱动装置的驱动要求比普通喷油系统低，泵驱动装置所需的动力随共轨压力和泵转速（供油量）的增加而增加。

燃油通过输油泵加压后，经滤清器送往安全阀（见图1-151），一部分通过安全阀上的节流孔将燃油压到高压泵的润滑和冷却回路中；另一部分经低压油路进入柱塞室。带偏心凸轮的驱动轴或弹簧，根据凸轮形状相位的变化而将泵柱塞推上或压下。如果供油压力超过了安全阀的开启压力，则输油泵可通过高压泵的进油阀将燃油压入柱塞腔（吸油行程）。当柱塞达到下止点后而上行时，则进油阀被关闭，柱塞腔内的燃油被压缩，只要达到共轨压力就立即打开出油阀，被压缩的燃油进入高压回路。到上止点前，柱塞一直泵送燃油（供油行程）。达到上止点后，压力下降，出油阀关闭。柱塞向下运动时，剩下的燃油降压，直到柱塞腔中的压力低于输油泵的供油压力时，吸油阀再次被打开，重复进入下一工作循环。

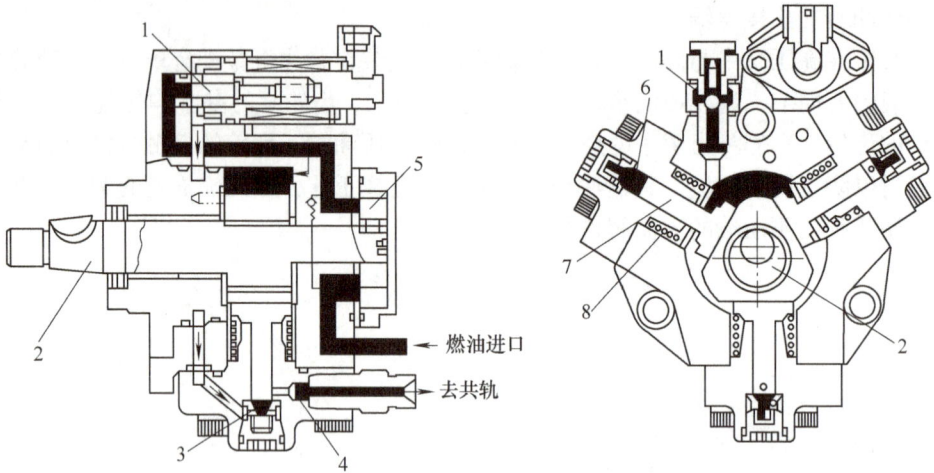

图 1-150　高压泵的结构

1—调压阀　2—凸轮轴　3—进油控制电磁阀　4—出油阀　5—输油泵
6—泵油腔　7—柱塞　8—柱塞回位弹簧

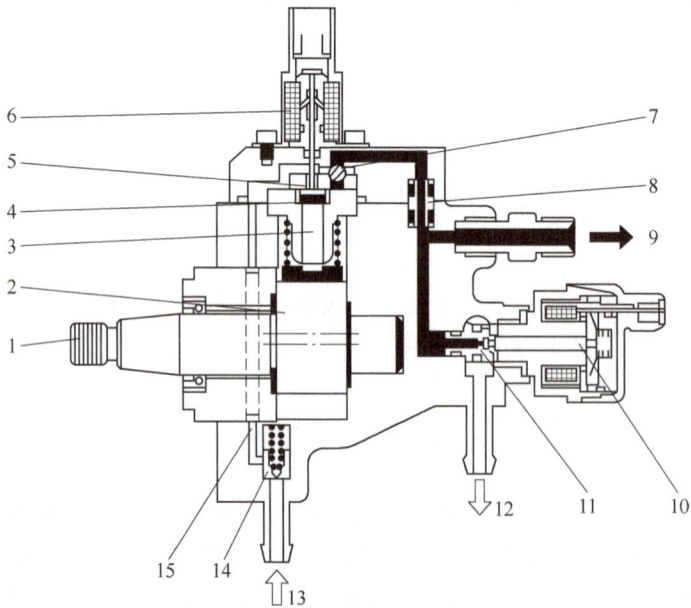

图 1-151　高压泵工作原理图

1—驱动轴　2—偏心凸轮　3—柱塞泵油元件　4—柱塞腔　5—进油阀　6—柱塞偶件切断
电磁阀　7—出油阀　8—密封件　9—通向共轨的高压插头　10—调压电磁阀　11—球阀
12—回油口　13—进油口　14—带节流孔的安全阀　15—通往泵油元件的低压通道

由于高压泵是按高供油量设计的，在怠速和部分低负荷工作状态下，被压缩的燃油会有冗余。通常这部分冗余的燃油经调压阀流回油箱。还可以通过控制电路，使柱塞断油阀通电，装在其中的衔铁销将进油阀打开，从而使供油行程中吸入柱塞腔中的燃油不受压缩，又流回到低压油路，柱塞腔内不增加压力。柱塞被切断供油后，高压泵不再连续供油，而是处于供油间歇阶段，因此减少了功率消耗。

3. 共轨及其附件

（1）共轨　共轨的作用是存储高压燃油，高压泵的供油和喷油所产生的压力波动由共轨的容积进行缓冲。在输出较大燃油量时，所有气缸共用的共轨压力也应保持恒定，从而确保喷油器打开时喷油压力不变。

由于柴油机的安装条件不同，带流量限制器（选装件）、共轨压力传感器、调压阀和限压阀的共轨可进行不同的设计。图 1-152 所示为共轨及其附件示意图。

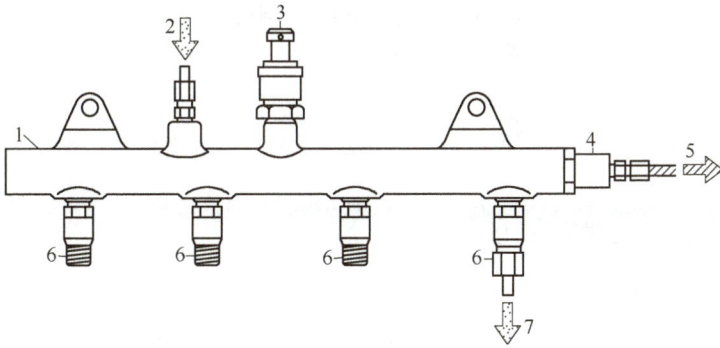

图 1-152　共轨及其附件示意图
1—共轨　2—进油管口　3—燃油压力传感器　4—限压阀　5—回油管口
6—流量限制器　7—喷油器供油口

在共轨中，燃油压力由共轨压力传感器测定，通过调压阀调节到规定数值。在工作过程中，共轨中通常注满了高压燃油，同时充分利用高压对燃油的压缩来保持存储压力，并用高压泵来补偿脉动供油所产生的压力波动，因此即使从共轨中喷射出燃油，共轨中的压力也近似为恒定值。

（2）共轨流量限制器　共轨流量限制器的功用，是在非常情况下防止喷油器常开并持续喷油，即一旦某喷油器常开并持续喷油，导致共轨输出的油量超过一定限值，流量限制器则会关闭该喷油器的供油通道。

共轨流量限制器的结构如图 1-153 所示，由于弹簧和节流孔的作用，使限制阀向下移动的量随喷油速率增加而增大。如因喷油器异常泄漏，使"喷油"速率和喷油量超过正常喷油最大值时，限制阀将完全关闭，停止给喷油器供油。

（3）共轨限压阀　共轨限压阀一般安装在输油泵内或共轨上，其功用是限制共轨中的最高压力。共轨限压阀的结构如图 1-154 所示，弹簧的预紧力根据规定的共轨最高压力调

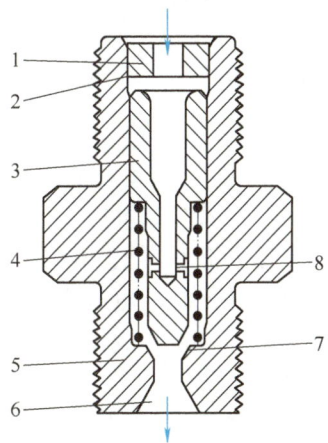

图 1-153　共轨流量限制器的结构
1—进油孔　2—堵头　3—限制阀
4—弹簧　5—壳体　6—出油孔
7—阀座　8—节流孔

定。阀左侧承受的共轨压力超过右侧的弹簧力时，阀右移离开阀座，共轨中的燃油经限压阀流回油箱或输油泵进油侧，使共轨压力下降。当共轨压力超过共轨管所能承受的最高压力时，限制阀会自动开启，将共轨压力降低到约30MPa。

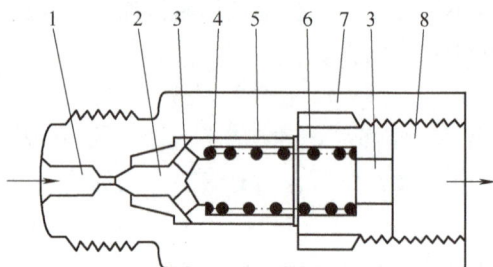

图 1-154　共轨限压阀的结构

1—共轨侧进油口　2—阀头　3—油孔　4—阀
5—弹簧　6—空心螺塞　7—阀体　8—回油口

第六节　车载自诊断（OBD）系统与失效保护及应急系统

一、车载自诊断系统的功能

现代汽车的电控系统都配备有自诊断系统，该系统主要用于监测、诊断电控系统中各传感器、执行器以及ECU的工作是否正常。具体功能如下：

1. 传感器的自诊断

对于电控系统的传感器，ECU通过监测其输入信号是否在规定的范围内来判断该传感器及其相关电路是否有故障。以发动机冷却液温度传感器为例，其向发动机ECU输入电压信号的电路如图1-155所示。

冷却液温度传感器输入电压信号的正常范围为0.1~4.8V，如果发动机ECU输入的冷却液温度传感器电压信号处于上述范围内，发动机ECU认为冷却液温度传感器工况正常；如果电压信号超出上述范围，发动机ECU即认为冷却液温度传感器工况异常，并产生故障码。

在发动机运转过程中，若发动机ECU在一段时间内收不到输入电压信号或输入的电压信号不发生变化，也会产生故障码。例如在发动机运转过程中，若氧传感器1min内信号没有变化，发动机ECU即认为氧传感器工况异常，并产生故障码。

图 1-155　发动机冷却液温度传感器
信号输入电路

在发动机工作过程中，若偶尔出现一次不正常信号，发动机ECU不会产生故障码，但如果不超过一定的时间，此故障码就会储存在电控系统的存储器中。

2. 执行器的自诊断

在开环控制系统中，电控系统的执行器，如喷油器、电动燃油泵、开关电磁阀等，一般

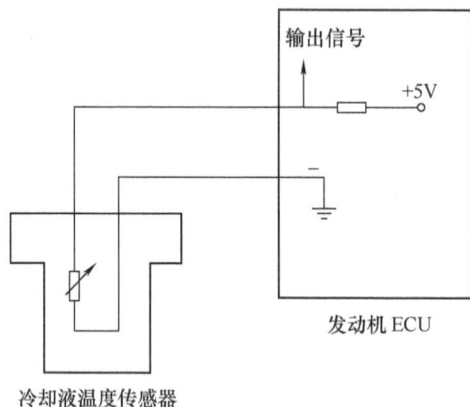

只接收 ECU 的指令信号，而没有输入到 ECU 的反馈信号，为监测执行器的工作状况，一般都设有专用监控电路，当监控电路输入到 ECU 的信号异常时，即产生故障码。

对于带有反馈信号的闭环控制系统，自诊断系统可以根据反馈信号判断执行的工作情况，并确定是否存在故障。例如，对于图 1-156 所示的电控点火系统，当其工作正常时，每次点火后，点火器都向发动机 ECU 反馈点火监控信号，当没有反馈信号或信号不正常时，发动机 ECU 即认为点火系统工况异常，并产生故障码。

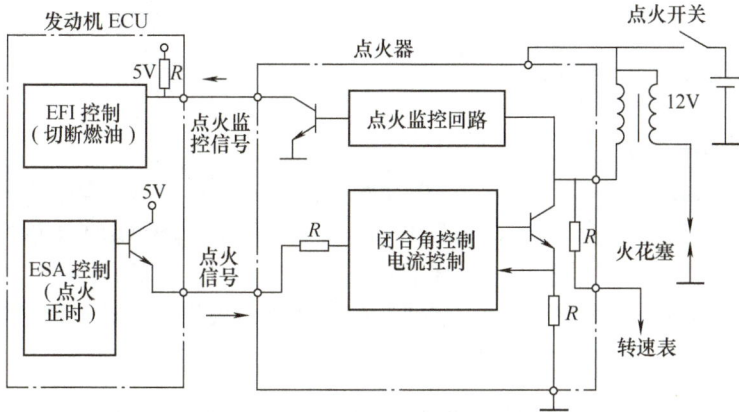

图 1-156　电控点火系统

3. ECU 的自诊断

ECU 内设有监控电路，当 ECU 出现故障时，在产生故障码的同时，启用备用电路，以免汽车不能运行。

4. 故障的确认

对于自诊断系统已确认的故障，故障码均储存在电控系统的存储器中。如果在一定时间内该故障不再出现，则电控系统就把它判定为偶发性故障（也叫间歇性故障）。如果发动机起动 50 次后故障不再出现，该偶发性故障的故障码就会自动消除。

在电控系统中，故障码的出现不仅与传感器和执行机构有关，而且与整个电路有关。为了查出故障，除了要检查传感器和执行机构外，还需对相关的线束、插接器等进行检查。

二、故障的诊断测试

电控系统中设有自诊断电路，一旦发现某只传感器或执行器参数异常或功能失效时，将立即接通仪表盘上的故障指示灯电路，使指示灯发亮，如图 1-157 所示。同时，自诊断系统将监测到的故障内容以故障码的形式存储在 RAM 中，使发动机处于应急状态运行。

当确认电控系统存在故障时，可采用以下几种方法进行诊断和测试：

1. 静态测试（KOEO）

在点火开关接通、发动机不运转的情况下进行诊断测试，主要用于读取或清除故障

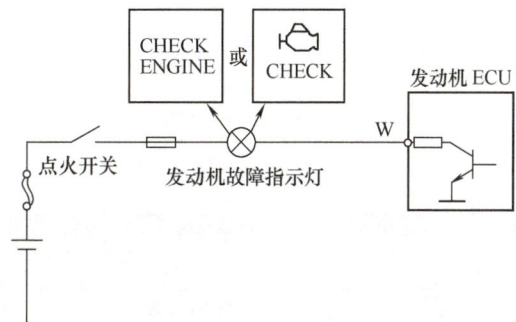

图 1-157　电控系统自诊断电路

码。

2. 动态测试（KOER）

在点火开关接通、发动机运转的情况下进行诊断测试，主要用于读取或清除故障码、检测传感器或执行器工作情况及其控制电路以及与车用 ECU 进行数据传输。

3. 执行器测试

在发动机熄火状态下或运转过程中，通过 ECU 检测仪向各执行器发出强制驱动或强制停止指令来监测执行器动作情况，用以判断该执行器及其控制电路有无故障。

三、OBD 系统及故障码

（一）OBD 诊断插座

OBD（On Board Diagnostics），即车载诊断。装有 OBD 系统的车辆，都设有诊断插座，也叫作数据通信插座，用 DLC（Data Link Connector）表示。由于 OBD- I 诊断插座没有统一规范，故各个厂家的插头端子数和各个端子的定义各不相同，如图 1-158 所示。OBD- II 诊断插座有统一的形状和尺寸，且都安装在驾驶人一侧的仪表板下方。该诊断插座有 16 个端子插座，如图 1-159 所示。

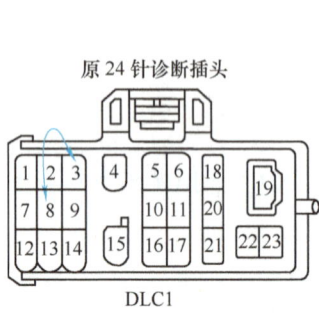

图 1-158　OBD- I 诊断插座

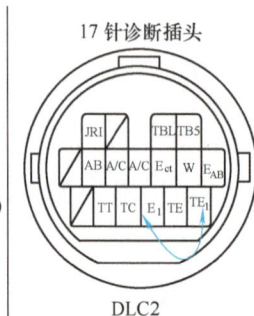

图 1-159　OBD- II 诊断插座

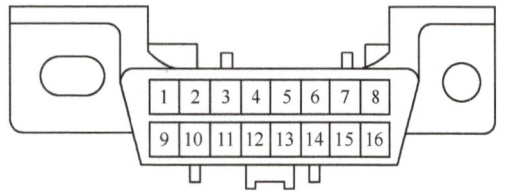

在 OBD- II 诊断插座中，SAE（美国汽车工程师学会）对其中 7 个端子，如电源、搭铁、信号传输等都做了明确定义，其余 9 个端子由生产厂家自行设定，具体定义见表 1-1。后来，SAE 在原来的基础上进行调整，将 CAN + 和 CAN − 分别添加到 6 号和 14 号端子上，具体定义见表 1-2。需要说明的是，当一辆汽车装有一只 16 个端子数据通信插座（DLC）时，并不说明该车装有 OBD- II 系统。

表 1-1　OBD- II 诊断插座各端口功能

端　　口	功　　能	端　　口	功　　能
1	生产厂家自行设定	9	生产厂家自行设定
2	总线正极（BUS +）	10	总线负极（BUS −）
3	生产厂家自行设定	11	生产厂家自行设定
4	底盘搭铁	12	生产厂家自行设定
5	信号搭铁	13	生产厂家自行设定
6	生产厂家自行设定	14	生产厂家自行设定
7	ISO9141 的 K 线	15	ISO9141 的 L 线
8	生产厂家自行设定	16	蓄电池正极

表 1-2　带 CAN 协议端子的各端口功能

端　口	功　能	端　口	功　能
1	生产厂家自行设定	9	生产厂家自行设定
2	总线正极（BUS＋）	10	总线负极（BUS－）
3	生产厂家自行设定	11	生产厂家自行设定
4	底盘搭铁	12	生产厂家自行设定
5	信号搭铁	13	生产厂家自行设定
6	ISO-15765-4CAN-C（＋）	14	ISO-15765-4CAN-C（－）
7	ISO9141 的 K 线	15	ISO9141 的 L 线
8	生产厂家自行设定	16	蓄电池正极

81

（二）OBD-Ⅱ故障码

OBD-Ⅱ故障码由四个数字及一个字母组成，每个数字代表了不同的含义，如图 1-160 所示。故障码 P0000 ~ P0999 是 SAE 统一规定的。这部分及其故障定义对所有符合标准的车型都是一样的。但是，不同车型对同一故障码的检测与诊断方式不完全一致，所以检测时还应查阅相应的维修手册。表 1-3 是部分故障码的说明。

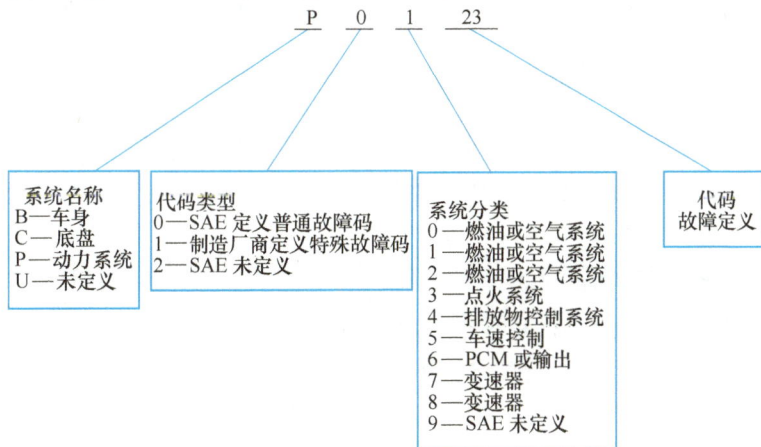

图 1-160　故障码的结构

表 1-3　部分故障码的说明

故　障　码	故　障　定　义
P0101	空气流量传感器检测到的进气量不足
P0122	节气门位置传感器电压信号太低
P0201	第一组喷油器控制线路不良
P0335	ECU 无法获得曲轴传感器信号
P0406	EGR 位置传感器信号不良
P0500	ECU 无法获得车速传感器信号
P0780	换档信号不良

(三) 故障码的读取与清除

发动机电控系统的故障码,有人工读取和 ECU 检测仪读取两种方法,对于 OBD-Ⅱ型诊断系统,需要用 ECU 检测仪读取故障码。

汽车 ECU 检测仪分为通用型和专用型两种,专用型检测仪是汽车制造厂家专门为其所生产的车辆设计制造的仪器,仅适用于某种车型,对其他车型却无法检测,但是专用型检测仪对于相对应的车辆而言,功能强大;通用型检测仪是一种通过更换不同的软件和检测插头,可以对多种车型电控系统进行检测和诊断的仪器,适用范围广泛,但是与专用型检测仪相比,对于特定车型的检测功能相对较弱。

故障码的清除方法有两种,一种是人工清除,即按照一定步骤用人工或仪器清除;另一种是自动清除,即在故障完全排除后,在点火开关开闭循环一定次数(通常是 50~80 次)以上且该故障不再出现时,ECU 自动清除存储器的故障码。

四、失效保护系统的和应急备用系统

(一) 失效保护系统的功能

自诊断系统能够监控多个重要传感器的输入信号。对于部分传感器,当其发送的信号超出了规定范围或没有信号时,发动机电控系统将切换到失效保护模式(跛行模式)。发动机 ECU 将控制发动机按预先内存的程序,继续工作或停止工作,以保护发动机。

1. 冷却液温度信号(THW)

当冷却液温度传感器或其电路发生故障时,发动机 ECU 可能会收到超过正常范围(低于 $-50℃$ 或高于 $130℃$)的温度信号。此时,失效保护系统给发动机 ECU 提供设定的冷却液温度信号,通常按冷却液温度为 $80℃$ 控制发动机工作,防止混合气过浓或过稀。

2. 进气温度信号(THA)

当进气温度传感器或其电路发生故障时,发动机 ECU 可能会收到超过正常范围(低于 $-50℃$ 或高于 $130℃$)的温度信号。此时,失效保护系统给发动机 ECU 提供设定的进气温度信号,通常按进气温度为 $20℃$ 控制发动机工作,防止混合气过浓或过稀。

3. 节气门位置信号(线性型)

当节气门位置传感器或其电路产生断路或短路故障时,使线性型变为开关型,不能反映节气门位置。此时,失效保护系统使发动机 ECU 按设定的节气门位置传感器信号,控制发动机工作。失效保护系统中,通常按节气门开度为 $0°$ 或 $25°$ 设定标准的节气门位置传感器信号。

4. 爆燃传感器信号

当爆燃传感器或其电路发生故障时,或发动机 ECU 内爆燃控制系统出现故障时,无论是否产生爆燃,点火提前角都无法由爆燃控制系统进行反馈控制,这将导致发动机无法正常工作。此时,失效保护系统使发动机 ECU 将点火提前角固定在一个适当值。

5. 点火确认信号 IG_f

当点火系统出现故障,或点火定时信号 IG_t 不能触发点火确认信号 IG_f 时,发动机 ECU 未能收到点火确认信号 IG_f。此时,失效保护系统使发动机 ECU 立即切断燃油喷射,使发动机停止运转。

6. 凸轮轴位置传感器信号

凸轮轴位置传感器及其 G_1、G_2 信号电路中出现短路或断路时，气缸和曲轴转角不能识别。此时，若 ECU 仍能收到 G 信号，失效保护系统使发动机 ECU 按保留的 G 信号判别曲轴基准角。

7. 空气流量传感器信号

当空气流量传感器或其电路发生故障，ECU 无法按进气量传感器算基本喷油时间。此时，失效保护系统使发动机 ECU 根据起动信号和节气门位置传感器信号，按固定的喷射时间控制发动机工作。

（二）应急备用系统的功能

当发动机微处理器内控制程序出现故障时，微处理器会按预存的程序控制燃油喷射和点火正时，使电子控制系统维持最基本的控制功能，使发动机维持运转。

1. 应急备用系统的工作条件

通常当电控系统出现下列情况之一时，应急备用系统开始工作：

1）ECU 中的中央微处理器、输入/输出接口和存储器发生故障。

2）曲轴位置传感器或其电路发生故障（部分发动机停机）。

3）在 D 型电控燃油喷射系统中，进气歧管绝对压力传感器或其电路发生故障。

2. 应急备用系统的工作原理

应急备用系统工作时，只能根据起动开关信号（STA）和怠速触点信号（IDL）将发动机的工况简单地分为起动、怠速和非怠速三种，并按预先设定的固定数值输出喷油控制信号和点火控制信号。如图 1-161 所示，应急备用系统工作时，接收到 STA 信号，即判定发动机处于起动工况；接收到 IDL 信号，即判定发动机处于怠速工况；接收不到 IDL 信号，即判定发动机处于非怠速工况。在不同工况、不同故障时，应急备用系统中预先设定的固定数值，因发动机型号不同而异。故障严重时，实施停机保护。

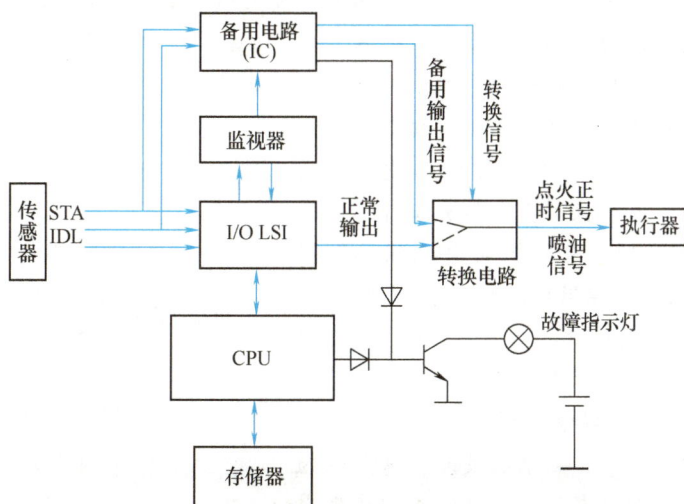

图 1-161 应急备用系统电路

拓展资料

混合动力汽车驱动系统

混合动力汽车（Hybrid-Electric Vehicle，HEV）是指车上装有两个以上动力源——内燃发动机和电力驱动的汽车。混合动力车辆控制策略的主要目标是保证车辆在有足够的动力性能的前提下，优化发动机的工作特性，最大限度保证发动机工作在油耗和排放最低的高效区，同时发挥电力驱动系统的最大效率；而在减速、下坡、滑行或制动时，车辆则可以实现制动能量的高效回收，最终实现节能和减排的目标。

混合动力电动汽车的优点是：

1）采用混合动力后可按平均需用的功率来确定内燃机的最大功率，此时处于油耗低、污染少的最优工况下工作。需要大功率内燃机功率不足时，由蓄电池来补充；负荷小时，富余的功率可发电给蓄电池充电，由于内燃机可持续工作，蓄电池又可以不断得到充电，故其行程和普通汽车一样。

2）因为有了蓄电池，可以十分方便地回收制动、下坡时和怠速时的能量。

3）在繁华市区，可关停内燃机，由蓄电池单独驱动，实现零排放。

4）有了内燃机可以十分方便地解决耗能大的制冷、取暖和除霜等纯电动汽车遇到的难题。

5）可以利用现有的加油站加油，不必再投资。

6）可让蓄电池保持在良好的工作状态，不发生过充、过放电现象，延长其使用寿命，降低成本。

混合动力驱动汽车的缺点是有两套动力，再加上两套动力的管理控制系统，结构复杂，价格较高。

混合动力汽车以动力传输路线分类主要有三种，即串联式、并联式和串并联（或称混联）式。

一、串联式混合动力汽车

串联式动力驱动系统由发动机、发电机和电动机三部分动力总成组成，它们之间用串联方式组成串联式混合动力汽车驱动系统，如图1-162所示。在串联式混合动力汽车中，发动机仅仅用于发电，发电机所发出的电能供给电动机，电动机驱动汽车行驶。

发动机发出的功率只驱动发电机，发电机发出的电能向蓄电池充电，由蓄电池提供电能给电动机，驱动车辆行驶，发动机不直接参加工作。串联式混合动力汽车工作时，具体有蓄电池组单独供电、发动机-发电机组单独供电、发动机-发电机组和蓄电池共同供电、发动机-发电机组向蓄电池组充电、再生制动五种运行模式。

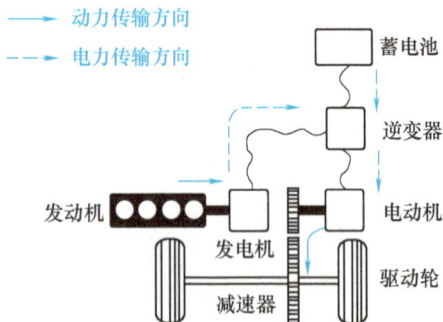

图 1-162　串联式混合动力汽车驱动系统

（一）蓄电池组单独供电模式

在起动、低速行驶时，发动机关闭，蓄电池组单独驱动电动机以驱动汽车行驶。这样可以实现串联式混合动力汽车的零排放，以满足市中心等某些排放要求严格的地区的要求。在发动机-发电机组出现故障时，还可以使用蓄电池的剩余电量将汽车开到最近的维修点。此时的能量

流动线路为蓄电池→电动机→减速器→车轮。

（二）发动机-发电机组单独供电模式

在正常工作时，发动机-发电机组发出的电能直接驱动电动机，电动机驱动车轮，实现汽车行驶。能量流动线路为发动机→发电机→电动机→减速器→驱动轮。

（三）发动机-发电机组和蓄电池共同供电模式

在全负荷加速或重载工况下，当发动机的最大功率不足以满足汽车的需求时，则由蓄电池组提供所需峰值功率，此时，汽车的负载功率等于发动机-发电机组输出功率和蓄电池组输出功率之和。

（四）发动机-发电机组向蓄电池组充电模式

汽车在行驶过程中，当蓄电池组的充电状态低于预先设定的低限值，则需要发动机向蓄电池组充电，直到蓄电池组充电状态超过预先设定的高限值，由蓄电池向电动机供电，驱动汽车。这时的能量流动线路为发动机→发电机→蓄电池。

（五）再生制动模式

在汽车制动、减速时，可以回收制动或减速过程中所损失的能量，并将其反馈给蓄电池，从而达到提高燃油经济性的目的。这时，通过控制逆变器使电动机作为发电机工作，驱动车轮反过来驱动此"发电机"转动以产生电能，并给蓄电池充电。这时的能量流动线路为驱动车轮→电动机→蓄电池。

串联式结构适用于城市内频繁起步和低速运行工况，可以将发动机调整在最佳工况点附近稳定运转，通过调整蓄电池和电动机的输出来达到调整车速的目的，使发动机避免了怠速和低速运转的工况，从而提高了发动机的效率，减少了废气排放。但是它的缺点是能量几经转换，机械效率较低。

二、并联式混合动力汽车

并联式混合动力汽车的组成与串联式基本相同，但它没有单独的发电机，电动机既可以作为电动机又可以作为发电机使用，又称为电动-发电机组。如图1-163所示，并联式装置的发动机和电动机共同驱动汽车，发动机与电动机分属两套系统，可以分别独立地向汽车传动系统提供转矩，在不同的路面上既可以共同驱动又可以单独驱动。

由于发动机、电动/发电机组的功率可以互相叠加，因此发动机功率和电动/发电机组功率分别约为汽车所需最大驱动功率的50%～100%，因此可以采用小功率的发动机与电动/发电机组，使得整个动力系统的装配尺寸、质量都较小，造价也更低，行程也可以比串联式混合动力电动汽车的长一些，其特点更加趋近于内燃机汽车。

图1-163　并联式混合动力汽车驱动系统

并联式混合动力汽车工作时，具体有纯电动、纯发动机、混合驱动、发动机驱动＋发电、再生制动五种运行模式。

（一）纯电动模式

在汽车起步时，动力蓄电池组提供电能来驱动电动机，利用电动机低速大转矩的特性使

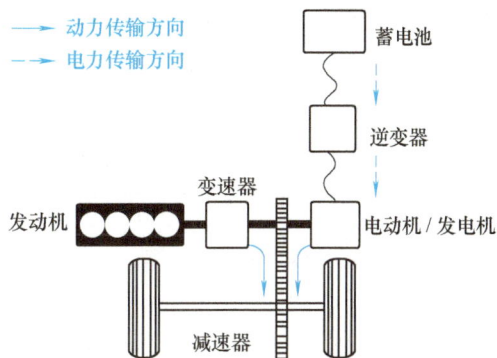

车辆起步；在城市道路上车辆低速运行时，为避免发动机工作在低效率和高排放的工作范围，高效且动态特性好的电动机可以单独驱动汽车低速运行。此时的能量流动路线为蓄电池组→电动机→减速器→车轮。

（二）纯发动机模式

车辆在正常经济工况（中、高速）行驶时，车辆以发动机驱动模式行驶，保持发动机在高效率工况下运转。此时的能量流动路线为发动机→变速器→减速器→车轮。

（三）混合驱动模式

当车辆加速行驶或爬坡时，发动机和电动机共同工作。发动机工作在高效区，同时电动机提供辅助的功率满足车辆在加速或爬坡时对功率的要求。此时的能量流动路线为发动机→变速器→减速器→车轮，蓄电池→电动机→减速器→车轮。

（四）发动机驱动＋发电模式

当动力蓄电池组的充电状态较低时，发动机可以反向驱动电动机/发电机，对蓄电池组充电；汽车正常运行工况下，当发动机输出功率大于车辆需求功率时，发动机的一部分能量也可以驱动以发电状态工作的电动机向蓄电池充电。此时的能量分为两部分：流动路线为发动机→变速器→减速器→车轮，发动机→电动机/发电机→蓄电池组。

（五）再生制动模式

车辆滑行、下坡、减速或制动时，车轮通过驱动桥反向拖动电动机/发电机发电，把能量储存在蓄电池组内，回收部分制动能量。此时的能量流动路线为车轮→驱动桥→电动机/发电机→蓄电池组。

由于没有单独的发电机，发动机可以直接通过传动机构驱动车轮，这种装置更接近传统的汽车驱动系统，机械效率损耗与普通汽车差不多，得到比较广泛的应用。

三、混联式混合动力汽车

混联式混合动力电动汽车综合了串联式和并联式混合动力电动汽车的结构组成，主要由发动机、发电机和驱动电动机三大动力总成组成，如图 1-164 所示。

混联式混合动力汽车包含了串联式和并联式的特点，根据行驶条件的不同，可以仅靠电动机驱动力来行驶，或者利用发动机和电动机驱动行驶。另外还安装有发电机，所以可以一边行驶，一边给 HV 蓄电池充电。

混联式混合动力汽车工作时，具体有纯电动、发动机＋发电机＋充电、混合驱动、再生制动四种运行模式。

图 1-164　混联式混合动力汽车驱动系统

（一）纯电动模式

车辆起动时，蓄电池组向电动机提供电能，由驱动电动机驱动车辆。此时的能量流动路线为蓄电池组→电动机→驱动桥→车轮。

（二）发动机＋发电机＋充电模式

车辆在正常行驶时，发动机功率通过功率分配器分为两条路线，一条是通过动力分配装置直接传到减速器，另一条是驱动发电机发电，给蓄电池充电。此时的能量流动路线为发动机→功率分配器→减速器→车轮，发动机→功率分配器→发电机→蓄电池组。

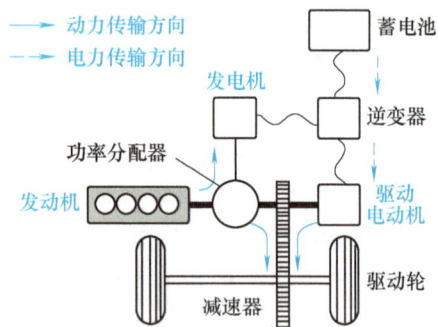

（三）混合驱动模式

车辆在加速或爬坡时，此时发动机通过动力分配装置到减速器，而电动机从蓄电池获得能量，此时系统工作在混合模式。此时的能量流动路线为发动机→功率分配器→减速器→车轮，蓄电池组→电动机→减速器→车轮。

（四）再生制动模式

车辆在滑行、下坡、减速或制动时，利用电动机的反拖作用，电动机作为发电机发电，向蓄电池充电。此时的能量流动路线为车轮→减速器→电动机/发电机→蓄电池组。

混联式混合动力汽车驱动系统综合了串联式和并联式驱动系统的优点，在结构上保证了复杂条件下系统工作状态，因此更容易在保证汽车动力的同时，实现油耗和排放的控制目标。

四、丰田 Prius 混合动力汽车

（一）动力驱动系统的组成及特点

丰田 Prius 混合动力汽车采用的是混联式动力驱动系统，其系统组成如图 1-165 所示，主要由发动机、行星齿轮机构、发电机/电动机（MG）1、发电机/电动机（MG）2、差速器、变频器、HV 蓄电池等组成。

丰田 Prius 混合动力汽车变速器内置动力分离装置，行星齿轮机构巧妙地将减速器、发电机和电动机等动力部件耦合在一起，同时行星齿轮又起到无级变速器的功能，结构十分紧凑，形成一个集成化混合动力总成系统。整个动力分配机构如图 1-166 所示，MG1 与行星齿轮机构中的太阳轮相连；MG2 与齿圈相连，将动力传递到车轮；发动机与行星架相连。

图 1-165　丰田 Prius 混合动力汽车动力驱动系统

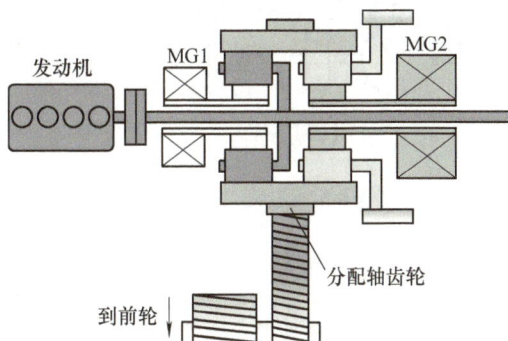

（二）运行模式

Prius 的仪表板上有一个多功能资料显示屏，显示屏是 7 英寸轻触式彩屏，可以显示各项车上的使用资料，例如动力状况、耗油量、电池充放电量、档位、音响和空调状况等，并可手触彩屏调节冷气及音响系统。Prius 的变速杆安装在中控板位置上，小巧玲珑，杆头标志着档位位置。

图 1-166　动力分配机构

丰田 Prius 混合动力汽车工作时的具体运行模式如下：

1）起动以及中速以下行驶，此时发动机效率低下，因此 Prius 的发动机关闭，仅由大功率电动机驱动车辆。起动时，插入钥匙，踩住制动踏板及按下起动按钮（POWER），直至液晶仪表上的"READY"信号灯亮起后，挂上 D 位前进。此时 MG2 接收来自 HV 蓄电池的电能以驱动车辆，如图 1-167 所示。

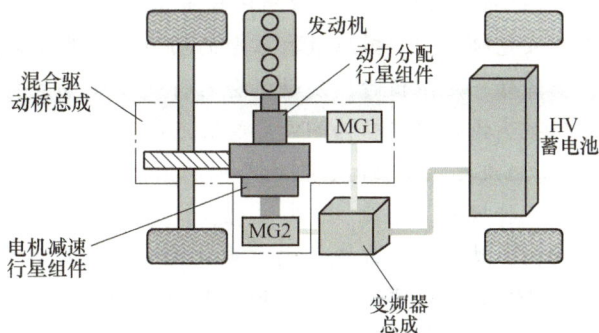

2）在常规行驶时，发动机作为主动力源，由动力分离装置将动力分成两路，一路驱动发电机进行发电，产生的电力驱动电动机运转；另一路则直接驱动车轮，系统会自动对两条路径的动力进行最佳分配，以达到效率的最大化。此时发动机通过行星齿轮驱动车辆时，MG1 由发动机通过行星齿轮带动旋转，为 MG2 提供产生的电能，如图 1-168 所示。当要加速时，蓄电池组会加进来为电动机供电，增强电动机输出功率。

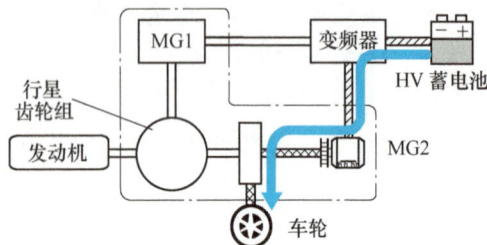

图 1-167　MG2 驱动车辆

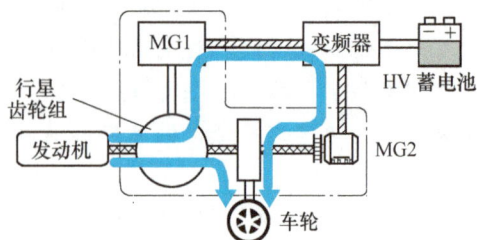

图 1-168　并行驱动

3）运行过程中，ECU 分析汽车负荷、加速踏板压力及电池状态，决定以电动机或者电动机与发电机并用，提供最有效率的动力分配及组合。经常使用电动机会导致蓄电池电量下降，当降到一定限值时，发动机会自行起动带动发电机向蓄电池充电。此时 MG1 由发动机通过行星齿轮带动旋转为 HV 蓄电池充电，如图 1-169 所示。

4）当减速或制动时，则由车轮的惯性力驱动电动机。这时电动机变成了发电机，车辆制动能量转换成了电能。蓄电池电量保持在一个恒定水平。当系统发现蓄电池电量下降会起动发动机驱动发电机发电，向蓄电池充电。此时车轮的动能被回收并转化为电能，并通过 MG2 为 HV 蓄电池再次充电，如图 1-170 所示。

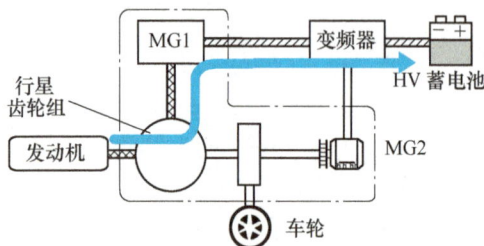

图 1-169　MG1 为 HV 蓄电池充电

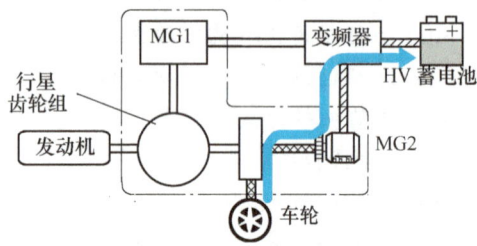

图 1-170　MG2 为 HV 蓄电池充电

本 章 小 结

汽车发动机电控系统的主要功用是控制燃油喷射式发动机的空燃比和点火控制。喷油量控制是空燃比控制的主要内容，点火控制的主要内容是通电时间控制和爆燃控制。目前发动机主要采用多点燃油喷射系统进行喷油量控制，采用电控直接点火系统进行点火时刻的控制。

此外，发动机电控系统还包括怠速控制系统、排放控制系统、自诊断与报警系统、失效保护和应急备用系统等子系统。这些系统能够改善发动机的怠速性能，同时监测控制系统的工作情况，及时发出警告提示，并在系统传感器及电路发生故障时，按预先设定的参考信号

值工作，使发动机继续运转。

部分车型的发动机上，还装有可变进气系统、可变配气系统和增压系统等。这些系统的主要作用是提高发动机的动力性和经济性。巡航控制系统可以自动控制发动机工作，使汽车自动维持一定车速行驶，不仅减轻了驾驶人的疲劳，在一定巡航车速时，还可以起到节油的效果。

共轨式电控喷射系统摈弃了传统的泵-管-喷油器的脉动供油方式，采用共轨系统后，柴油可在全部的工作范围内实现高压喷射，使发动机油耗、噪声、烟度和排放等性能指标得到明显改善。

混合动力汽车可以在保证车辆动力性能的前提下，实现节能和减排的目标。

同步测试

一、单项选择题

1. D 型电控燃油喷射系统以（　　）方式测量进气量。

A. 质量流量　　　　　B. 速度密度　　　　　C. 节流速度　　　　　D. 直接测量

2. L 型电控燃油喷射的主控信号来自于（　　）。

A. 空气流量传感器和转速传感器　　　　　B. 空气流量传感器和冷却液温度传感器

C. 进气压力和进气温度传感器　　　　　D. 进气压力和转速传感器

3. 关于热线式空气流量传感器，（　　）是不正确的。

A. 进气阻力小　　　　　　　　　　B. 测量的是空气体积流量

C. 用于 L 型 EFI 系统　　　　　　　D. 测量精确

4. 起动期间，基本燃油喷射时间是由（　　）信号决定的。

A. 发动机转速　　　　B. 冷却液温度　　　　C. 进气量　　　　D. 进气压力

5. 氧传感器输出电压一般应在（　　）范围内变化。

A. 0.3～0.5　　　　B. 0.5～0.9　　　　C. 0.1～0.5　　　　D. 0.1～0.9

6. 氧传感器有故障时，会造成（　　）。

A. 起动困难　　　　B. 爆燃　　　　C. 油耗增加　　　　D. 怠速不稳

7. 当备用系统起作用时，点火提前角（　　）。

A. 不变　　　　　　　　　　　　　B. 根据不同工况而变化

C. 根据怠速触点位置而变化　　　　　D. 起动后不变

8. 发动机运转中，用小锤轻敲爆燃传感器附近处，点火提前角应（　　）。

A. 变大　　　　B. 不变　　　　C. 变小

9. 故障码存储在（　　）中。

A. ROM　　　　B. RAM

10. 造成电控发动机混合气偏浓的可能原因是（　　）。

A. 燃油泵压力低　　　　　　　　B. 冷却液温度传感器输出电压偏高

C. 喷油器节流　　　　　　　　　D. 进气管真空泄漏

11. 测量传感器电源线电压时，若传感器端处的基准电压低于 5V，而 ECU 端处的电压也低于 5V，则可能的原因是（　　）。

A. 电源线有问题　　　　　　　　　B. 传感器有问题

C. ECU 有问题　　　　　　　　　　D. 蓄电池电压有问题

12. 怠速转速偏高的可能原因是（　　　）。

A. 怠速阀卡在小开度　　　　　　　B. 冷却液温度传感器故障

C. 冷却剂液面偏低　　　　　　　　D. 点火提前角偏小

13. 如果爆燃传感器的固定力矩过大，会造成（　　　）。

A. BTDC 小　　　　B. 爆燃　　　　C. 灵敏度下降　　　　D. 动力增加

14. 当氧传感器输入电压为 0.9V 时，混合气（　　　）。

A. 浓　　　　　　　　B. 稀

15. 当氧传感器输出电压小于 0.45V 时，ECU 会（　　　）喷油量。

A. 减少　　　　　　　B. 增加

16. 电磁式高阻喷油器应用于（　　　）驱动方式。

A. 电流　　　　　　　B. 电压

17. 冷却液温度传感器有故障时，会造成（　　　）。

A. 排放失常　　　　　B. 爆燃

18. 向 ECU 输入空燃比的反馈信号，进行喷油量的闭环控制的传感器是（　　　）。

A. 节气门位置传感器　　　　　　　B. 发动机转速传感器

C. 曲轴位置传感器　　　　　　　　D. 氧传感器

二、填空题

1. 电控燃油喷射系统中，间歇喷射方式可分为＿＿＿＿、＿＿＿＿和＿＿＿＿三种类型。

2. 发动机电控系统是由＿＿＿＿、＿＿＿＿和＿＿＿＿组成的。

3. 当冷却液温度传感器失效，会导致＿＿＿＿＿＿、＿＿＿＿＿＿＿＿等故障。

4. EGR 率等于＿＿＿＿＿＿和＿＿＿＿＿＿＿的比率。

5. 点火装置的控制主要包括＿＿＿＿＿＿、＿＿＿＿＿＿＿＿＿及＿＿＿＿＿＿三个方面。

6. 常见的发动机转速与曲轴位置传感器有＿＿＿＿、＿＿＿＿＿＿、＿＿＿＿＿＿三种。

7. 爆燃传感器是作为＿＿＿＿＿＿控制的修正信号。

8. 凸轮轴位置传感器作为＿＿＿＿＿＿和＿＿＿＿＿＿的基准信号。

9. 空燃比反馈控制系统是根据＿＿＿＿＿＿的反馈信号＿＿＿＿＿＿的多少来达到最佳空燃比控制的。

10. 发动机集中系统使用的 ECU 主要由＿＿＿＿＿＿、＿＿＿＿＿＿和＿＿＿＿＿＿三部分组成。

三、判断题

1. 当 ECU 出现故障时，发动机控制系统会自动起动备用系统，并能保证发动机正常运行性能。（　　　）

2. 在断油控制中，冷却液温度越高，断油和恢复喷油的转速越高。（　　　）

3. 当氧传感器有故障时，会引起油耗增加。（　　　）

4. 三元催化器在任何工况下，都可有效降低排气中 CO、HC 和 NO_x 的含量。（　　　）

5. 当氧传感器向 ECU 输入的是高电压信号（0.75 ~ 0.9V）时，则说明混合气偏浓。

（　　）

6. 在闭环控制系统中，需要对输出量进行测量，并将输出量反馈到系统输入端与输入量进行比较。　　　　　　　　　　　　　　　　　　　　　　　　　　　（　　）

7. EGR（废气再循环）装置是为了减少发动机的 CO 的排放量。　（　　）

8. 二次空气喷射是将新鲜空气喷入排气管中以减少 HC、CO 的排放量。　（　　）

9. 活性炭罐是为了防止 CO 的排放而设置的。　　　　　　　　　（　　）

10. ECU 收不到点火控制器返回的点火确认信号时，失效保护系统会停止燃油喷射。

（　　）

四、分析题

1. 电控燃油喷射系统有哪些控制内容？都是如何控制的？

2. 电控燃油喷射系统的喷油器常见的有哪几种？它们是如何工作的？

3. 简述点火控制系统的功用。论述微处理器控制点火系统点火时刻的控制过程。

4. 论述废气涡轮增压系统的工作过程。

5. 可变配气正时系统的功能是什么？论述一种可变配气正时系统的工作过程。

6. 论述应急备用系统的工作条件。

91

第二章

底盘电子控制系统

知识目标：

- ●理解电控自动变速器系统的组成、作用和基本工作原理；
- ●了解自动变速器电控系统主要部件的结构及工作原理；
- ●理解无级变速器（CVT）的基本原理；
- ●了解电控无级变速器（CVT）的基本组成与主要部件的结构；
- ●理解防抱死制动系统（ABS）的作用、原理和分类；
- ●了解防抱死制动系统主要部件的结构及工作原理；
- ●理解电控制动力分配系统的作用及基本工作原理；
- ●理解驱动防滑系统（ASR）的作用及控制方式；
- ●掌握某轿车的组成及工作过程；
- ●理解电控液压动力转向系统的组成及基本工作原理；
- ●理解电动式电控动力转向系统的组成及基本工作原理；
- ●理解电子稳定程序系统（ESP）系统的组成、作用及基本工作原理；
- ●了解ESP系统主要部件的结构及工作原理；
- ●了解ABS、ASR（TRC）、ESP系统的区别。

能力目标：

- ●能够在车上找到电控自动变速器、电控无级变速器、电控动力转向系统的主要部件并解释基本工作过程；
- ●能够在车上找到ABS、ASR（TRC）、ESP电控系统的主要部件并解释其基本工作过程。

为满足人们对于汽车的舒适性、安全性和可靠性越来越高的要求，传统的汽车底盘上加装了各种电控系统，以监测、控制底盘各系统的工作。

目前，在底盘上应用比较普遍的电控设备及系统主要有：电控自动变速器、防抱死制动系统、电控防滑系统、电控转向系统、电子稳定程序系统等。

第一节　电控自动变速器

一、电控自动变速器的组成

电控自动变速器主要由液力变矩器、齿轮变速机构和ECU组成，如图2-1所示。

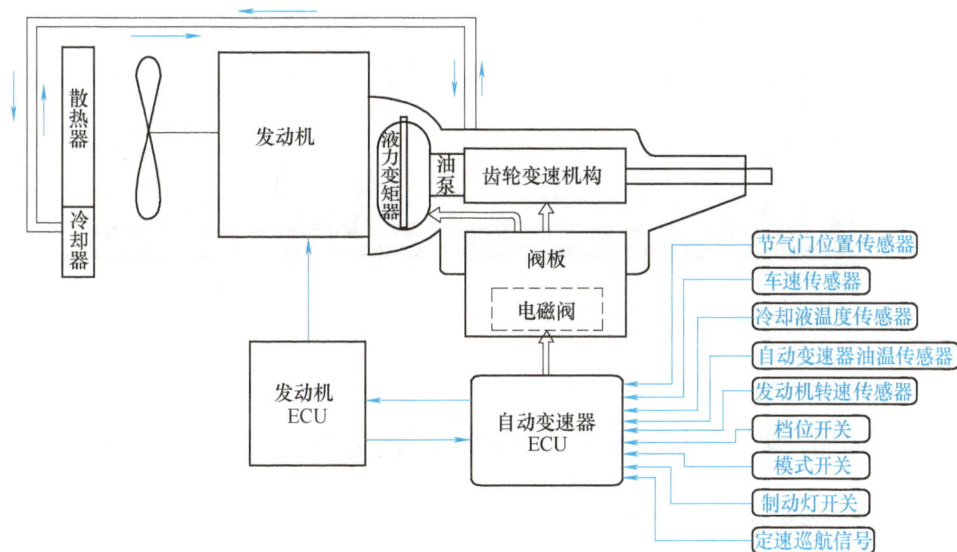

图2-1　电控自动变速器的组成

（一）液力变矩器

液力变矩器安装在发动机与变速器之间，用于传递或切断发动机与自动变速器传动机构之间的动力传递，起到离合器的作用；工作过程中，可以使发动机运转平稳，起到飞轮的作用；一定工况下，可以将发动机的转矩增大2~4倍输出，实现一定范围内的无级变速、变矩；同时在发动机工作过程中，液力变矩器还将驱动液压控制系统的油泵运转。

液力变矩器的结构如图2-2所示，主要包括泵轮、涡轮和导轮等几个部分。其中，泵轮与壳体连成一体为主动元件；壳体做成两半，用螺栓连接，壳外有起动齿圈；涡轮悬浮在变矩器内与从动轴相连；导轮悬浮在泵轮与涡轮之间，通过单向离合器及导轮固定套固定在变速器外壳上，单向离合器使导轮可以顺时针方向转动，而不能逆时针方向转动。

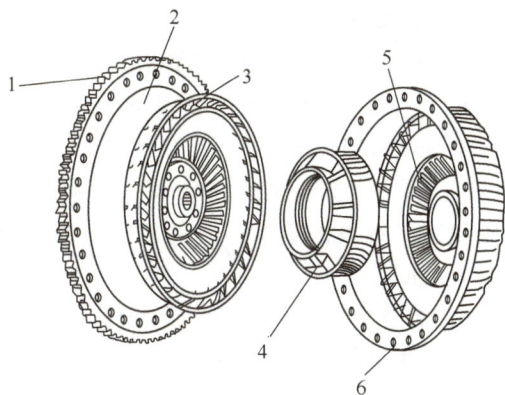

图2-2　液力变矩器的结构

1—起动齿圈　2、6—壳体　3—涡轮　4—导轮　5—泵轮

为提高液力变矩器在高转速比工况下的效率及汽车正常行驶时的燃油经济性，绝大多数液力变矩器增设锁止离合器，如图2-3所示。锁止离合器的从动盘安装在涡轮轮毂花键上，主动部分压盘与泵轮固连。

当车速较低，不满足锁止条件时，压力油经 B 油道进入，压盘两侧油压相同，锁止离合器处于分离状态，如图 2-3a 所示；当车速较高（一般 60km/h 以上），满足锁止条件时，压力油经 C 油道进入，压盘在油压作用下压紧在主动盘上，如图 2-3b 所示。泵轮与涡轮接合成一体旋转，变矩器不起作用。锁止离合器的接合取决于发动机转速和车速，并由液压自动操纵控制机构进行。

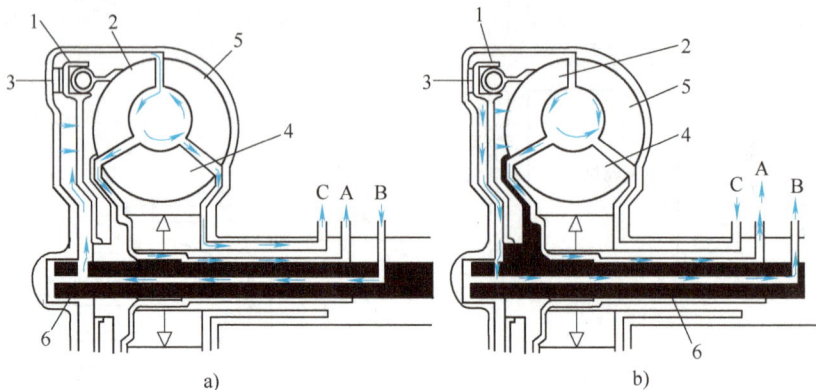

图 2-3　带锁止离合器的液力变矩器

a）分离　b）接合

1—锁止离合器压盘　2—涡轮　3—变矩器壳体　4—导轮　5—泵轮　6—输出轴

A—出油道　　B、C—控制油道

（二）齿轮变速机构

1. 自动变速器的档位

齿轮变速机构可形成不同的传动比，组合成电控自动变速器的不同档位。在变速杆的一侧有表示变速杆位置的符号，如 P、R、N、D、S、L。

P：停车档位，变速杆置于该位置时，可以起动发动机，但发动机运转时车辆不行驶，且车辆无法移动。

R：倒车档位，发动机运转时，变速杆置于此位置，车辆将向后行驶。

N：空档位，变速杆置于该位置时，可以起动发动机，发动机运转时车辆得不到驱动力，但车辆可以移动。

D：前进位，当发动机运转，变速杆置于该位置时，自动变速器将根据车辆行驶的状况自动地在 1、2、3 和 O/D 档之间变化。

S：前进低档位，当发动机运转，变速杆置于该位置时，自动变速器将自动地在 1 和 2 档之间变换。

L：前进低档位，当发动机运转，变速杆置于该位置时，自动变速器将只能以 1 档行驶。

2. 行星齿轮机构

目前绝大多数电控自动变速器采用行星齿轮机构进行变速，只有少数车型采用平行轴式普通齿轮机构。

行星齿轮机构的结构如图 2-4 所示。它由一个太阳轮、一个内齿圈、一个行星齿轮架及若干个行星齿轮组

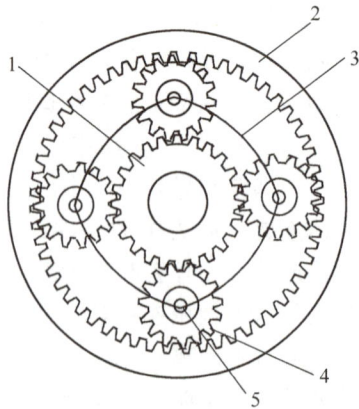

图 2-4　行星齿轮机构

1—太阳轮　2—内齿圈　3—行星齿轮架
4—行星齿轮　5—行星齿轮轴

成，一般称为单排行星齿轮机构。自动变速器的齿轮机构，通常应有两排以上的行星排才能满足变速要求。

汽车自动变速器采用较多的行星齿轮机构主要有两种：辛普森式行星齿轮机构（见图2-5）和拉维娜式行星齿轮机构（见图2-6）。

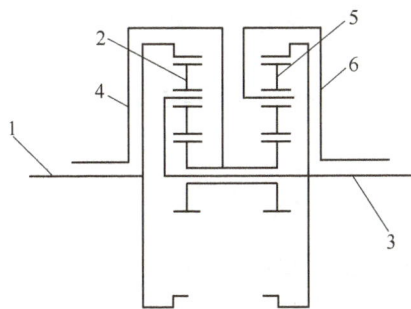

图 2-5　辛普森式行星齿轮机构

1—前齿圈　2—前行星齿轮　3—前行星齿轮架和后齿圈
组件　4—太阳轮　5—后行星齿轮　6—后行星齿轮架

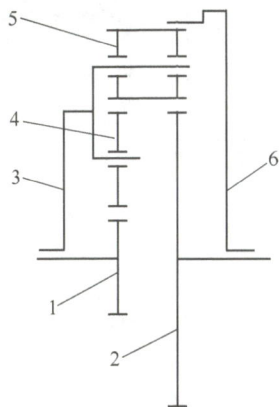

图 2-6　拉维娜式行星齿轮机构

1—前太阳轮　2—后太阳轮　3—行星齿轮架
4—短行星齿轮　5—长行星齿轮　6—齿圈

3. 换档执行元件

自动变速器的换档执行元件包括离合器和制动器。

（1）离合器　离合器主要由离合器鼓、活塞、主动摩擦片、从动钢片、碟形弹簧等组成，如图2-7所示。

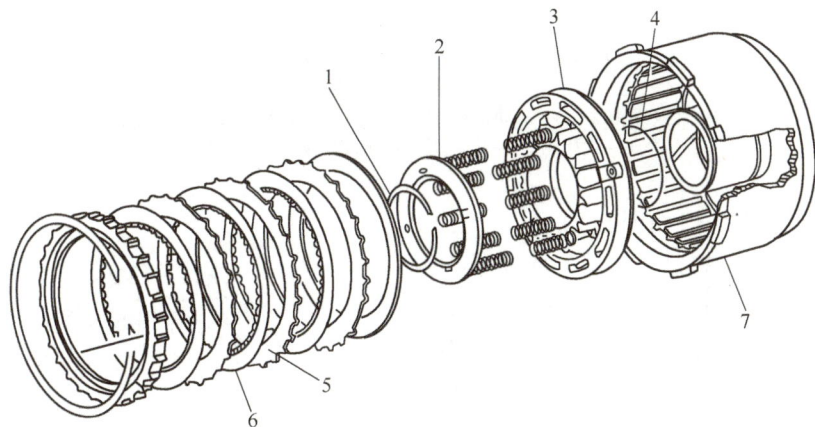

图 2-7　离合器的结构

1—卡环　2—弹簧座　3—活塞　4—O形圈　5—从动钢片　6—主动摩擦片　7—离合器鼓

离合器的工作过程如图2-8所示，当一定压力的自动变速器油（ATF）经油道进入活塞左侧时，离合器接合；当控制阀将作用在液压缸的油压撤除后，活塞在回位弹簧的作用下回复原位，离合器分离。

（2）制动器　自动变速器中采用的制动器有片式和带式两种形式。片式制动器的结构

如图 2-9 所示，当一定压力的 ATF 经油道进入活塞左侧时，离合器接合；当控制阀将作用在液压缸的油压撤除后，活塞在回位弹簧的作用下回复原位，离合器分离。

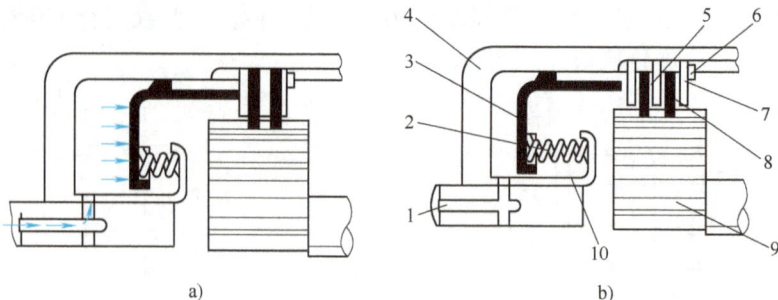

图 2-8　离合器的工作过程
a）接合　b）分离
1—控制油道　2—回位弹簧　3—活塞　4—离合器鼓　5—主动摩擦片
6—卡环　7—压盘　8—从动钢片　9—花键毂　10—弹簧座

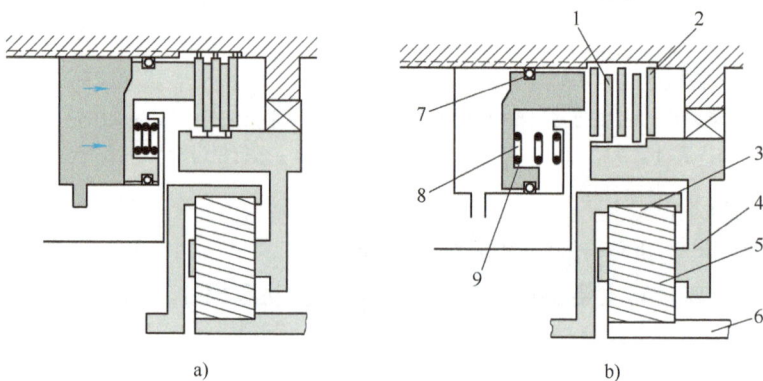

图 2-9　片式制动器的结构及工作过程
a）接合　b）分离
1—主动摩擦片　2—从动钢片　3—齿圈　4—行星架　5—行星齿轮
6—太阳轮　7—密封圈　8—活塞　9—回位弹簧

带式制动器的结构如图 2-10 所示，制动带的一端支承于调整螺钉上，另一端支承于油缸活塞杆端部。制动时，压力油进入活塞右侧，推动油缸活塞杆左移，制动器接合；当控制阀将作用在活塞的油压撤除后，活塞在回位弹簧的作用下回复原位，制动器分离。为迅速解除制动，目前多数制动器还设置了活塞左侧进油道，在活塞右侧撤除油压的同时，活塞左侧进油，与回位弹簧共同推动活塞回位。

4. 典型齿轮变速机构

图 2-11 所示为某轿车自动变速器的齿轮变速机构。它是 4 速行星排辛普森式齿轮机构，能提供 4 个 D 位和 1 个倒档。它的结构特

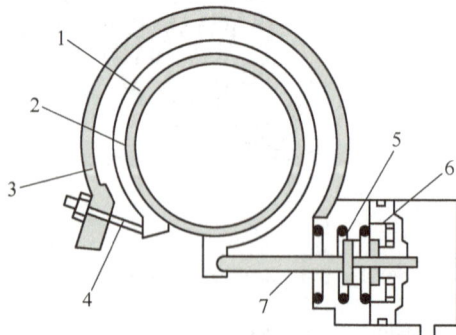

图 2-10　带式制动器的结构
1—转鼓　2—制动带　3—壳体　4—调整螺钉
5—回位弹簧　6—活塞　7—推杆

点是有一个超速行星排和一个双排辛普森式行星齿轮机构连接，通过换档执行元件，实现各档位的变换。

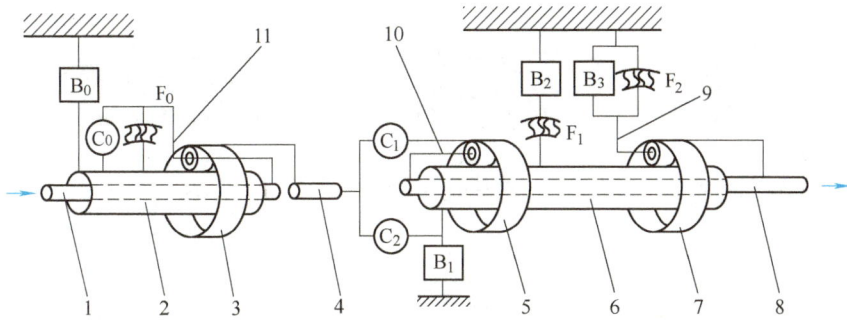

图2-11　某轿车自动变速器的齿轮变速机构

1—超速输入轴　2—超速太阳轮　3—超速行星齿圈　4—中间轴　5—前行星齿圈
6—太阳轮　7—后行星齿圈　8—输出轴　9—后行星架　10—前行星架　11—超速行星架
B_0—超速档制动器　B_1—2档滑行制动器　B_2—2档制动器　B_3—低档及倒档制动器
C_0—超速档离合器　C_1—前进档离合器　C_2—直接档及倒档离合器
F_0—超速档单向离合器　F_1—2档单向离合器　F_2—低档单向离合器

各换档执行元件在不同档位的工作情况见表2-1。

表2-1　换档执行元件在不同档位的工作情况

变速杆位置	档　　位	换档执行元件									
		B_0	B_1	B_2	B_3	C_0	C_1	C_2	F_0	F_1	F_2
P	驻车档					○					
R	倒档				○	○		○	○		
N	空档					○					
D	1档					○	○		○		○
	2档			○		○	○		○		
	3档					○	○	○			
	4档	○					○	○			
2	1档					○	○		○		○
	2档		○	○		○	○				
L	1档					○	○				○

（三）液压控制系统

液压控制系统主要由供油、调压控制、换档控制、锁止离合器控制和辅助控制等几部分组成。

1. 供油部分

供油部分主要包括供油泵、油冷却器和油滤清器等。供油泵的作用是向液力变矩器和液控自动操纵系统压入所需的液压油，并满足行星齿轮变速器润滑的需要。自动变速器常用供油泵主要有内啮合齿轮泵、叶片泵和转子泵等，如图 2-12 所示。

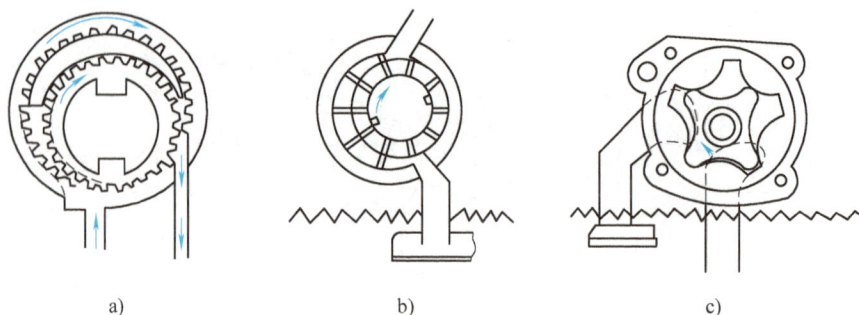

图 2-12　供油泵

a）内啮合齿轮泵　b）叶片泵　c）转子泵

2. 调压控制部分

调压控制部分主要包括主调压阀和二次调压阀。主调压阀的作用是随节气门开度和变速杆位置的变化，将油泵输出的油压调节至相应规定值；二次调压阀的作用是调节供给液力变矩器和润滑油路的油压。常用的调压阀都采用阶梯式滑阀。

3. 换档控制部分

换档控制部分主要包括换档阀、手控阀和强制低档阀。换档阀的作用是转换通向各换档执行机构的油路；手控阀的作用是根据驾驶人的意愿，将主油路液压油送至换档阀或直接送至执行机构，进行换档；强制低档阀的作用是高速超车时强制接通低档。

电控自动变速器换档阀的工作均由换档电磁阀控制，其控制方式有两种：一种是加压控制，即通过或关闭换档阀的控制油路的进油孔，来控制换档阀的工作；另一种是泄压控制，即通过或关闭换档阀的控制油路的泄油孔，来控制换档阀的工作。

图 2-13 所示为加压控制方式的工作原理。当电磁阀关闭时，无油压作用在换档阀的左端，换档阀在弹簧作用下移向左端，如图 2-13a 所示；当电磁阀开启时，液压油作用在换档阀的左端，换档阀克服弹簧弹力移向右端，如图 2-13b 所示，从而实现油路的改变，自动变速器档位相应地发生变化。

4. 锁止离合器控制部分

锁止离合器控制部分主要包括锁止信号阀和锁止继动阀。锁止信号阀的作用是受电磁阀的控制，输出液压信号控制锁止继动阀；锁止继动阀的作用是根据锁止信号阀的锁止信号改变通往变矩器工作液的流向，使变矩器内的锁止离合器适时地接合与分离。

目前在新型电控自动变速器上，采用锁止电磁阀和锁止离合器控制阀来控制锁止离合器的工作。锁止电磁阀采用脉冲式电磁阀，由 ECU 通过脉冲电信号控制锁止电磁阀的开度，从而控制锁止离合器控制阀右端的油压，由此控制锁止离合器活塞右侧油压的大小，如图 2-14 所示。

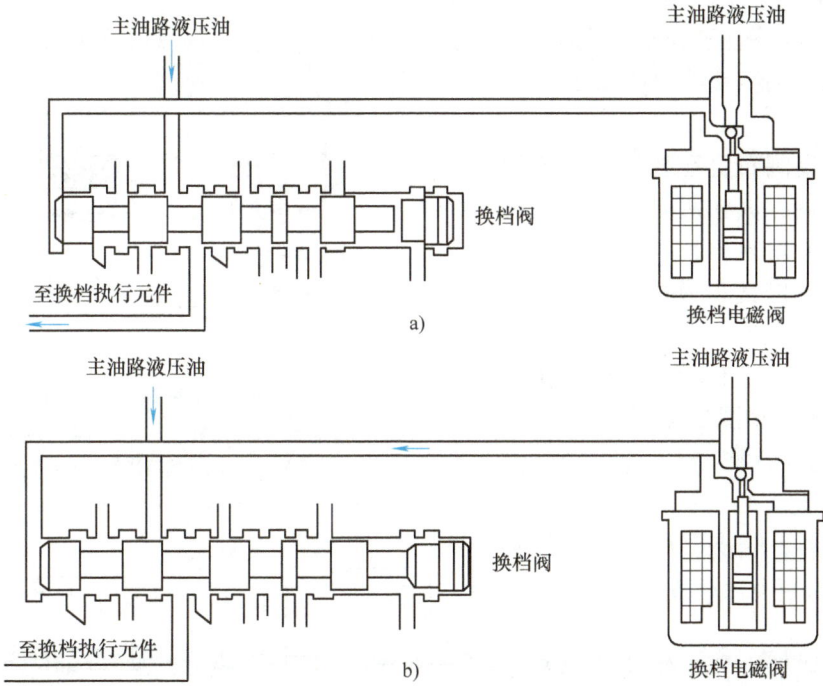

图 2-13　换档电磁阀加压控制方式的工作原理

a）电磁阀关闭　b）电磁阀开启

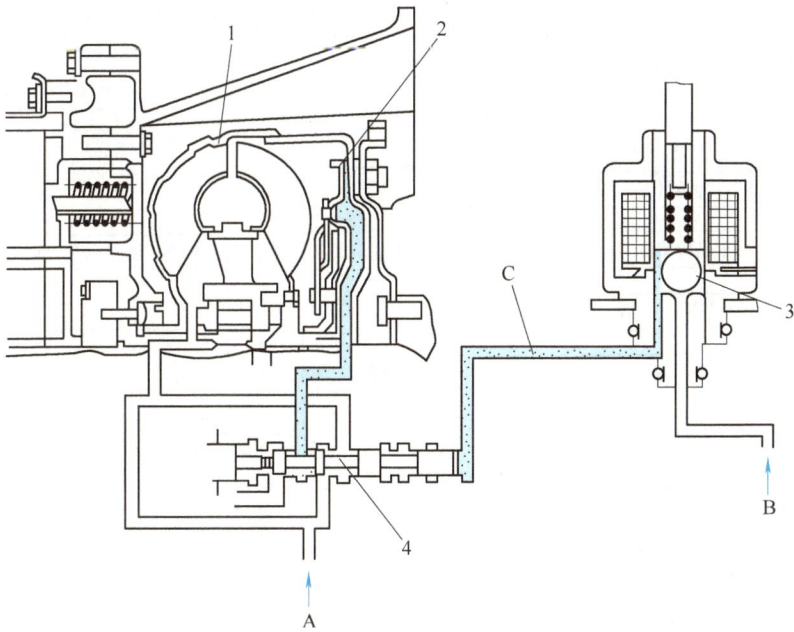

图 2-14　锁止电磁阀和锁止离合器控制阀的工作原理

1—变矩器　2—锁止离合器　3—脉冲式锁止电磁阀　4—锁止离合器控制阀

A—来自变矩器阀　B—来自主油路　C—可调节的控制油路压力

5. 辅助控制部分

辅助控制部分主要包括蓄能减振器和单向节流阀等。蓄能减振器的作用主要是使换档过程更加平稳柔和，其结构如图2-15所示。

单向节流阀布置在换档阀与换档执行元件之间，其作用是在换档执行元件接合时，对换档执行元件的液压油产生节流，以减小换档冲击；在换档执行元件分离时，对换档执行元件的泄油不产生节流作用，使换档执行元件迅速分离，如图2-16所示。

（四）电控系统

自动变速器电控系统由信号输入装置（传感器、信号开关）、电子控制单元（ECT ECU）和执行器组成，如图2-17所示。

自动变速器电控系统的传感器和信号开关将车速、发动机负荷、油温、档位等与档位控制相关的工况信息转换为电信号，输入自动变速器ECU。

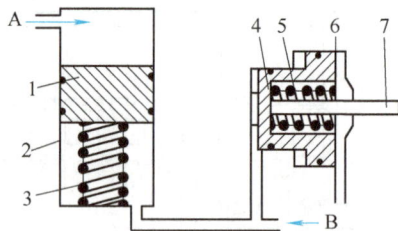

图 2-15　蓄能减振器的结构

1—蓄能器活塞　2—油缸　3、5—弹簧　4—制动器
液压活塞　6—制动器液压缸　7—推杆
A—来自油泵的主油路压力　B—来自换档阀的主油路压力

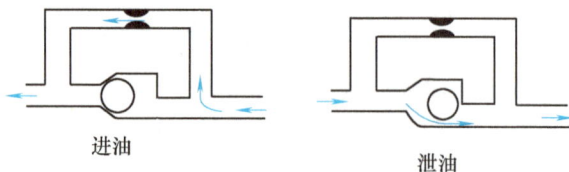

进油　　　　　　泄油

图 2-16　单向节流阀的结构

自动变速器 ECU 根据存储器中的换档程序，决定换档和锁止时机。以某车系的 4 档自动变速器为例，换档时电磁阀的工作情况见表2-2。

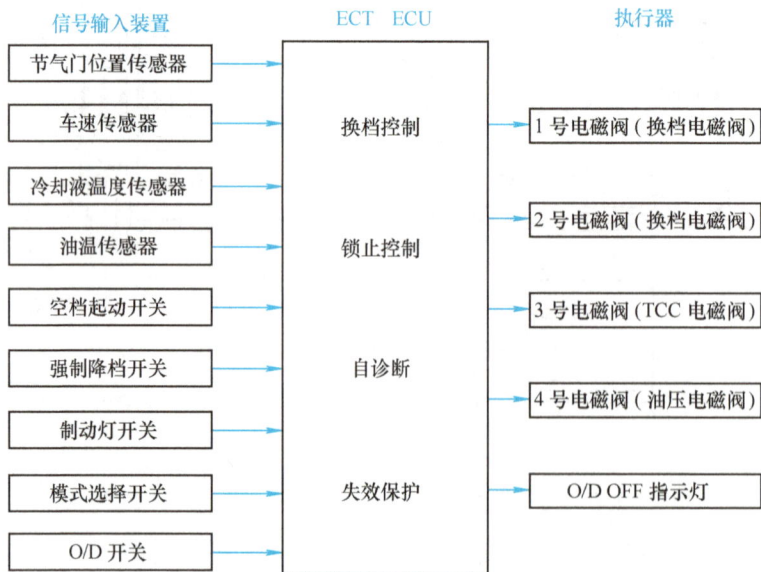

图 2-17　自动变速器电控系统的组成

表 2-2　换档时电磁阀的工作情况

档位	电磁阀	
	1 号电磁阀	2 号电磁阀
1	通电	断电
2	通电	通电
3	断电	通电
4	断电	断电

如果自动变速器在工作过程中，满足了锁止离合器的工作条件，自动变速器 ECU 就会给锁止电磁阀（3 号电磁阀）通电，切换油路，使锁止离合器工作。在换档过程中，为防止换档冲击，自动变速器 ECU 还会通过油压电磁阀（4 号电磁阀）控制换档油压。

自动变速器 ECU 具有自诊断功能，如果电控系统出现故障，ECU 会将故障码存储在存储器中，以便读取。同时，自动变速器还会锁档，即自动变速器不会升档也不会降档。

二、电控系统的主要部件

（一）信号输入装置
自动变速器电控系统的信号输入装置主要包括传感器和信号开关。

1. 行驶模式选择开关
行驶模式选择开关安装在变速杆附近或仪表盘中，用于驾驶人选择的驾驶模式有动力模式（PWR）和常规模式（NORM）。行驶模式选择开关及电路如图 2-18 所示。

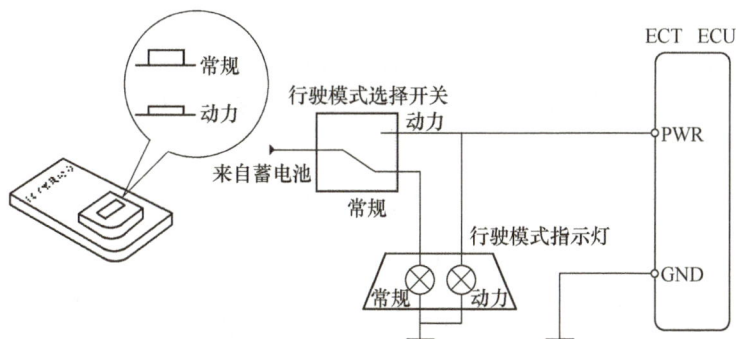

图 2-18　行驶模式选择开关及电路

2. 空档起动开关
空档起动开关安装在自动变速器外部，用于通知 ECU 变速器所处的档位，以便执行相应的换档动作。空档起动开关的外形和内部触点如图 2-19 所示。

3. 超速档开关
超速档开关由驾驶人自主操作，选择在车辆行驶过程中是否可以升入 O/D 档。超速档开关的连接电路如图 2-20 所示。

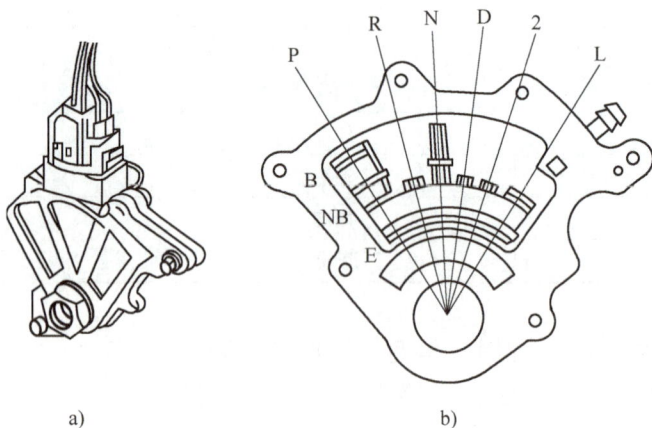

图 2-19　空档起动开关的外形和内部触点

a) 外形　b) 内部触点

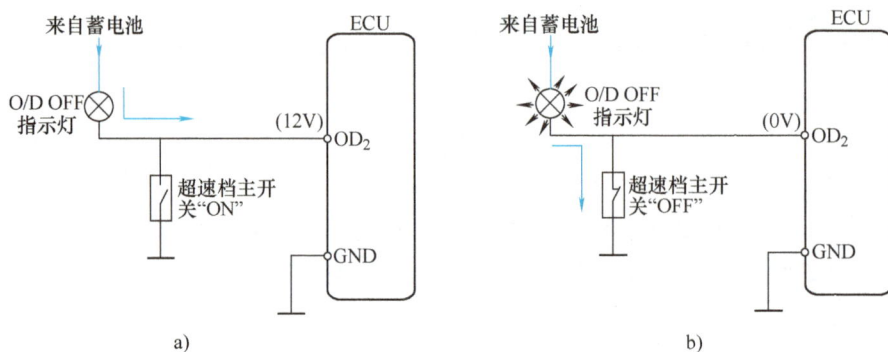

图 2-20　超速档开关的连接电路

a) 超速档开关处于"ON"位置　b) 超速档开关处于"OFF"位置

4. 制动灯开关

　　制动灯开关安装在制动踏板正上方位置，判断制动踏板是否踩下。制动灯开关的连接电路如图 2-21 所示。

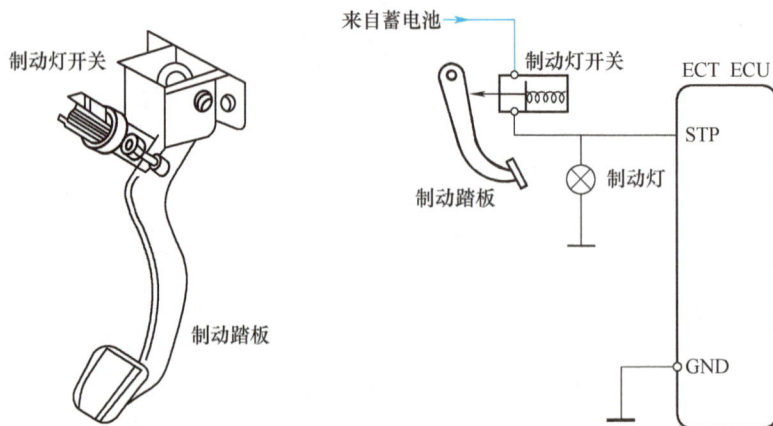

图 2-21　制动灯开关的连接电路

5. 车速传感器

车速传感器产生车速信号，自动变速器 ECU 用它来控制换档点和锁止离合器的运作。自动变速器 ECU 获得的正确车速信息是由两个车速传感器输入的，为了进一步确保信息的精确性，自动变速器 ECU 会不断对这两个信号进行比较。1 号车速传感器的安装位置及结构如图 2-22 所示，2 号车速传感器的安装位置及结构如图 2-23 所示。

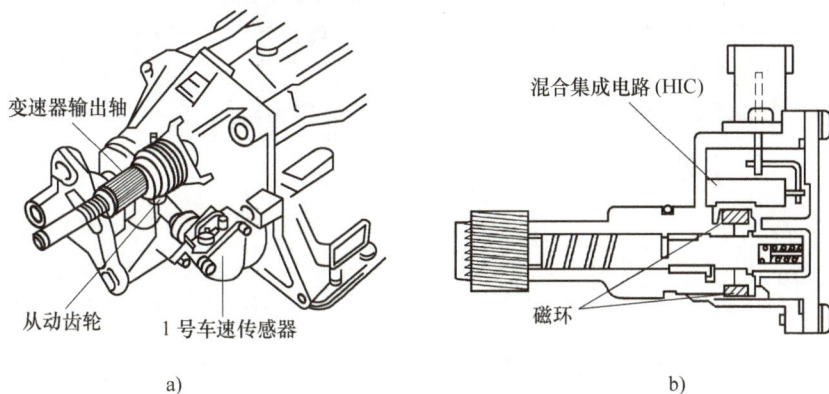

图 2-22　1 号车速传感器的安装位置及结构

a）安装位置　b）结构

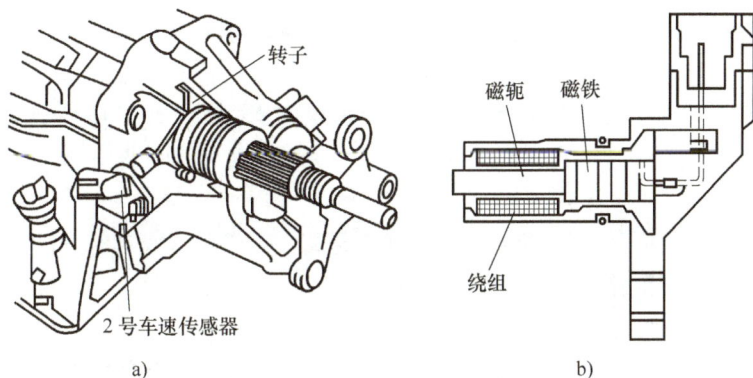

图 2-23　2 号车速传感器的安装位置及结构

a）安装位置　b）结构

6. 其他传感器

自动变速器 ECU 通过节气门位置传感器检测节气门的开度，冷却液温度传感器检测发动机冷却液的温度，并将它们换成电信号传送给 ECU，以控制换档正时和锁止正时。

（二）执行器

电控系统的执行器主要由电磁阀组成。来自自动变速器 ECU 的信号使电磁阀接通或断开，从而操作换档阀和控制液压压力。

1. 电磁阀的类型

自动变速器控制系统的电磁阀按其控制信号有开关型、比例型和占空比型。开关型电磁阀由微处理器输出的开关信号控制，电磁阀的状态有通、断两种位置，其结构如图 2-24 所示。

比例型电磁阀由比例电磁铁控制节流阀，节流阀的输出压力与电磁铁的输入电流成线性比例关系，其结构如图 2-25 所示。

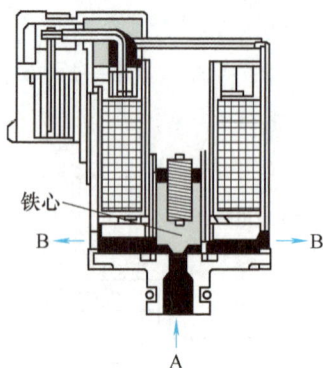

图 2-24　开关型电磁阀
A—主油路油压　B—排出

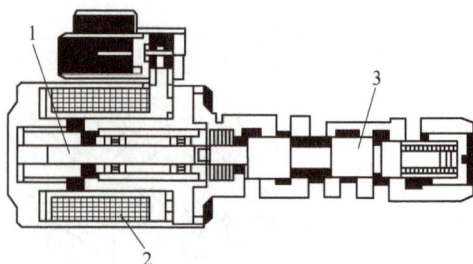

图 2-25　比例型电磁阀
1—铁心　2—电磁线圈　3—滑阀

占空比型电磁阀由微处理器输出的占空比信号控制，电磁阀的阀芯伸缩有无数个位置。开关型电磁阀用于换档油路控制、锁止离合器控制，比例型或占空比型电磁阀用于换档油路、主油压、蓄能器背压等液压控制。

电磁阀按其控制液压油路的流向分为二通型和三通型。二通型电磁阀可控制某一油路保压或排空。所谓常保压式二通型电磁阀，是指当该电磁阀断电时，将其所控制的油路与进油压力油路导通，使其压力升高；当该电磁阀通电时，将其所控制的油路与泄压油路导通，使其排空。所谓常排空式二通型电磁阀，是指当该电磁阀通电时，将其所控制的油路与进油压力油路导通，使其压力升高；当该电磁阀断电时，将其所控制的油路与泄压油路导通，使其排空。

三通型电磁阀可控制某一油路换向。当电磁阀通、断电时，阀芯打开一个油孔，同时关闭另一个油孔，使控制油路与打开的油孔相通。

2. 电磁阀的应用方式

自动变速器电磁阀的应用有两种方式，一种方式是在 ECU 程序控制下适时通、断液压油路，使作用在液压阀一端的压力发生变化，推动滑阀移位，控制有关的液压油路转换。这种类型的电磁阀为开关型二通电磁阀。这种应用方式称为液压阀作用式，其应用方式可以概括为：自动变速器 ECU→电磁阀→液压阀→执行器油路→执行器。

自动变速器电磁阀应用的另一种方式是在 ECU 程序控制下，适时调节液压油路转换和油液压力变化，控制有关的液压执行元件充油或排油。这种类型的换档电磁阀一般为占空比型三通电磁阀。微处理器以合适的占空比信号控制换档电磁阀调节油液压力变化，以实现液压执行元件的接合、分离动作。这种应用方式为执行器作用式，其应用方式可以概括为：自动变速器 ECU→电磁阀→执行器油路→执行器。

3. 电磁阀的功能

换档电磁阀的应用有液压阀作用式和执行器作用式两种方式。液压阀作用式是换档电磁阀在 ECU 程序控制下适时通、断液压油路，使作用在自动变速器液压系统自动换档阀一端的压力发生变化，推动滑阀移位，控制有关的液压执行元件充油或排油，实现换档转换。这

种类型的换档电磁阀一般有两个以上，为开关型二通电磁阀。

换档电磁阀应用的另一种方式是执行器作用式，换档电磁阀在 ECU 程序控制下，适时调节液压油路转换和油液压力变化，控制有关的液压执行元件充油或排油，实现换档转换。这种类型的换档电磁阀一般为占空比型三通电磁阀。ECU 以合适的占空比信号控制换档电磁阀调节油液压力变化，可实现液压执行元件的接合、分离，动作较为理想。

锁止电磁阀的功能是控制变矩器的锁止离合器接合或分离。采用液压阀作用式或执行器作用式，在 ECU 程序控制下，锁止电磁阀适时通、断液压油路，调节锁止离合器继动阀动作变换油路或直接变换油路，使锁止离合器动作，实现机械锁止或柔性锁止。锁止电磁阀一般有一个或两个，为开关型、比例型或占空比型电磁阀。

油压调节电磁阀的功能是根据自动变速器的工况变化，适时调节液压系统的主油压、蓄能器背压、液压执行元件动作油压等。油压调节电磁阀一般均通过控制相应的调节阀动作，实现对应的液压控制。油压调节电磁阀一般有 1 个或 2 个，为开关型或占空比型电磁阀。

蓄能器调节电磁阀的功能是在换档变换过程中，调节蓄能器的背压，使对应液压执行元件的缓冲效果更加理想。蓄能器调节电磁阀采用执行器作用式，为占空比型；也可采用液压阀作用式，为开关型。

强制离合器电磁阀的功能是在滑行行驶时，根据自动变速器工况的变化，适时调节液压系统油路转换，推动强制离合器调节阀动作，使强制离合器进油接合，可实现发动机制动功能；使强制离合器泄油，可解除发动机制动。

（三）自动变速器 ECU

自动变速器 ECU 具有换档正时控制、锁止正时控制、转矩控制、后座控制、减速降档控制、失效保护及故障自诊断功能。

1. 换档正时控制功能

自动变速器 ECU 的存储器中存有车辆在各种行驶模式和各个档位的最佳换档程序，ECU 根据各个传感器的输入信号来决定是否需要换档，并控制 1 号、2 号电磁阀，改变液压控制系统的油路，实现档位的变换。自动变速器 ECU 的控制程序如图 2-26 所示。

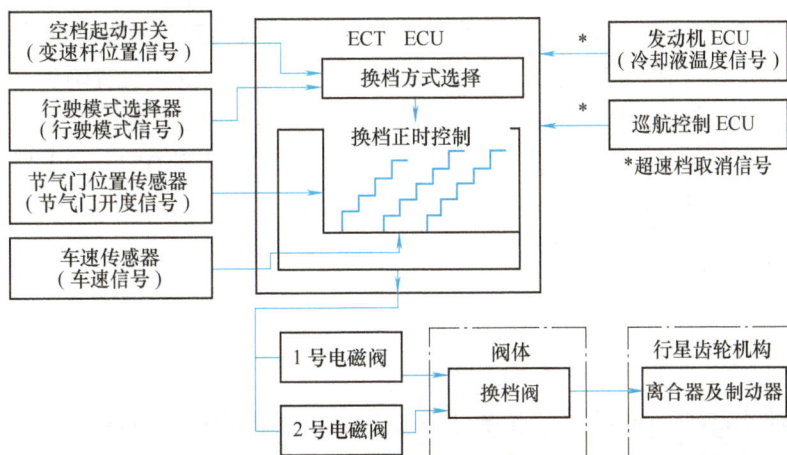

图 2-26　自动变速器 ECU 的控制程序

2. 锁止正时控制功能

自动变速器 ECU 接收到传感器的输入信号后，根据内存的程序选择锁止的方式，控制 3 号电磁阀的通、断，改变液压控制系统的油路，控制锁止离合器的接合或分离。自动变速器 ECU 的锁止正时控制程序如图 2-27 所示。

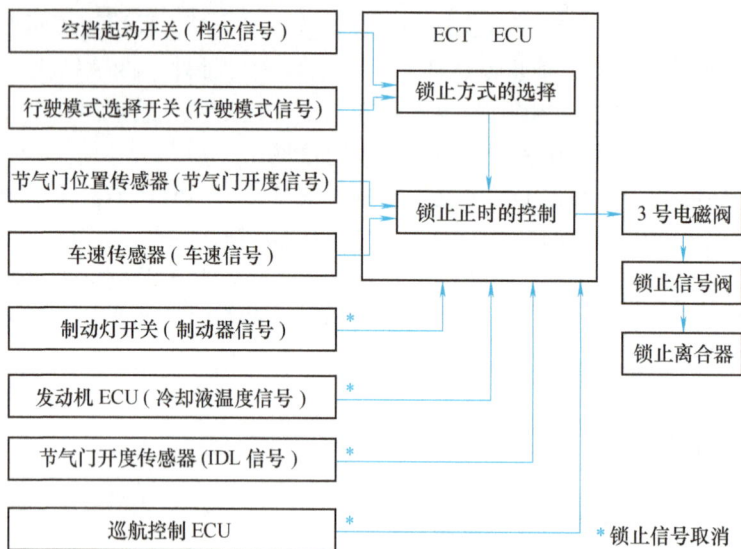

图 2-27　自动变速器 ECU 的锁止正时控制程序

3. 其他控制功能

1）发动机转矩控制功能。为了减小换档冲击，自动变速器 ECU 适当减小换档时离合器传递的发动机转矩。对发动机输出转矩控制最简单的方法就是控制点火提前角。

2）后座控制功能。当变速杆从 N 位移至 D 位准备起步时，车辆一般会产生一定的振动和车后部下沉的现象。为了缓解后座的冲击，丰田轿车电控自动变速器在起步时不是直接进入 D_1 位，而是先进入 D_2 位甚至 D_3 位，然后降为 D_1 位起步，这个过程称为后座控制。

3）减速降档控制功能。车辆在 O/D 位行车，如果车速不断降低，就会导致降档，但降档时不是直接降入 D_3 位，而是先降入 D_2 位 0.8s，然后再回升到 D_3 位，以减小降档引起的冲击和振动，这个过程称为减速降档控制。

4）失效保护功能。自动变速器 ECU 在电气控制系统出现故障时，仍然能够使车辆继续行驶。当传感器出现故障时，自动变速器 ECU 所采取的失效保护功能为：

①节气门位置传感器出现故障时，当怠速开关断开时，按节气门开度为 1/2 进行控制；当怠速开关闭合时，按节气门处于全闭状态进行控制。

②当车速传感器出现故障时，变速杆在 D 位时，自动变速器的档位固定为 3 档；在 L 位时，自动变速器的档位固定为 2 档或 1 档；或不论变速杆在任何 D 位，都固定为 1 档，以保持汽车最基本的行驶能力。

当电磁阀出现故障时，自动变速器 ECU 所采取的失效保护功能为：

①当换档电磁阀出现故障时，自动变速器 ECU 一般会将自动变速器锁档，档位与变速杆的位置有关。某车系的锁档情况见表 2-3。

表 2-3　某车系锁档情况

变速杆位置	D	2	L	R
档位	4 档	2 档	1 档	倒档

②当锁止离合器电磁阀出现故障时，自动变速器 ECU 会停止锁止离合器的锁止，使锁止离合器始终处于分离状态。

③油压电磁阀出现故障时，自动变速器 ECU 会停止油压的控制，使油路压力保持为最大。

第二节　电控无级变速器

一、无级变速器（CVT）的基本原理

无级变速器（CVT：Continuously Variable Transmission）与有级式变速器的主要区别在于它的速比不是间断的，而是一系列连续的值，如可以从 3.455 一直变化到 0.85。CVT 结构比传统自动变速器简单，体积更小，它既没有手动变速器的众多齿轮副，也没有自动变速器复杂的行星齿轮组，它主要靠主、从动轮和金属带来实现速比的无级变化。

CVT 的基本结构和工作原理如图 2-28 所示，该系统主要包括主动轮组、从动轮组、金属带和油泵等基本部件。金属带由两束金属环和几百个金属片构成。主动轮组和从动轮组都由可动盘和固定盘组成，与油缸靠近的一侧带轮可以在轴上滑动，另一侧则固定。可动盘与固定盘都是锥面结构，它们的锥面形成 V 形槽与 V 形金属传动带啮合。

发动机输出轴输出的动力首先传递到 CVT 的主动轮，然后通过 V 带传递到从动轮，最后经减速器、差速器传递给车轮来驱动汽车。变速器工作时，通过主动轮与从动轮的可动盘做轴向移动，来改变主动轮、从动轮锥面与 V 带啮合的工作半径，从而改变传动比。

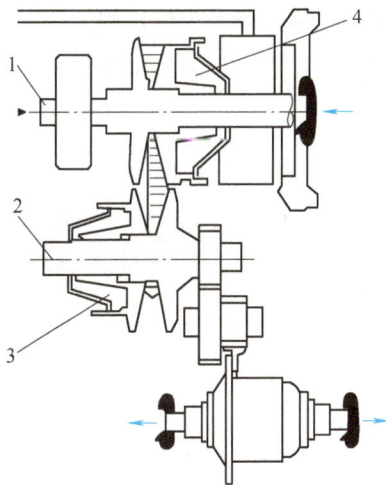

图 2-28　CVT 的基本结构和工作原理
1—主动轴　2—从动轴　3—从动油缸
4—主动油缸

二、电控无级变速器（CVT）的组成与结构

电控无级变速器主要由机械传动机构、液压控制系统和电控系统几部分组成。图 2-29 所示为用于奥迪轿车的 01J 变速器，下面以此变速器为例，对电控无级变速器的各组成部分及其结构予以介绍。

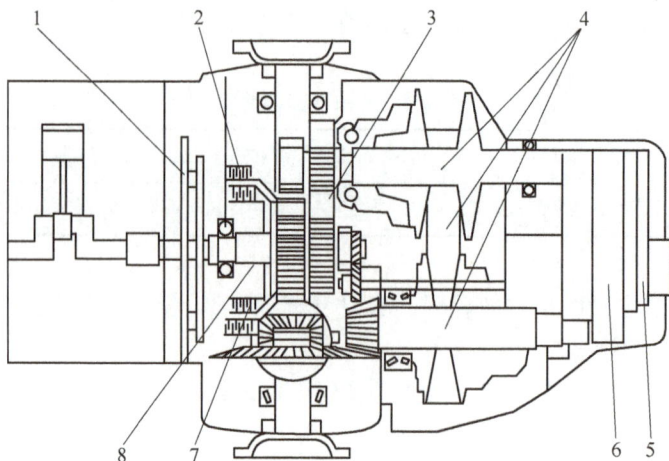

图 2-29　01J 无级变速器的结构

1—飞轮减振装置　2—倒档制动器　3—辅助减速齿轮副　4—传动链机构
5—变速器 ECU　6—液压 ECU　7—前进档离合器　8—行星齿轮机构

（一）机械传动机构

机械传动机构主要由飞轮减振装置、行星齿轮机构、辅助减速齿轮副、传动链机构及变速杆换档机构等部分组成。其传动方式如图 2-30 所示，发动机动力经飞轮减振装置传到输入轴，再通过行星齿轮机构、辅助减速齿轮副传递到传动链机构，由传动链变速后，经主减速器、差速器，由驱动轴驱动车轮转动。

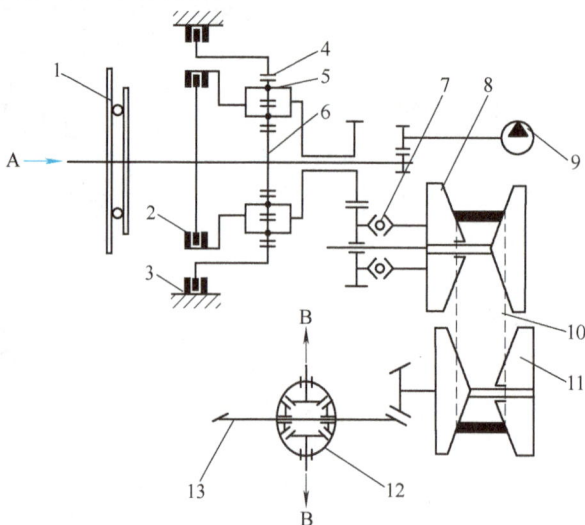

图 2-30　机械传动机构示意图

1—飞轮减振装置　2—前进档离合器　3—倒档制动器　4—齿圈
5—行星轮　6—太阳轮　7—转矩感应装置　8、11—链轮装置
9—油泵　10—传动链　12—差速器　13—主减速器

1. 飞轮减振装置

01J 无级变速器取消了变矩器，采用双质量飞轮作为缓冲减振装置，如图 2-31 所示。

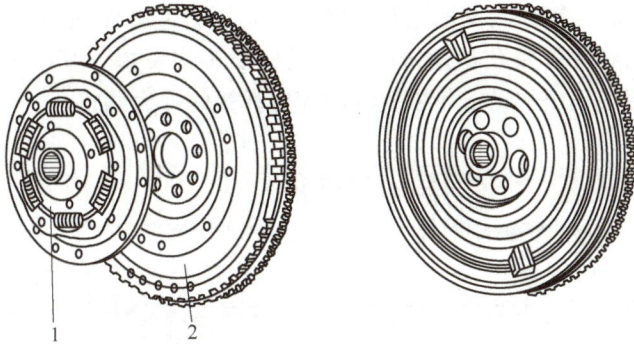

图 2-31　飞轮减振装置
1—减振装置　2—飞轮

2. 行星齿轮机构

在 01J 无级变速器中，行星齿轮机构由齿圈、两个行星轮、行星齿轮架和太阳轮组成，如图 2-32 所示。行星齿轮机构的主要功能是改变变速器输出轴的旋转方向。

当变速杆位于 D 位时，前进档离合器接合，此时太阳轮与行星齿轮架连接，整体同步旋转，传动比为 1:1；当变速杆位于 R 位时，倒档制动器接合，此时齿圈被固定，太阳轮为主动轮，转矩传递到行星齿轮架，行星齿轮架会以与发动机旋转方向相反的方向旋转，车辆向后行驶；当变速杆位于 P/N 位时，前进档离合器和倒档制动器都不工作，行星齿轮架静止，齿圈以发动机转速一半的转速运转，旋转方向与发动机相同，如图 2-30 所示。

3. 传动链机构

传动链机构由主动链轮装置、从动链轮装置及传动链条组成，如图 2-33 所示。每组链轮装置中的一个链轮可沿轴向移动，以调整变速比。两组链轮装置必须同步工作，这样才能保证传动链条始终处于张紧状态。

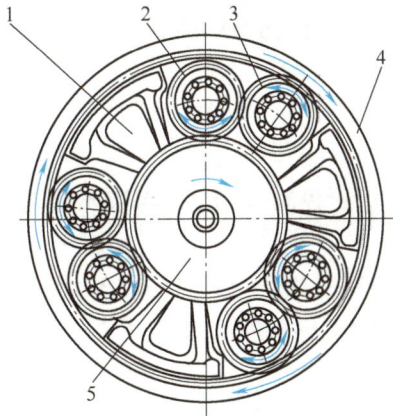

图 2-32　行星齿轮机构
1—行星齿轮架　2、3—行星轮
4—齿圈　5—太阳轮

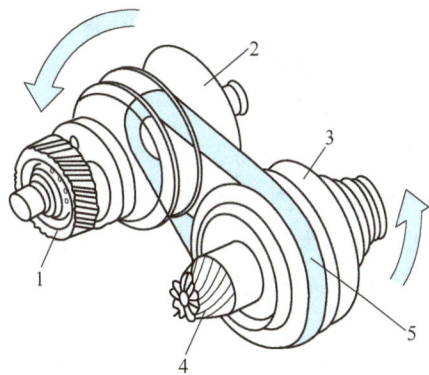

图 2-33　传动链机构
1—动力输入　2—主动链轮装置　3—从动链轮装置
4—动力输出　5—传动链条

传动链机构的工作模式基于双活塞原理，如图 2-34 所示，在主动链轮装置和从动链轮装置上，各有一个压力油缸和分离油缸。当一个分离油缸进油，而另一个分离油缸泄压时，

109

即可调整传动比。链轮与链条之间的正常接触压力是压力油缸保证的。当液压系统泄压时，由主动链轮装置处的膜片弹簧和从动链轮装置处的螺旋弹簧提供基础张紧力。在泄压状态下，变速起动转矩变速比由从动链轮装置处的螺旋弹簧的弹力调整。

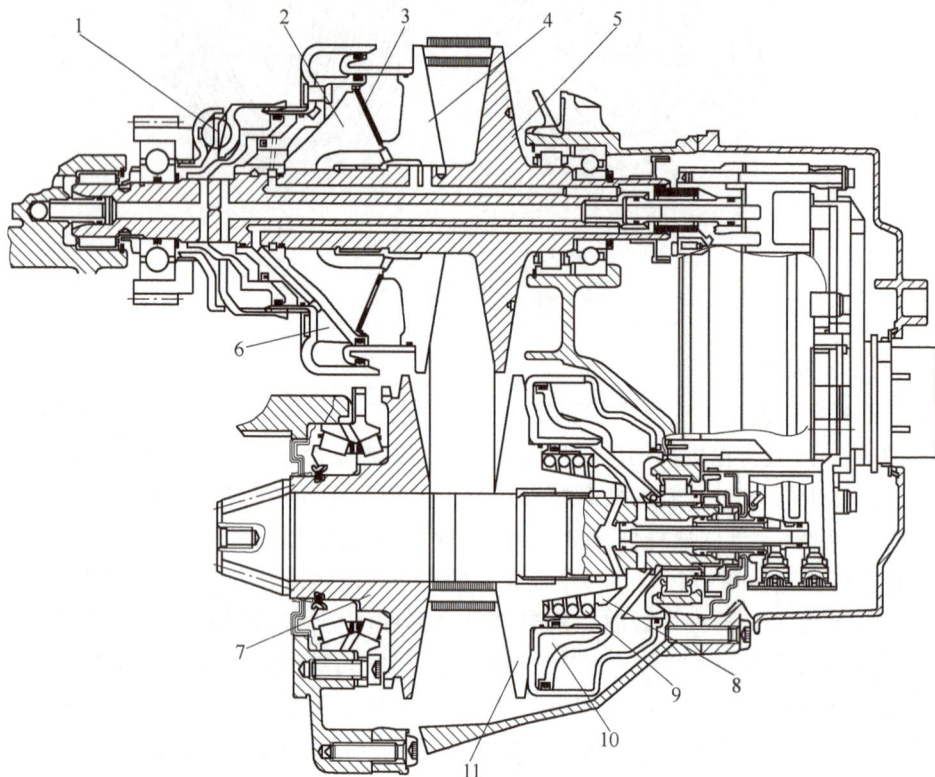

图 2-34　传动链机构的结构

1—转矩传感器　2、10—压力油缸　3—膜片弹簧　4—主动链轮装置可动部分
5—主动链轮装置固定部分　6、8—分离油缸　7—从动链轮装置固定部分
9—螺旋弹簧　11—从动链轮装置可动部分

（二）液压控制系统

1. 供油部分

01J 无级变速器采用内啮合齿轮泵，它直接安装在液压控制单元上，与液压控制单元形成一个整体，如图 2-35 所示。

供油机构为保证离合器和制动器的充分冷却，装有吸气喷射泵，如图 2-36 所示。吸气喷射泵集成在离合器冷却系统中，以供应冷却离合器所需的 ATF 油量。

2. 变速控制部分

图 2-37 所示为变速控制液压油路。来自油泵的油液经输导压力阀、减压阀，将油压传递到主动链轮装置或从动链轮装置的分离油缸。

减压阀的位置取决于控制油压的大小，控制油压的大小由变速器控制单元通过电磁阀 N216 控制。当控制压力在 0.18～0.22MPa 范围时，减压阀关闭。当控制压力大于 0.22MPa 时，减压阀右移，液压油通过减压阀进入从动链轮装置的分离缸，同时主动链轮装置的分离缸通过减压阀与油底壳接通泄油，于是变速器向减速方向换档，如图 2-37 所示。当控制压

力小于 0.18MPa 时，减压阀左移，液压油通过减压阀进入主动链轮装置的分离缸，同时从动链轮装置的分离缸通过减压阀与油底壳接通泄油，于是变速器向增速方向换档。

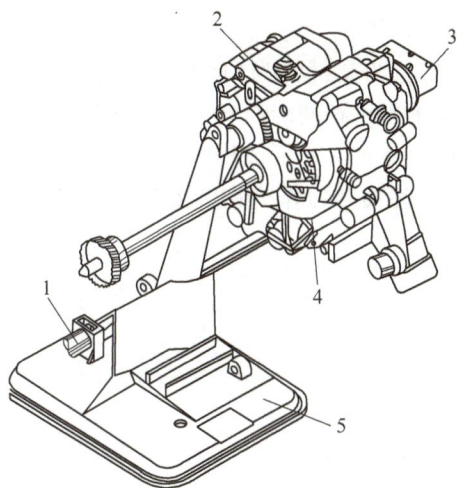

图 2-35 油泵的安装位置

1—安装在吸气泵上的压力管 2—液压控制单元
3—变速器控制单元 4—油泵 5—滤清器

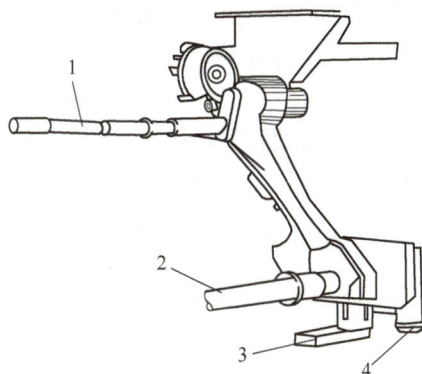

图 2-36 吸气喷射泵

1—前进档离合器的压力油管 2—液压控制单元到
吸气喷射泵的压力油管 3—进油管 4—ATF 溢流管

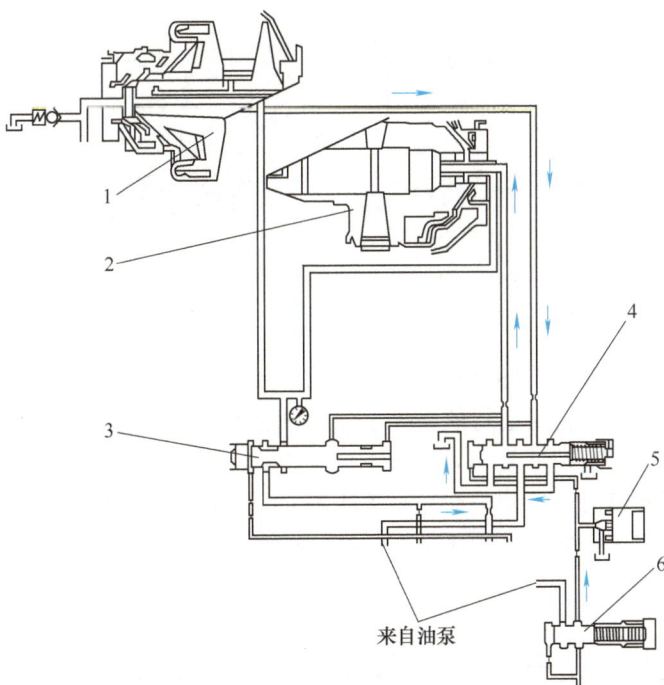

来自油泵

图 2-37 变速控制液压油路

1—主动链轮装置 2—从动链轮装置 3—施压阀 4—减压阀
5—电磁阀 N216 6—输导压力阀

3．接触压力控制部分

在传动链机构中，压力缸内合适的油压最终产生锥面链轮与链条之间的接触压力。若接触压力过高，会降低传动效率；接触压力过低，传动链会打滑，这将损坏传动链和链轮。转矩传感器可根据工作要求，建立起尽可能精确、安全的接触压力。

转矩传感器集成于图 2-38 所示的主动链轮装置内，主要部件为两个滑轮架，每个支架有 7 个滑轮，滑轮中装有滚子。滑轮架 1 装在辅助变速齿轮副输出齿轮中，滑轮架 2 通过内花键与主动链轮连接，可轴向移动且由转矩传感器活塞支承，并形成传感器腔 1 和传感器腔 2。支架彼此之间可径向旋转，将转矩转化为轴向力，此轴向力作为控制力与发动机转矩成正比，压力缸中建立的压力与控制力成正比。

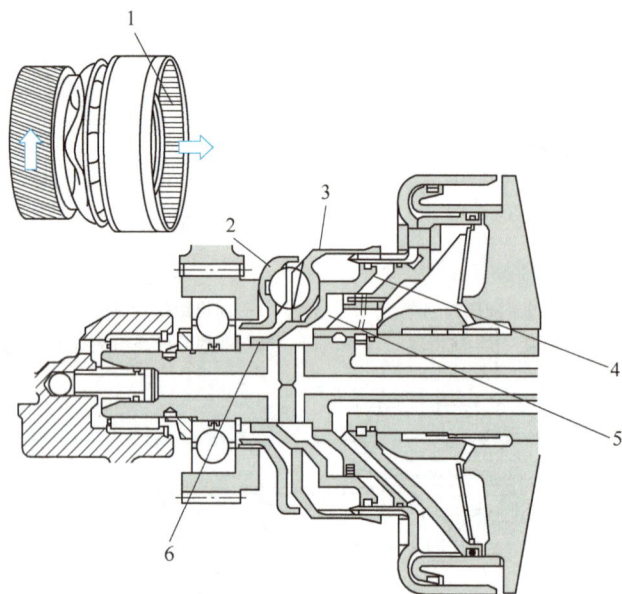

图 2-38　转矩传感器的结构

1—花键　2—滑轮架 1　3—滑轮架 2　4—传感器腔 2　5—传感器腔 1　6—转矩传感器活塞

当输入转矩低时，转矩传感器腔 1 直接与压力缸相通，发动机产生的轴向力与压力缸内的压力达到平衡，在汽车稳定运行的情况下，出油孔只部分关闭，打开排油孔后压力下降，出油孔进油压力降低，直到恢复压力为止。

输入转矩达到峰值时，控制凸缘完全关闭出油孔，若转矩传感器进一步移动，将会起到油泵的作用。此时，压力缸内的油压迅速升高，从而无延迟地调整接触压力。

4．液压控制单元

液压控制单元与油泵、变速器控制单元集成为一个小型的不可分的单元。液压控制单元与变速器控制单元直接插接在一起。液压控制单元由手动换档阀、9 个液压阀、3 个电磁阀组成，主要可完成下述功能：

1）前进档离合器/倒档制动器控制。

2）调节离合器压力。

3）冷却离合器。

4）为接触压力控制提供液压油。

5）传动控制。

6）为飞溅润滑油罩盖供油。

液压控制系统的油路如图 2-39 所示。液压控制单元的液压控制阀中，限压阀将最高压力限制在 0.82MPa；通过输导压力阀，提供一个恒定的 0.5MPa 的输导控制压力。

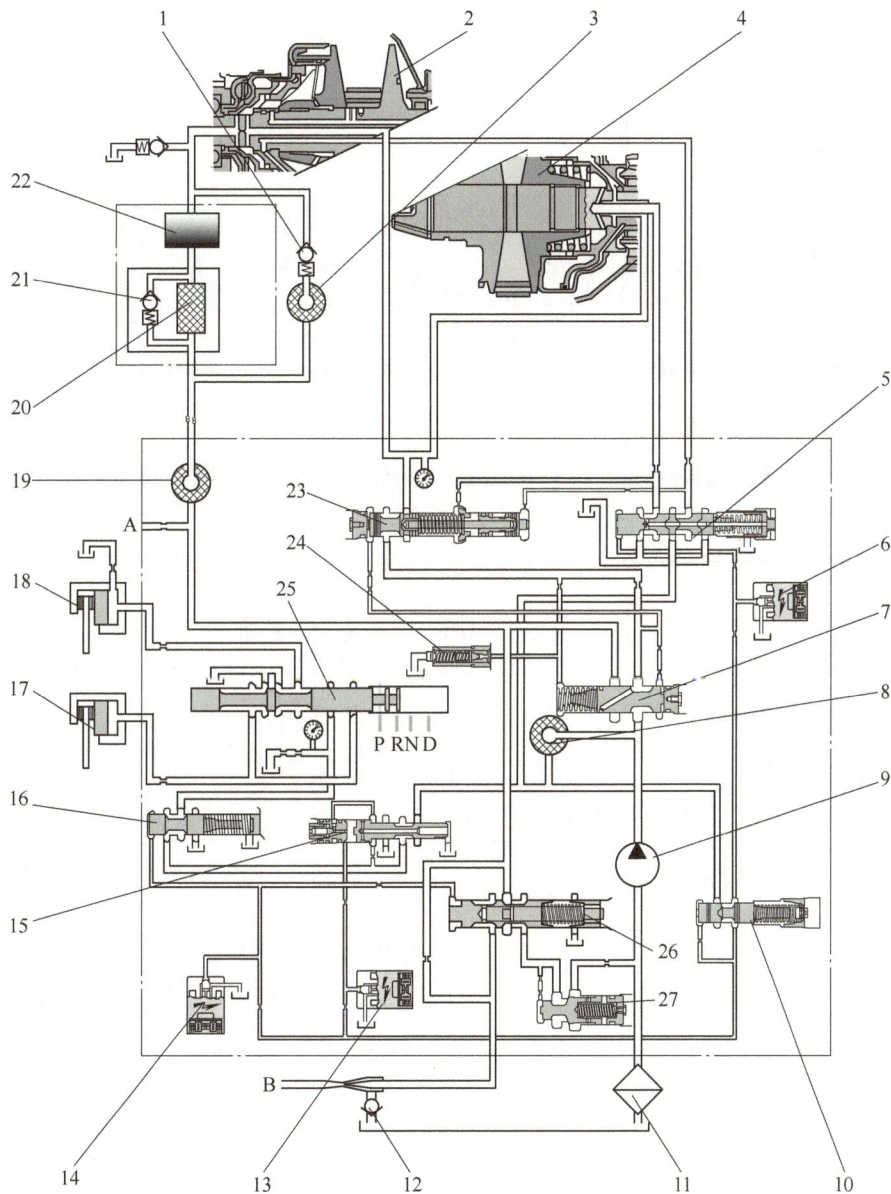

113

图 2-39 液压控制系统的油路

1、21—差压阀 2—主动链轮装置 3、8、11、19、20—ATF 滤清器 4—从动链轮装置 5—减压阀
6—电磁阀 N216 7—流量限制阀 9—油泵 10—输导压力阀 12—吸气喷射泵 13—电磁阀 N215
14—电磁阀 N88 15—离合器控制阀 16—安全阀 17—前进档离合器 18—倒档制动器
22—ATF 冷却器阀门 23—施压阀 24—限压阀 25—手动换档阀 26—离合器冷却阀
27—压力阀 A—飞溅润滑油罩盖 B—到离合器

压力阀的作用是防止起动时油泵吸入空气。当油泵输出功率高时，最小压力阀打开，允许 ATF 从回油管流入油泵吸入侧，提高油泵效率。

施压阀的作用是控制系统压力，在各种工况下都始终能够提供足够油压。

（三）电控系统

01J 无级变速器电控系统电路如图 2-40 所示，其电控系统主要由变速器 ECU、信号输入装置和执行机构组成。

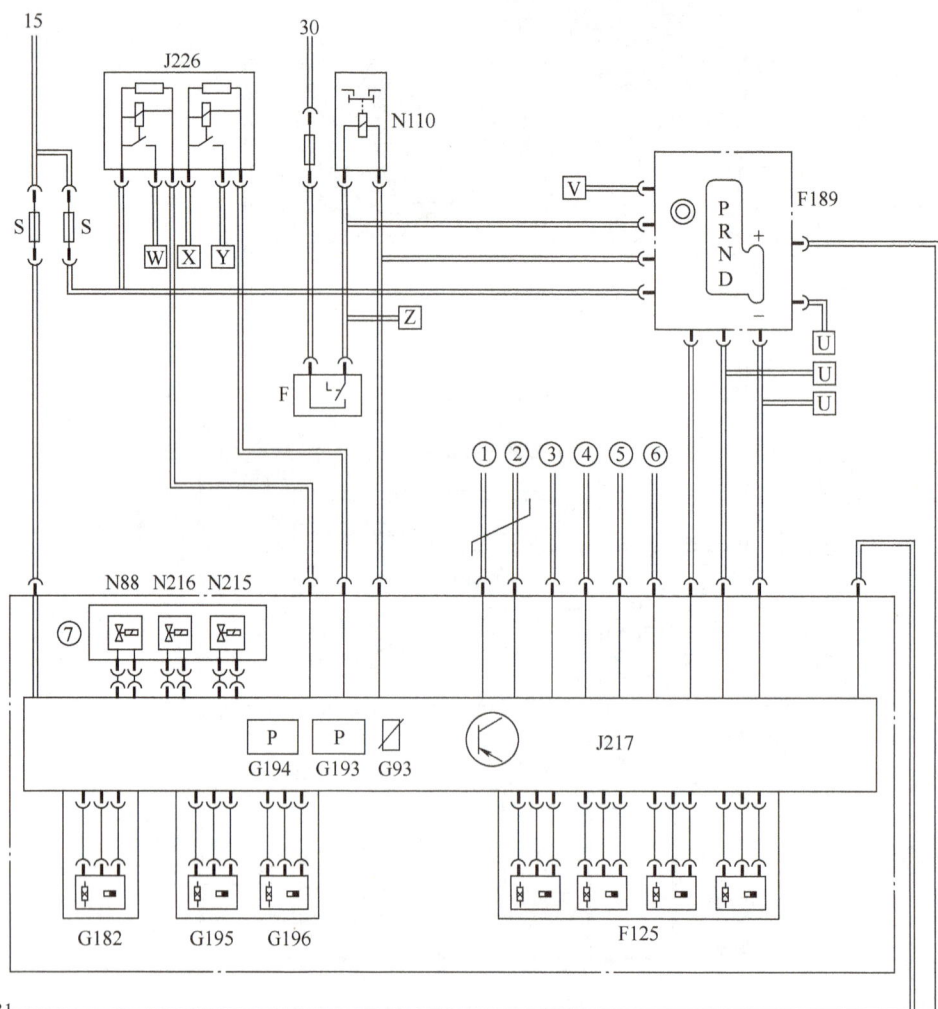

图 2-40 01J 无级变速器电控系统电路图

F—制动灯开关 F125—多功能开关 F189—Tiptronic 开关 G93—变速器油（ATF）温度传感器

G182—变速器输入转速传感器 G193—离合器压力传感器 G194—接触压力传感器

G195、G196—变速器输出转速传感器 J217—控制单元 J226—起动锁止和倒车灯继电器

N110—变矩器锁止电磁阀 N88、N215、N216—压力控制电磁阀 U—到 Tiptronic 转向盘（选装）

①—传动系统 CAN 总线，低位 ②—传动系统 CAN 总线，高位 ③—换档指示信号

④—车速信号 ⑤—发动机转速信号 ⑥—诊断插头 ⑦—阀体

1. 变速器控制单元

变速器控制单元（J217）集成在变速器内，并直接用螺栓固定在液压控制单元上。控制单元的底座为一块坚硬的铝板壳，所有传感器都集成在此铝板壳上，传感器与控制单元之间不需线束连接，如图2-41所示。

变速器控制单元具有以下功能：

1）动态换档控制程序。控制单元内部有动态换档控制程序，其作用是计算变速器目标输入转速，用于控制和调整变速比。

2）强制降档功能。驾驶人将加速踏板踩到底时，激活强制降档开关，控制单元据此将发动机转速调到最大功率处。

3）依据行驶阻力进行自适应控制。控制单元通过计算行驶阻力的变化，并与在平路上行驶时的索引力进行比较，以控制发动机的功率输出。

4）与巡航控制系统（CCS）协调工作。巡航开启时变速比通常很小，下坡行驶时，控制单元通过减小变速器输入转速来增强发动机制动效果。

图2-41 变速器控制单元及传感器
1—输出转速传感器 2—变速器控制单元
3—多功能开关 4—输入转速传感器
5—接触压力传感器 6—离合器压力传感器

5）对离合器（制动器）的控制。控制单元根据输入信号，计算出离合器（制动器）所需的额定压力，调节离合器压力和传递的发动机转矩。

6）最佳舒适换档模式。平顺换档，驱动力的传输不会中断。

7）最大动力特性。加速时索引力不会中断，可获得最佳加速特性。

8）提高燃油经济性。在经济行驶模式下，发动机处于最佳工作模式，提高了燃油经济性。

9）过载保护。利用内建模型，调整发动机转矩，避免离合器打滑。

10）爬坡控制功能。爬坡控制的特点是当车辆静止、制动起作用时，减小爬坡转矩，发动机不必产生很大转矩。

11）微量打滑控制。针对离合器进行控制，减缓发动机产生的扭转振动。

12）合理匹配离合器控制。保持恒定的离合器控制质量，控制适合的离合器压力，提高效率。

13）换档控制。利用动态控制程序，控制单元计算变速器目标转速，以获得最佳传动比。

14）故障自诊断功能。控制单元具有故障自诊断功能。

15）升级程序（故障码编程）。控制单元可以通过软件进行升级。

2. 信号输入装置

信号输入装置主要包括传感器和开关，其主要作用是：

1）变速器输入转速传感器G182，用于提供实际的变速器输入转速。

2）变速器输出转速传感器G195和G196，用于监测从动链轮装置的转速。

3）自动变速器离合器压力传感器G193，用于监测前进档离合器和倒档制动器压力。

4）自动变速接触压力传感器G194，用于监测接触压力。

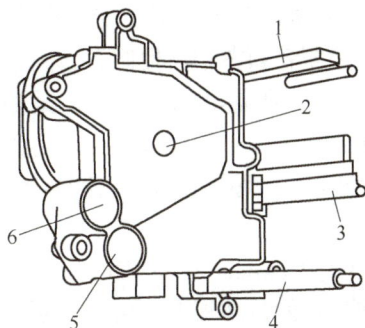

5）多功能开关 F125，由 4 个霍尔传感器组成，用于检测变速杆位置信息。

6）变速器油（ATF）温度传感器 G93，用于记录变速器控制单元铝制壳体的温度，即相应的变速器油温。

7）制动开关，用于变速器锁止功能、爬坡控制和动态程序控制。

8）"强制降档"信号，是通过位于加速踏板组件上的弹簧压力元件产生一个阻尼点，将"强制降档"信号传递给驾驶人。

9）Tiptronic 开关 F189，集成在齿轮变速机构的鱼鳞板上，由 3 个霍尔传感器组成，霍尔传感器由位于鱼鳞板上的电磁阀激活，如图 2-42 所示。鱼鳞板上有 7 个 LED 指示灯，4 个用于变速杆位置指示，1 个用于"制动动作信号"，其余 2 个用于 Tiptronic 护板上的"+"和"-"信号。每个变速杆位置 LED 都由单独的霍尔传感器控制，当被激活时，Tiptronic 开关将变速器控制单元搭铁。

图 2-42　Tiptronic 开关

1—变速杆信号护板　2—变速杆保护鱼鳞板
3—多功能开关 F125　4—Tiptronic 开关 F189

10）CAN 总线，用于变速器控制单元和区域网络控制单元之间数据传输。

11）发动机转速信号，是进行变速器控制的关键参数，可通过 CAN 总线传递，还通过单独接口传递到变速器控制单元。

3. 执行机构

01J 自动变速器的执行机构主要是三个电磁阀 N88、N215 和 N216，都是压力控制阀，其作用是将变速器控制单元提供的控制电流变成相应的液压控制压力。其中 N88 电磁阀用于控制离合器冷却阀和安全阀，N215 电磁阀用于控制离合器控制阀，N216 电磁阀用于控制减压阀。

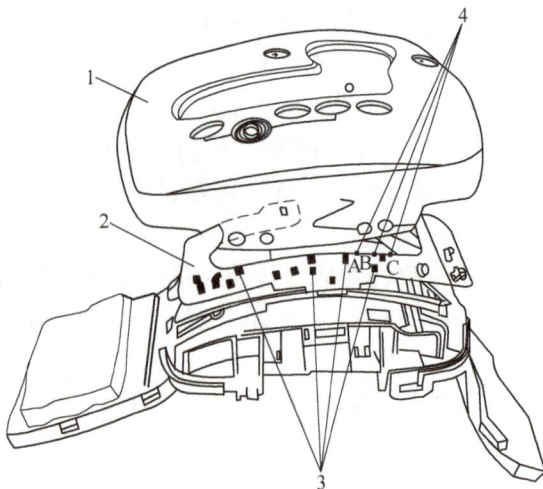

第三节　电控动力转向系统

一、液压式电控动力转向系统

液压式电控动力转向系统（EPS）是在传统液压式动力转向系统的基础上，增设转向助力电控装置构成的。与传统液压动力转向系统相比，其主要优点是在低速转向时可以减轻转向力，以提高汽车的转向操纵性，在高速时则可适当增大转向力，以改善"路感"，提高汽车的转向操纵稳定性。根据液压式电控动力系统的控制方式不同，可分为流量控制式、反力控制式和阀增益（灵敏度）控制式三种类型。

（一）流量控制式 EPS

流量控制式电控液压动力转向系统主要由液压动力转向器、动力转向油泵、电磁阀、车速传感器、ECU 以及转向角度传感器等组成。图 2-43 所示为日产蓝鸟轿车电控液压动力转

向系统的结构及原理。

　　图中旁通流量控制阀安装在动力转向器的高、低压油道之间。当旁通流量控制阀完全开启时，高压油即被旁路泄压，使助力油缸失去助力作用，此时的"路感"最强，但转向最沉。当旁通流量控制阀部分开启时，高压油道即被部分旁路，高压油道被部分分流泄压，使动力缸的助力作用减小，此时转向略沉，但"路感"增强。

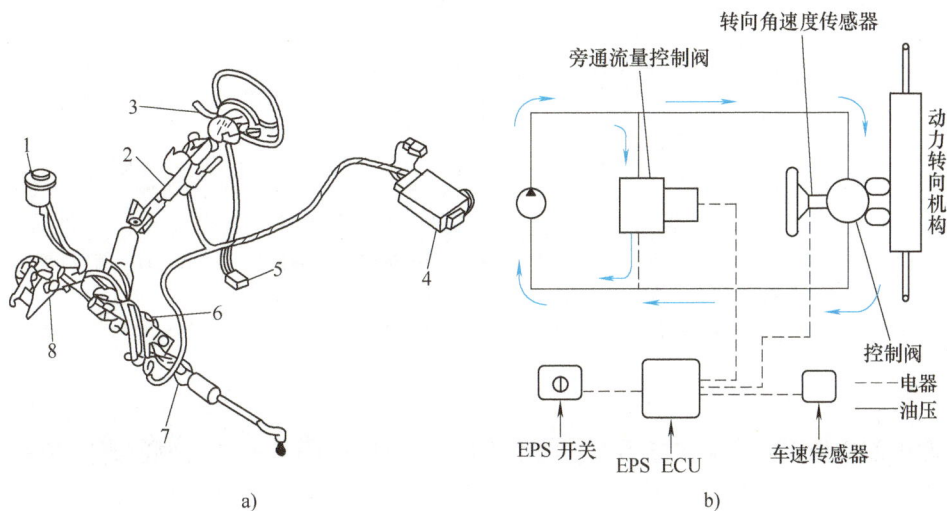

图2-43　日产蓝鸟轿车电控液压动力转向系统的结构及工作原理

a）结构图　b）工作原理图

1—储油罐　2—转向柱　3—转向角速度传感器　4—ECU　5—转向角速度
传感器插接器　6—旁通流量控制阀　7—转向传动机构　8—油泵

　　ECU根据车速传感器提供的车速信号，按预定程序确定旁通流量控制阀的开度（即旁路流量）。一般情况下，车速越高，转向阻力越小，ECU控制的旁通流量控制阀开启越大，转向助力作用也越小，反之，使转向助力增加。通常情况下，流量控制式电控液压动力转向系统还设有转向角速度传感器，以便使ECU感知汽车急转弯或连续转弯工况，并对该工况实施较大助力增益控制，提高汽车的转向操纵性。

　　流量控制式电控液压动力转向系统是一种利用ECU和电磁阀根据车速信号调节液压动力转向系统供油量和压力，从而改变动力油缸加力程度，以控制转向力，获取较好的"路感"的系统。它是在原液压动力转向系统的基础上增加液压油流量控制装置构成，所以结构简单、成本低。在电控装置失效后，可自动转变为普通液压动力转向，使用安全性好。但在较高车速下动力转向系统油压降到极限时，会产生快速转向助力不足，响应较慢等缺点，使它的使用受到一定限制。

（二）反力控制式EPS

1. 系统的组成

　　反力控制式EPS的组成与工作原理如图2-44所示。主要由转向控制阀、分流阀及固定节流小孔、电磁阀、动力油缸、转向油泵、车速传感器和ECU等组成。

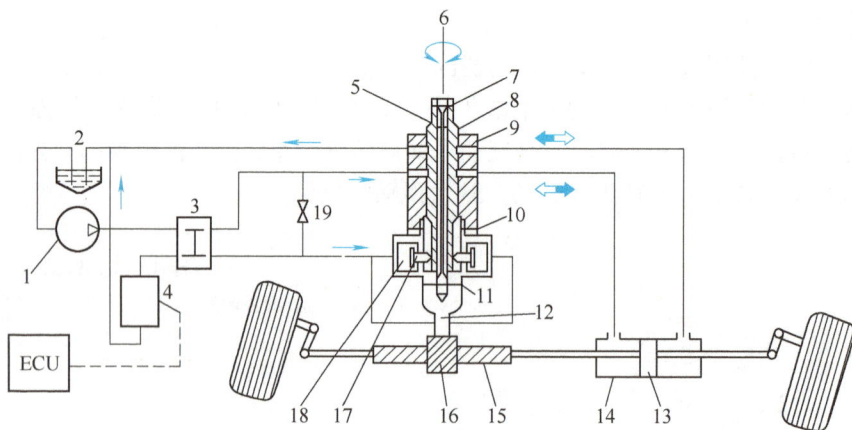

图 2-44　反力控制式 EPS 的组成与原理

1—油泵　2—储油罐　3—分流阀　4—电磁阀　5—扭杆　6—转向盘　7、10、11—销
8—转向阀阀杆　9—控制阀阀体　12—小齿轮轴　13—活塞　14—油缸　15—齿条
16—小齿轮　17—柱塞　18—油压反力室　19—阻尼孔

转向控制阀的结构如图 2-45 所示，其基本结构是在传统的整体式动力转向控制阀的基础上，在内部增加了一个油压反力室和四个小柱塞，四个小柱塞位于控制阀阀体下端的油压反力室内。输入轴部分有两个小凸起顶在柱塞上。在油压反力室受到高压作用时，柱塞将推动控制阀阀杆。此时，扭杆即使受到转矩作用，由于柱塞推力的影响，也会抑制控制阀阀杆与阀体的相对回转。

分流阀的作用是将来自转向油泵输出的液压油向控制阀一侧和电磁阀一侧分流，按照车速和转向要求，改变控制阀一侧与电磁阀一侧的油压，确保电磁阀一侧具有稳定的油液流量。阻尼孔的作用是把供给转向控制阀的一部分流量分配到油压反力室一侧。

电磁阀由滑阀、电磁线圈和油路通道等构成。电磁阀油路的阻尼面积，可随电磁线圈通电电流占空比（通断比）变化。车速低时，通电电流大，滑阀被吸引，油路的阻尼增大，流向油箱的回流量增加。随着车速的升高，电流减小，油液回流量也减少。

2. 系统的工作原理

EPS 具有三种控制状态。ECU 根据车速传感器信号判断出车辆停止、低速状态与中高速状态，控制电磁阀通电电流。

（1）停车与低速状态　ECU 使电磁阀通电电流大，经分流阀分流的油液通过电磁阀流回油箱，柱塞受到的

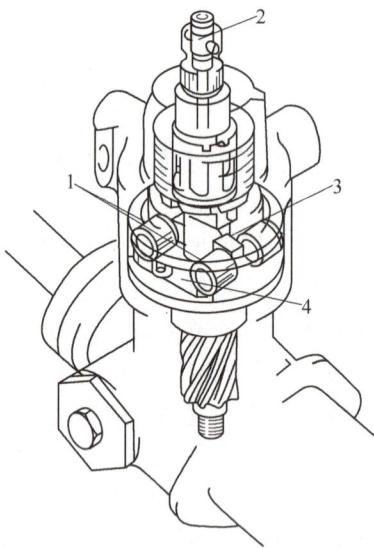

图 2-45　转向控制阀的结构

1—柱塞　2—扭杆　3—凸起
4—油压反力室

背压小（油压低），柱塞推动控制阀阀杆的力矩小，因此只需要较小的转向力就可使扭杆扭转变形，使阀体与阀杆发生相对转动而使控制阀打开，油泵输出油压作用到动力缸右室（或左室），使动力缸活塞左移（或右移），产生转向助力。

（2）中高速直行状态 车辆直行时，转向偏摆角小，扭杆相对转矩小，控制阀油孔开度减小，控制阀侧油压升高。由于分流阀的作用，使电磁阀侧油量增加。同时，随着车速的升高，通电电流减小，通过电磁阀流回油箱的阻尼增大，油压反力室的反力增大，使柱塞推动控制阀阀杆的力矩增大，转向盘手感增强。

（3）中高速转向状态 从存在油压反力的中高速直行状态转向时，扭杆的扭转角更加减小，控制阀开度更加减小，控制阀侧油压进一步升高。随着该油压升高，将从固定阻尼孔向油压反力室供给油液。这样，除从分流阀向油压反力室供给的一定流量油液外，增加了从固定阻尼孔侧供给的油液，导致柱塞推力进一步增强。此时需要较大的转向力才能使阀体与阀杆之间做相对转动而实现转向助力作用，使得在中高速时驾驶人可获得良好的转向手感和转向特性。

反力控制式 EPS 在电控装置失效时的情况下，不同于流量控制式动力转向系统。流量控制式电控动力转向系统在电控装置失效而使电磁阀上无控制信号时，也将变为普通液压动力转向系统，使高速转向时的"路感"下降，而反力控制式 EPS 在电控装置失效而使电磁阀上无控制信号时，将会保持最大的转向"路感"，使低速转向时方向较为沉重。

（三）阀灵敏度控制式 EPS

1. 系统的组成

阀灵敏度控制式 EPS 是根据车速控制电磁阀，直接改变动力转向控制阀的油压增益（阀灵敏度）来控制油压的。图 2-46 所示为阀灵敏度控制式 EPS。该系统是在对转阀式动力转向控制阀进行了局部改造的基础上，增加了电磁阀、车速传感器和 ECU 后构成的。

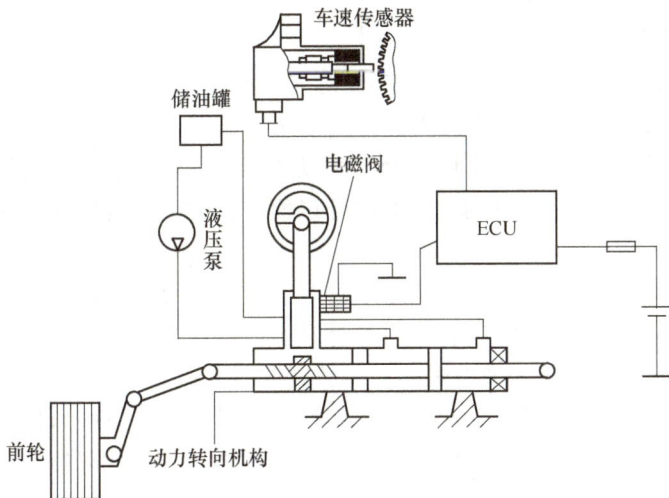

图 2-46 阀灵敏度控制式 EPS

图 2-47 所示为阀增益控制式 EPS 控制阀及液压系统，在控制阀阀体通向动力油缸左、右腔油孔 1R 和 1L 的外侧增加了高速专用泄油孔 3R 和 3L。高速专用泄油孔 3R 和 3L 经过外油道相互连通，并在连通油道上装置了动力转向电磁阀。ECU 根据车速信号控制电磁阀的开度，控制进入控制阀内液压油的分流量，直接改变动力转向控制阀的油压增益（又可称为灵敏度），进而控制动力缸的助力强度，获得较好的转向"路感"。

　　电磁阀为开关型电磁阀，如图2-48所示，其开度随控制信号平均电流的增加而增大，ECU从车速表处接收车速信号，并随车速的增加向电磁阀输出占空比增加的脉冲控制信号，控制电磁阀的平均开度，进而控制转向控制阀的转向助力增益（灵敏度）。

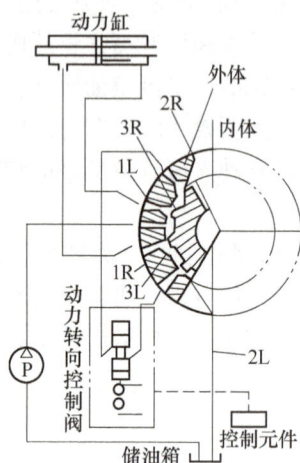

图2-47　阀增益控制式 EPS
控制阀及液压系统

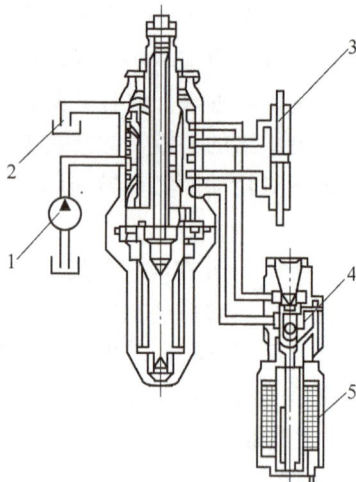

图2-48　控制阀及电磁阀断面图
1—油泵　2—储油箱　3—动力油缸
4—节流阀　5—电磁阀

2. 系统的工作原理

　　当车辆停止时，电磁阀完全关闭，如果此时向右转动转向盘，则高灵敏度低速专用小孔1R及2R在较小的转矩作用下即可关闭，转向油泵的高压油液经1L流向转向动力缸右腔室，其左腔室的油液经3L、2L流回储油箱，所以此时具有轻便的转向特性。而且施加在转向盘上的转向力矩越大，可变小孔1L、2L的开口面积越大，节流作用越小，转向助力作用越明显。

　　随着车辆行驶速度的提高，在ECU的作用下，电磁阀的开度也线性增加，如果向右转动转向盘，则转向油泵的高压油液经1L、3R旁通电磁阀流回储油箱。此时，转向动力缸右腔室的转向助力油压就取决于旁通电磁阀和灵敏度低的高速专用可变孔3R的开度。车速越高，在ECU的控制下，电磁阀的开度越大，旁路流量越大，转向助力作用越小；在车速不变的情况下，施加在转向盘上的转向力越小，高速专用小孔3R的开度越大，转向助力作用也越小。当转向力增大时，3R的开度逐渐减小，转向助力作用也随之增大。

　　由此可见，阀增益控制式动力转向系统不仅可由ECU根据车速的高低调节转向助力的强度，还可以根据所施加转向力的大小（转向速度），由机械装置自动调节转向助力的强度，使驾驶人获得自然的转向"路感"和良好的速度特性。

　　阀增益控制EPS采用直接改变动力转向控制阀油压增益的方法调节转向助力的强度，以获得自然的转向"路感"和良好的转向速度特性，具有结构简单、部件少和价格相对较低的特点。从系统工作过程中可以看出，当系统的电控装置失效而使电磁阀线圈无电流通过时，该系统将回归为普通液压动力转向系统。

二、电动式 EPS

（一）系统的组成与工作原理

电动式电控动力转向系统通常由转矩传感器、车速传感器、ECU、电动机和电磁离合器等组成，如图 2-49 所示。

电动式 EPS 是利用电动机作为助力源，根据车速和转向参数等，由 ECU 完成助力控制。当操纵转向盘时，装在转向盘轴上的转矩传感器不断地测出转向轴上的转矩信号，该信号与车速信号同时输入到 ECU。

ECU 根据输入信号，确定助力转矩的大小和方向，即选定电动机的电流和转向，调整转向辅助动力的大小。电动机的转矩由电磁离合器通过减速机构减速增扭后，加在汽车的转向机构上，得到一个与汽车工况相适应的转向作用力。

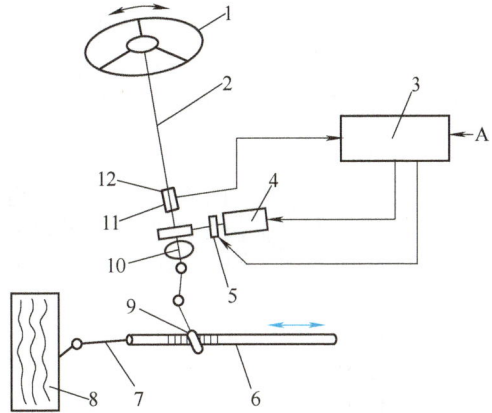

图 2-49　电动式 EPS 的组成

1—转向盘　2—转向柱　3—ECU　4—电动机
5—电磁离合器　6—转向齿条　7—横拉杆
8—转向轮　9—输出轴　10—扭力杆
11—转矩传感器　12—转向齿轮
A—车速信号

（二）系统的主要部件

1. 转矩传感器

转矩传感器的作用是测量转向盘与转向器之间的相对转矩，以作为电动助力的依据之一。常用的转矩传感器主要有无触点式和滑动可变电阻式两种。

（1）无触点式转矩传感器　无触点式转矩传感器的结构及工作原理如图 2-50 所示，在输出轴的极靴上分别绕有 A、B、C、D 四个线圈，转向盘处于中间位置（直驶）时，扭力杆的纵向对称面正好处于图示输出轴极靴 AC、BD 的对称面上。

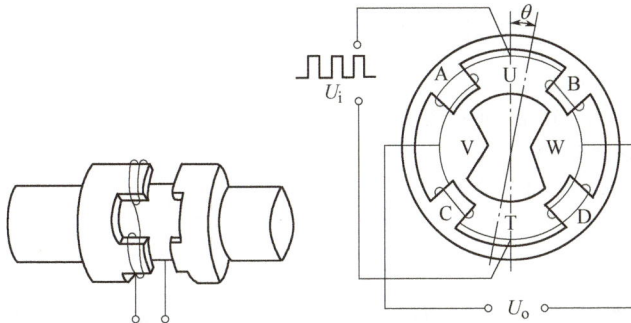

图 2-50　无触点式转矩传感器的结构及工作原理

当在 U、T 两端加上连续的输入脉冲电压信号 U_i 时，由于通过每个极靴的磁通量相等，所以在 V、W 两端检测到的输出电压信号 $U_o = 0$。

转向时，由于扭力杆和输出轴极靴之间发生相对扭转变形，极靴 A、D 之间的磁阻增加，B、C 之间的磁阻减少，各个极靴的磁通量发生变化，于是在 V、W 之间就出现了电位

差。其电位差与扭力杆的扭转角和输入电压 U_i 成正比，因此通过测量 V、W 两端的电位差，就可以测量出转向盘施加的转矩值。

（2）滑动可变电阻式转矩传感器　滑动可变电阻式转矩传感器的结构及工作原理如图 2-51 所示。它是将负载力矩引起的扭力杆角位移，转换为电位器电阻的变化，并经集电环传递出来作为转矩信号的装置。

2. 电动机

转向助力用直流电动机一般采用永磁电机，并需要进行正、反转控制。图 2-52 所示为转向助力直流电动机的控制电路。图中 a_1、a_2 为触发信号端。当 a_1 端得到输入信号时，晶体管 VT_3 导通，VT_2 得到基极电流而导通，电流经 VT_2、电动机 M、VT_3、搭铁而构成回路，于是电动机正转。当 a_2 端得到输入信号时，电流则经 VT_1、M、VT_4、搭铁而构成回路，电动机因电流方向相反而反转。控制触发信号端电流的大小，就可以控制通过电动机电流的大小。

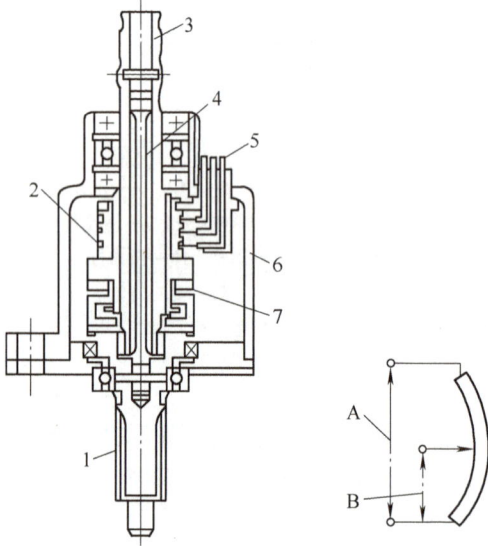

图 2-51　滑动可变电阻式转矩
传感器的结构及工作原理
1—小齿轮　2—集电环　3—轴　4—转矩
5—输出端　6—外壳　7—电位计
A—参考电压　B—输出电压信号

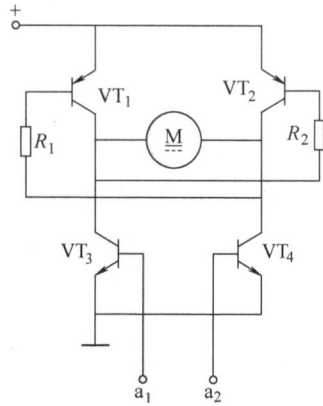

图 2-52　转向助力直流电动机
的控制电路

3. 电磁离合器

电动式电控动力转向系统一般都设定一个工作范围内，如当车速达到规定数值时，就不需要辅助动力转向，这时电动机就应停止工作。

当达到规定车速时，为了不使电动机的惯性影响转向系统的工作，离合器应及时分离，以切断辅助动力。另外，当电动机发生故障时，离合器会自动分离，这时仍可利用手动控制转向。

电磁离合器为单片干式电磁离合器，其工作原理如图 2-53 所示，当电流通过集电环进入电磁离合器线圈时，主动轮产生电磁吸力，带花键的压板被吸引与主动轮压紧，于是电动

机的动力经过轴、主动轮、压板、花键和从动轴传递给执行机构。

4. 减速机构

减速机构的作用是把电动机的输出转矩放大后，传递给转向机构。减速机构有多种组合方式，一般采用蜗轮蜗杆与转向轴驱动组合式，也有的采用两级行星齿轮与传动齿轮组合式。为了抑制噪声和提高耐久性，减速机构中的齿轮有的采用特殊齿形，有的采用树脂材料制成。

电动式电控动力转向系统将电动机、离合器、减速装置和转向杆等部件装配成一个整体，这既无管道也无控制阀，使其结构紧凑、质量减小；电动机只是在需要转向时，才接通电源，所以动力消耗和燃油消耗均可降到最低；可以比较容易地按照汽车性能的需要设置、修改转向助力特性。

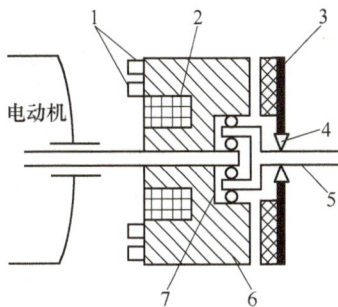

图 2-53　电磁离合器的工作原理
1—集电环　2—线圈　3—压板　4—花键
5—从动轴　6—主动轮　7—滚动轴承

第四节　防抱死制动系统

一、防抱死制动系统的组成、原理及类型

（一）防抱死制动系统的作用与组成

防抱死制动系统是一种主动安全装置，其英文名称是 Anti-lock Braking System，缩写为 ABS。电控 ABS 在汽车原有制动系统的基础上，增设了一套电控装置，其作用是在汽车制动过程中，自动调节车轮的制动力，防止车轮抱死，从而保持汽车制动时的方向稳定性、增强转向控制能力、缩短制动距离、减少汽车制动时轮胎的磨损、减少驾驶人的疲劳程度、满足行车安全的需要。

ABS 是根据车轮转动情况，随时调节制动压力来防止车轮抱死滑移。尽管各型 ABS 的结构各不相同，但都是在常规制动装置的基础上加装车轮速度传感器、减速度传感器、ABS ECU、制动压力调节器及制动控制电路等组成的，如图 2-54 所示。

（二）ABS 的工作原理

1. 车轮滑移率及影响因素

当汽车匀速行驶时，实际车速 v（即车轮中心的纵向速度）与车轮速度 v_w（即车轮滚动的圆周速度）相等，车轮在路面上的运动为纯滚动。然而，当驾驶人踩下制动踏板后，在制动器摩擦力矩的作用下，车轮的角速度减小，实际车速与车轮速度之间就会产生一个速度差，轮胎与地面之间就会产生相对滑移。

汽车制动时，车轮在路面上同时伴随着滚动和滑动，滑动的程度通常用滑移率来表示。滑移率的定义为

$$S = (v - v_c)/v \times 100\%$$

式中　v——车身瞬时速度；

　　　v_c——车轮圆周速度。

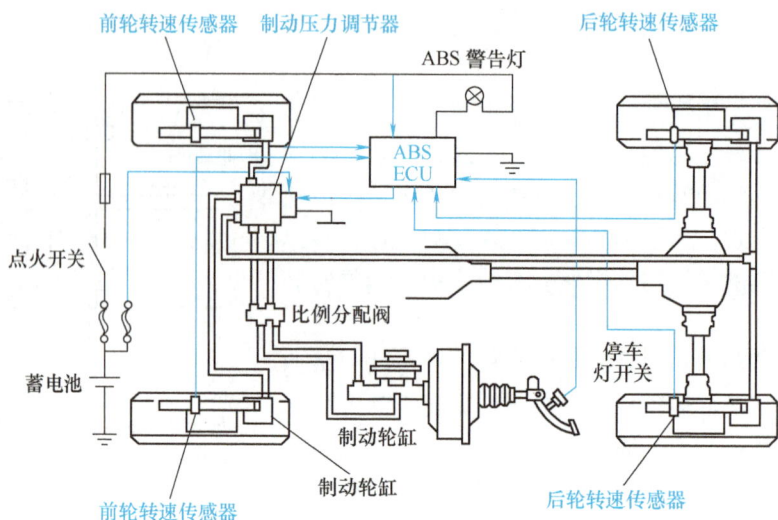

前轮转速传感器　制动压力调节器　　　　　后轮转速传感器

ABS 警告灯

ABS ECU

点火开关

蓄电池

比例分配阀

制动轮缸

停车灯开关

制动轮缸

前轮转速传感器　　　制动轮缸　　　　后轮转速传感器

图 2-54　ABS 的组成

2. 车轮滑移率 S 与附着系数 ϕ 的关系

汽车纵向、侧向附着系数对滑移率有很大影响。实验证明，在地面附着条件差（例如在冰雪路面上制动）的情况下，由于道路附着力很小，使车轮可以得到的最大地面制动力减小，因此在制动踏板力（或制动分泵压力）很小时，地面制动力就会达到最大附着力，车轮就会抱死滑移。

在干燥硬实路面上车轮滑移率 S 与附着系数 ϕ 的关系如图 2-55 所示。由图中可以看出，在滑移率 $S = 20\%$ 时，纵向附着系数 ϕ_B 最大；在滑移率 $S = 0$ 时，侧向附着系数 ϕ_S 最大；在滑移率 $S = 100\%$ 时，纵向附着系数 ϕ_B 降低且侧向附着系数 ϕ_S 接近 0，汽车失去方向稳定性和转向能力；在滑移率 $S = 8\% \sim 35\%$ 的范围内，图中 ABS 控制范围应是纵向附着系数 ϕ_B 在最大值附近且侧向附着系数 ϕ_S 保持较大值。该区域即为 ABS 的有效工作区域，在此区域内车轮将获得最大的制动力，以及良好的方向稳定性和转向性。

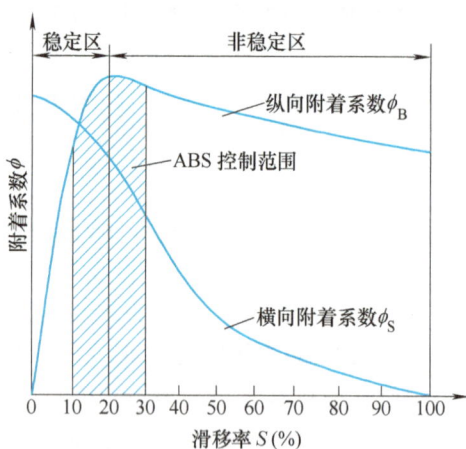

图 2-55　在干燥硬实路面上车轮滑移率 S 与附着系数 ϕ 的关系

3. ABS 的控制过程

当 ABS 工作时，ABS ECU 根据轮速传感器的检测信号和控制程序，调节各制动轮缸的制动压力，使车轮的滑移率控制在 $8\% \sim 35\%$ 的范围内，从而使汽车获得最大的制动力且保持良好的方向稳定性和转向操纵性。

（三）ABS 控制方式的分类

在 ABS 中，能够独立进行制动压力调节的制动管路称为控制通道。如果对某车轮的制动压力可以进行单独调节，称这种控制方式为独立控制；如果对两个（或两个以上）车轮的制动压力一同进行调节，则称这种控制方式为一同控制。

在对两个车轮的制动压力进行一同控制时，如果以保证附着力较大的车轮不发生制动抱死为原则进行制动压力调节，称这种控制方式为按高选原则；如果以保证附着力较小的车轮不发生制动抱死为原则进行制动压力调节，则称这种控制方式为按低选原则。

按照控制通道数目的不同，ABS 分为四通道和三通道两种形式。

1. 四通道控制方式

为了对四个车轮的制动压力进行独立控制，在每个车轮上各安装一个转速传感器，并在通往各制动轮缸的制动管路中各设置一个制动压力调节分装置（通道），如图 2-56 所示。

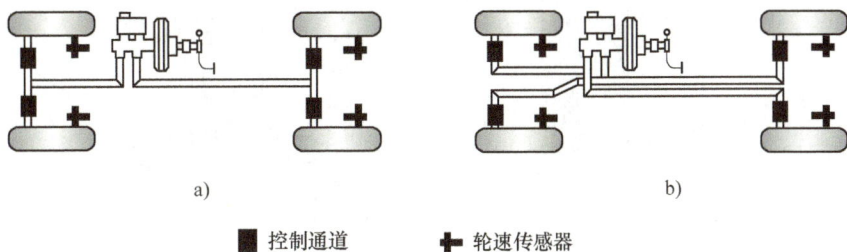

a)　　　　　　　　　　　　　　　　b)

■ 控制通道　　　　╋ 轮速传感器

图 2-56　四通道控制方式

a）前后布置　b）对角线布置

2. 三通道控制方式

四轮 ABS 大多为三通道系统，而三通道系统都是对两前轮的制动压力进行单独控制，对两后轮的制动压力按低选原则一同控制，如图 2-57 所示。

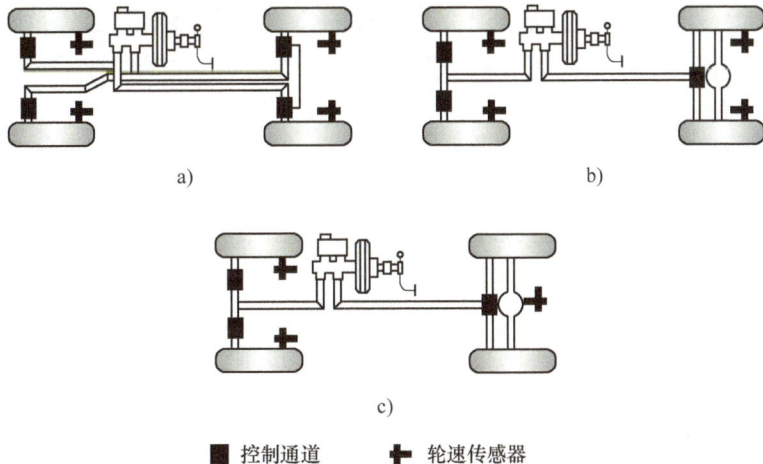

a)　　　　　　　　　　　　　　　　b)

c)

■ 控制通道　　　　╋ 轮速传感器

图 2-57　三通道控制方式

a）四传感器前后布置　b）四传感器对角线布置　c）三传感器前后布置

二、ABS 的主要部件

（一）传感器

1. 车轮转速传感器

车轮转速传感器又称为轮速传感器、车轮速度传感器，其作用是检测汽车车轮的转速。轮速传感器有磁感应式和差动霍尔效应式两种。目前普遍采用磁感应式，由传感器和齿圈转

子组成。如图 2-58 所示，传感器为静止部件，安装在车轮附近的静止部件（如万向节、半轴套管、悬架构件等）上，不随车轮转动。传感器由永久磁铁、信号线圈（感应线圈）、磁头等组成。信号转子为带齿的圆环，又称为齿圈转子，安装在与车轮一同转动的部件上。

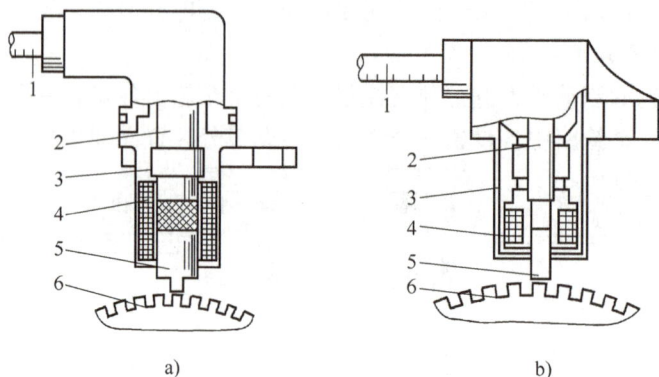

图 2-58 磁感应式车轮转速传感器的结构

a）凿式极轴传感头 b）柱式极轴传感头

1—电缆 2—永久磁铁 3—外壳 4—感应线圈 5—极轴 6—信号转子（齿圈转子）

2. 减速度传感器

减速度传感器又称为加速度传感器，目前一些新设计的 ABS 采用了减速度传感器，以使汽车制动时滑移率的计算更加精确。利用此传感器检测汽车的减速度大小，并转换为电信号输入 ABS ECU，从而判别路面状况并采取相应的控制方式。汽车在高附着系数路面上制动时，减速度很大；在低附着系数路面上制动时，减速度很小，ABS ECU 根据减速度传感器信号即可判断路面状况。

（二）制动压力调节器

制动压力调节器是 ABS 的执行器，由电磁阀、储液器和回液泵电动机组成。制动压力调节器设在制动总泵与车轮制动分泵之间，主要功用是根据 ABS ECU 的控制指令，自动调节制动分泵的制动压力。

根据动力来源的不同，制动压力调节器主要有液压式和气压式两种。现代轿车主要采用液压式制动压力调节器，其中电磁阀直接控制制动压力的制动压力调节器，称为循环式调节器；间接控制制动压力的制动压力调节器，称为可变容积式调节器。

1. 循环式制动压力调节器

汽车在制动过程中，ECU 控制流经制动压力调节器电磁线圈电流的大小，使 ABS 处于"升压""保压""减压"三种状态。

（1）"升压"状态，即常规制动（ABS 不工作）状态 如图 2-59 所示，电磁线圈中没有电流通过，制动主缸与轮缸相通，由制动主缸来的制动液直接进入轮缸，轮缸压力随主缸压力增减，ABS 不工作，回油泵也不工作。

（2）"保压"状态 如图 2-60 所示，电磁线圈中通入较小电流（约为最大电流的 1/2），电磁阀处于"保压"位置。此时制动主缸、轮缸和回油孔相互隔离密封，轮缸中保持一定制动压力。

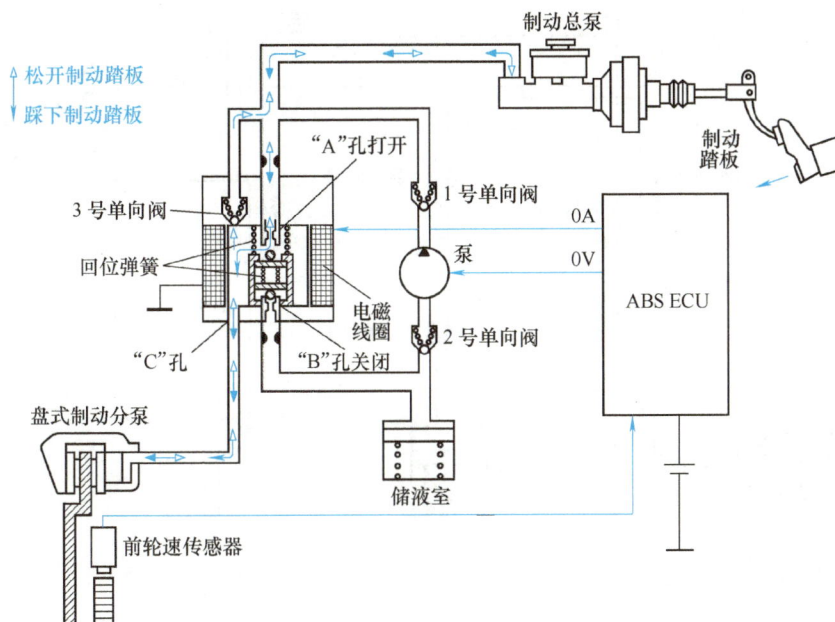

图 2-59 常规制动时（ABS 不工作）油路状态

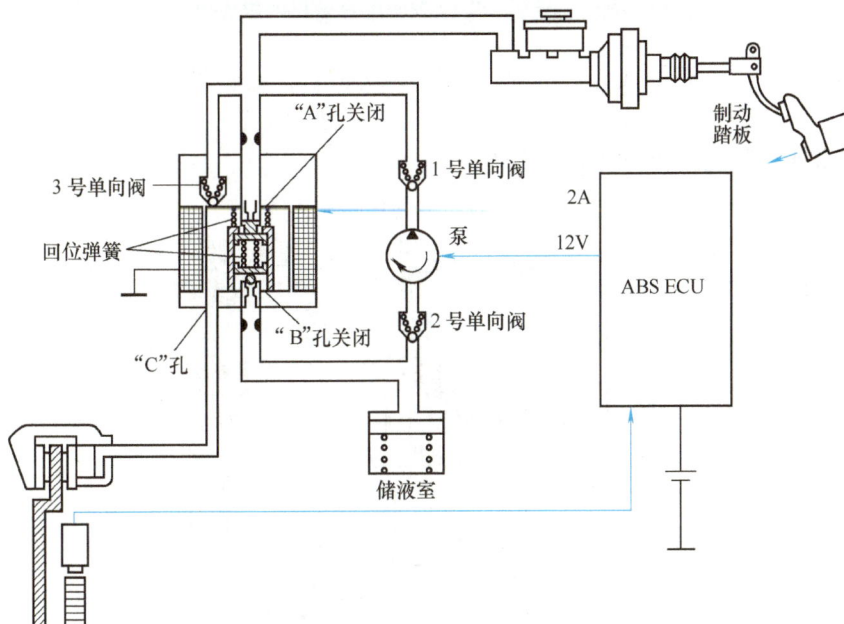

图 2-60 "保压"时（ABS 不工作）油路状态

（3）"减压"状态　如图 2-61 所示，电磁线圈中通入较大电流，电磁阀处于"减压"位置。此时电磁阀将制动轮缸和回油孔或蓄能器相通，轮缸压力下降。

2. 可变容积式制动压力调节器

可变容积式制动压力调节器是在原有制动管路上增加一套液压控制装置，用它来控制管路中容积的增减，从而控制制动压力的变化。

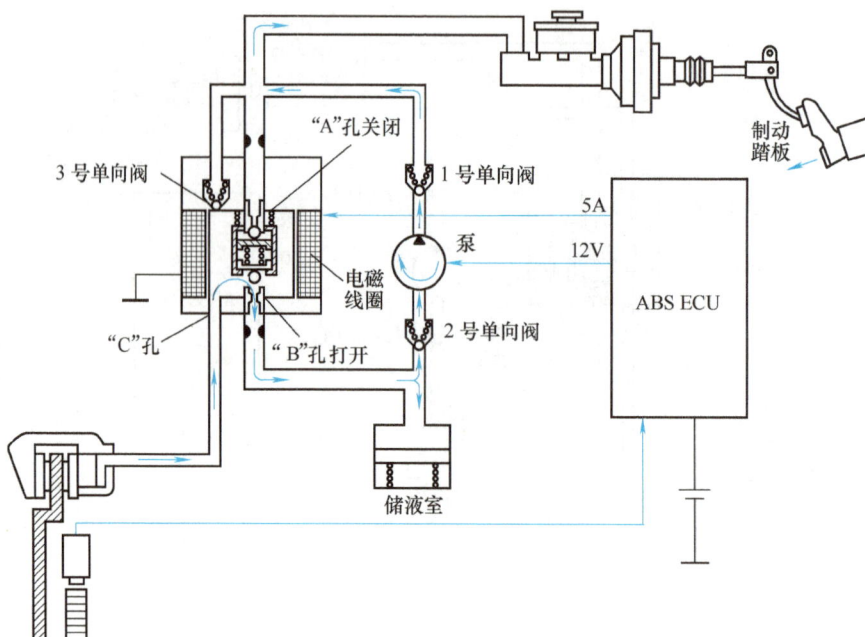

图 2-61 "减压" 时（ABS 不工作）油路状态

（1）常规制动（ABS 不工作）状态　如图 2-62 所示，电磁线圈中没有电流通过，电磁阀将控制柱塞与回油管路接通，制动主缸与轮缸的制动管路接通，制动主缸的制动液直接进入轮缸，轮缸压力随主缸压力变化而变化。

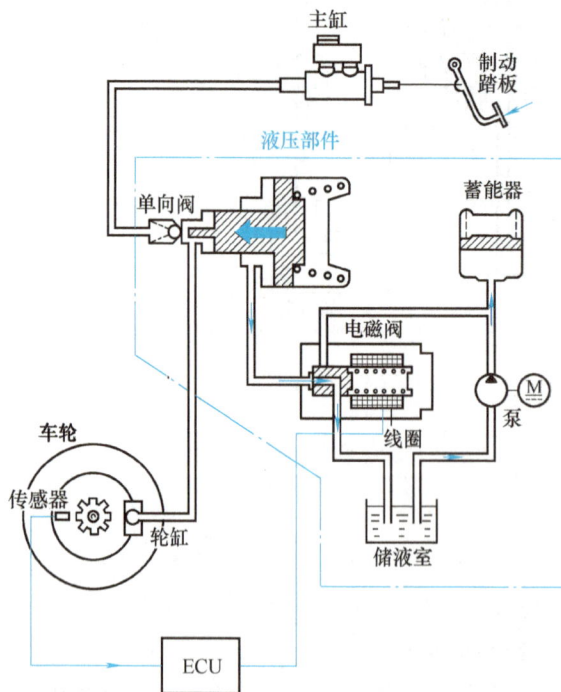

图 2-62　常规制动时（ABS 不工作）油路状态

（2）"减压"状态 如图2-63所示，电磁线圈通入大电流，电磁阀中的柱塞右移，蓄能器与控制活塞工作腔管路接通。蓄能器（液压泵）的液压油进入控制活塞的工作腔，活塞右移，单向阀关闭，主缸与轮缸之间的通路切断。同时由于控制活塞右移，轮缸容积增大，制动压力减小。

（3）"保压"状态 如图2-64所示，电磁线圈通入较小电流，电磁阀中的柱塞左移，蓄能器与控制活塞工作腔管路相互关闭。此时单向阀仍处于关闭状态，轮缸侧容积不变，制动压力保持一定。

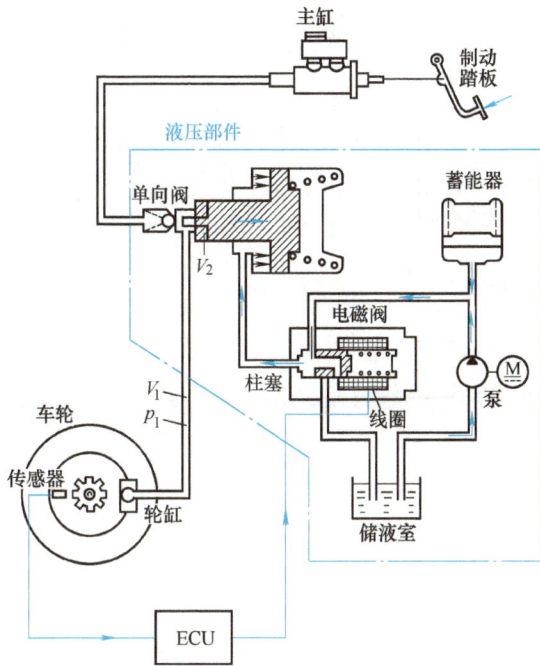

图2-63 "减压"时（ABS不工作）油路状态   图2-64 "保压"时（ABS不工作）油路状态

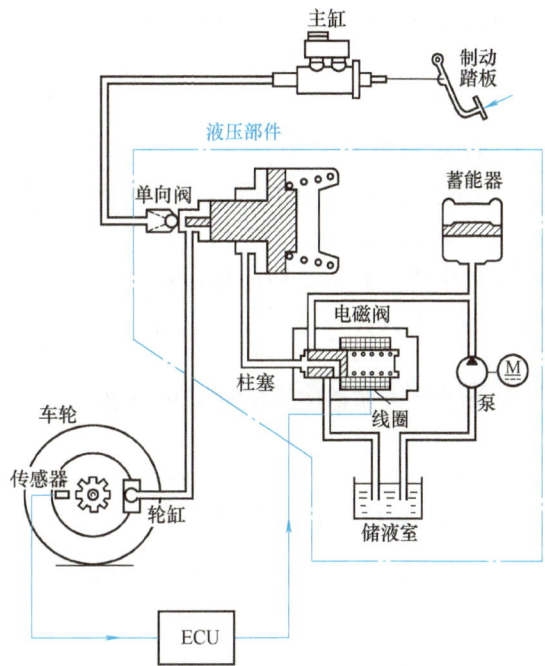

（4）"增压"状态 如图2-65所示，电磁线圈中没有电流通过，柱塞回到左端初始位置，控制活塞工作腔与回油管路接通，控制活塞左侧控制油压解除，控制液流回储液器。左移，轮缸侧容积减小，压力升高至初值。当控制活塞移至最左端时，单向阀打开，轮缸压力将随主缸压力的增大而增大。

（三）ABS ECU

ABS ECU的主要功用是接收轮速传感器、减速度传感器信号和各种控制开关信号，根据设置的控制逻辑，通过数学计算和逻辑判断后输出控制指令，控制制动压力调节器调节制动分泵的制动压力。它主要包括输入电路、计算电路、输出放大电路和安全保护电路。

1. 输入电路

轮速传感器输入电路由低通滤电路和整形放大电路等组成，功用是对轮速传感器输入的交变电压信号进行处理，并将模拟信号转变为数字信号输入中央处理单元CPU。

2. 计算电路

计算电路是ABS ECU的核心，主要由微处理器构成。

3. 输出放大电路

输出放大电路的主要功用是将CPU输出的数字信号（如控制力升高、保持和降低信号）转换成模拟信号，通过功率放大器驱动执行器工作，向执行器（各电磁阀）提供大小不同的控制电流（丰田与博世ABS三位三通电磁阀分别为0A、2A、5A），实现制动压力"升高""保持"或"降低"的调节功能。

4. 安全保护电路

安全保护电路由电源监控、故障失忆、继电器驱动和ABS指示灯驱动电路等组成。其主要功用是接收蓄电池（或发电机）的电压信号，监控电源电压是否在稳定范围内，同时将12V或14V电源电压转换为ECU工作需要的5V电压。

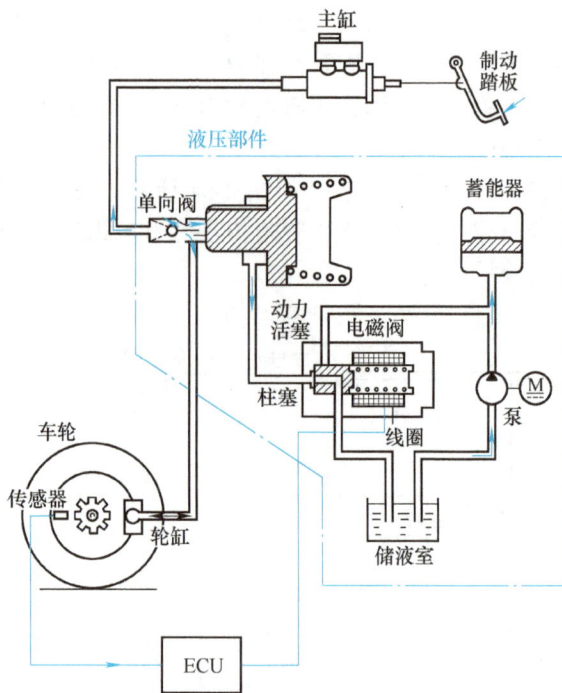

图 2-65　"增压"时（ABS不工作）油路状态

三、电子制动力分配系统

电子制动力分配系统（Electric Brake Force Distribution，EBD）是ABS的辅助系统，它可以改善ABS的功效。

当汽车制动时产生汽车重心的移动，为了发挥最佳制动效果，各车轮根据载重需要有效地分配制动力。前后轮同时抱死的制动力分配叫作理想制动力分配。理想制动力控制曲线如图2-66所示。

为了避免车轮滑移现象的发生，根据重心的移动需要自动分配每个轮的制动力。在一些车型中采用机械式分配阀来完成这个作用。但机械式分配阀（又称比例阀）不能实现理想的制动力分配，它在轻微制动时不起作用。为此，在部分车型的ABS中，采用EBD代替了机械式分配阀的作用。EBD必须架构在ABS的基础上工作，它并没有增加新的元件，而是通过软件升级或改变ECU的程序的方式，实现了制动力的合理分配，降低了成本。

以MK20-I型ABS和EBD系统为例，如图2-67所示，制动时ECU根据各轮速传感器的信号运算滑移率，通过控制后轮制动压力，使后轮滑移率始终保持小于或等于前轮滑移率。如图2-68所示，在车辆后部无负荷时，适当增大车辆前轮的制动力；随着车辆后部的

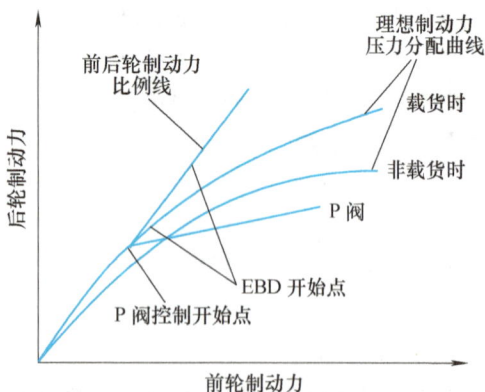

图 2-66　理想制动力控制曲线

负荷重量加大时，就要加大后轮的制动力，从而实现接近于理想制动力分配曲线的制动效果。

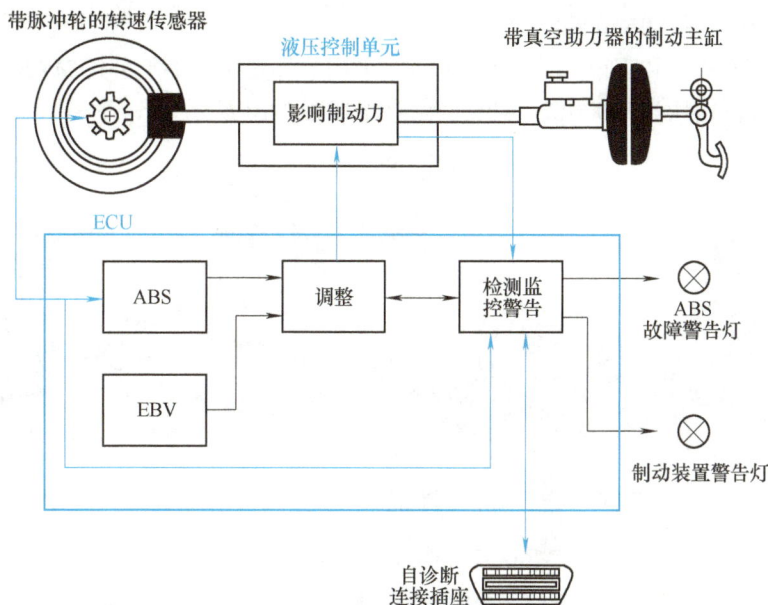

图 2-67　ABS 和 EBD 系统示意图

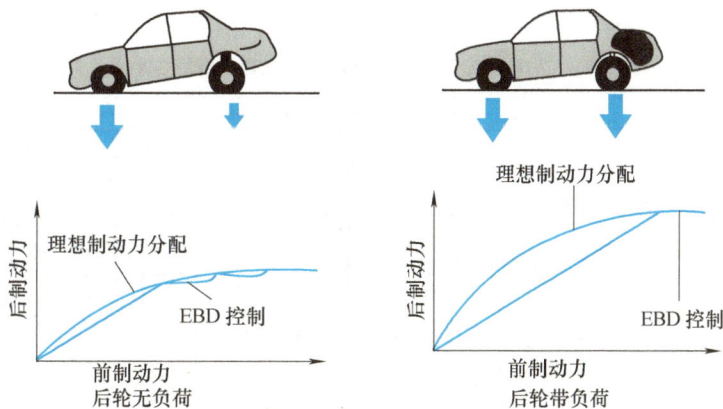

图 2-68　前后轮制动力分配示意图

通过以上分析可以看出，EBD 作用主要有：

1）紧急制动时，防止因后轮先被抱死造成汽车滑动及甩尾。

2）取代机械式分配阀的功能，比提高后轮制动力，缩短制动距离。

3）可分别控制四轮的制动。

4）确保 ABS 工作时的制动安全性。

5）实现后轮制动压力左右独立控制，确保转向制动时的安全性。

6）提高后轮的制动效果，减少前轮制动摩擦片的磨损量及温度的上升，一般轿车把前、后轮制动力比例分配在约 3∶7。

四、MK20-I 型 ABS

（一）MK20-I 型 ABS 介绍

桑塔纳 2000GSi 型和都市先锋/捷达王轿车采用的都是美国 ITT 公司 MK20-I 型 ABS，如图 2-69 所示。其中桑塔纳 2000GSi ABS 控制电路如图 2-70 所示。

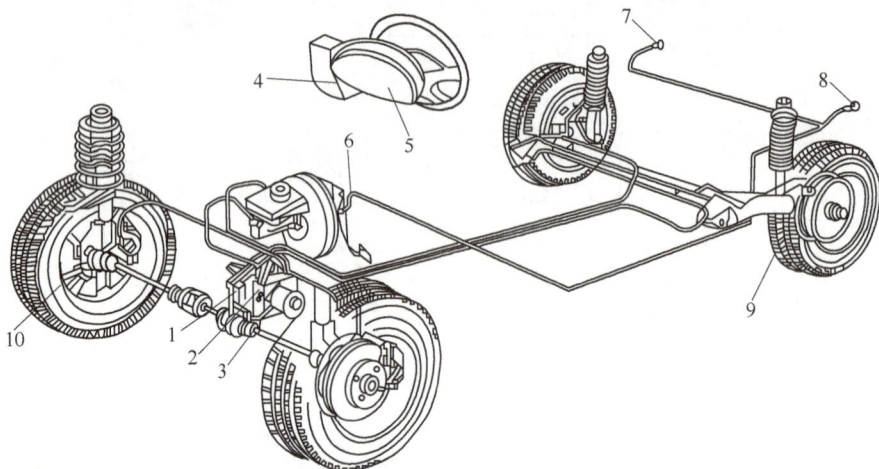

图 2-69　MK20-I 型 ABS 的组成和在汽车上的布置

1—ABS ECU J104　2—ABS 液压控制单元 N55　3—ABS 液压泵 V64　4—ABS 故障警告灯 K47
5—制动装置警告灯 K118　6—制动灯开关 F　7—右制动灯 M10　8—左制动灯 M9
9—左后轮速传感器 G46　10—右前轮速传感器 G44

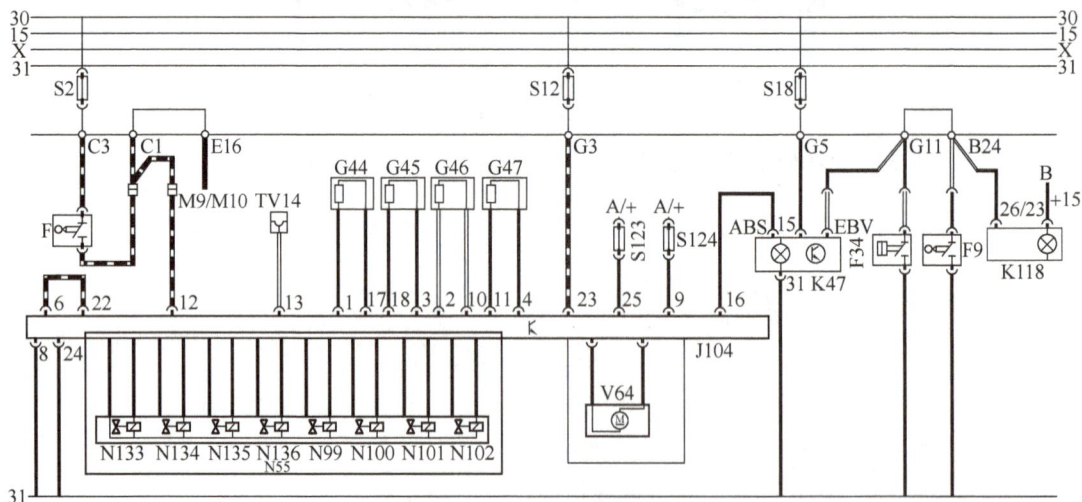

图 2-70　桑塔纳 2000GSi ABS 控制电路

A—蓄电池　B—在仪表内　F—制动灯开关　F9—驻车制动指示灯开关　F34—制动液位报警信号开关
G44—右后轮速传感器　G45—右前轮速传感器　G46—左后轮速传感器　G47—左前轮速传感器
J104—ABS ECU　K47—ABS 警告灯　K118—驻车制动、制动液位警告灯　M9—左制动灯　M10—右
制动灯　N55—液压控制单元　N99—ABS 右前进油阀　N100—ABS 右前出油阀　N101—ABS 左前进油阀
N102—ABS 左前出油阀　N133—ABS 右后进油阀　N134—ABS 右后出油阀　N135—ABS 左后进油阀
N136—ABS 左后出油阀　V64—ABS 液压泵

（二）MK20-I 型 ABS 的工作过程

MK20-I 型 ABS 各部件的连接关系如图 2-71 所示，其工作过程有常规制动、油压保持、油压降低和油压增加四个过程。

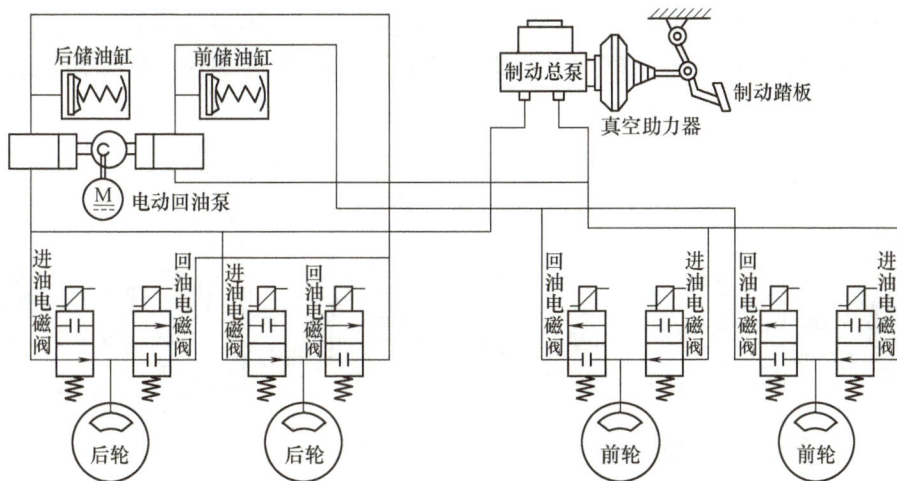

图 2-71 MK20-I 型 ABS 各部件的连接关系

1. 常规制动

开始制动时，驾驶人踩制动踏板，制动压力由制动主缸产生，经进油阀作用到车轮制动轮缸上，此时出油阀关闭，ABS 没有参与控制，整个过程和常规液压制动系统相同，制动压力不断上升，如图 2-72 所示。

2. 油压保持

当驾驶人继续踩制动踏板，油压继续升高到车轮出现抱死趋势时，ABS ECU 发出指令使进油阀通电并关闭阀门，出油阀依然不通电而保持关闭，系统油压保持不变，如图 2-73 所示。

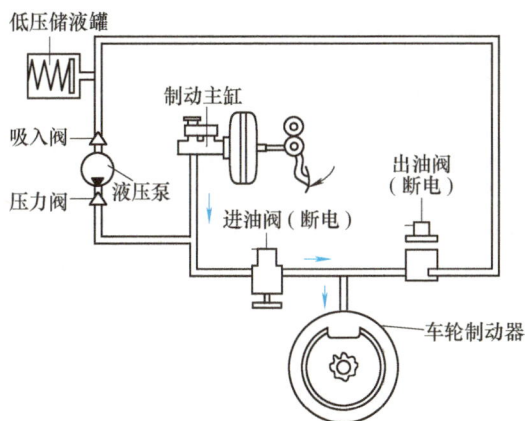

图 2-72 常规制动

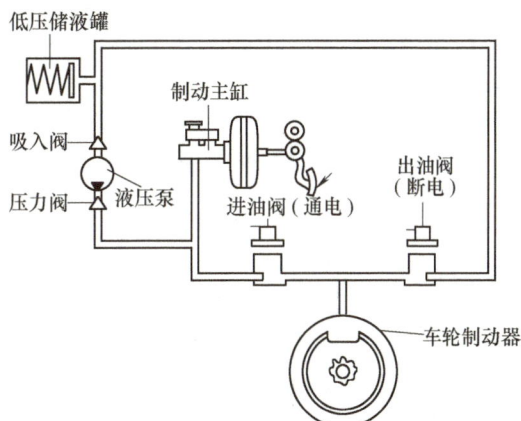

图 2-73 油压保持

3. 油压降低

当制动压力保持不变，车轮有抱死趋势时，ABS ECU 给出油阀通电并打开出油阀，系统油压通过低压储液罐降低油压，此时进油阀继续通电保持关闭状态，有抱死趋势的车轮被释放，车轮转速开始上升，如图 2-74 所示。

4. 油压增加

为了使制动最优化，当车轮转速增加到一定值后，ECU 给出油阀断电，关闭此阀门，进油阀同样因不带电而打开，ABS 液压泵继续工作，从低压储液罐中吸取制动液泵入液压制动系统，如图 2-75 所示。

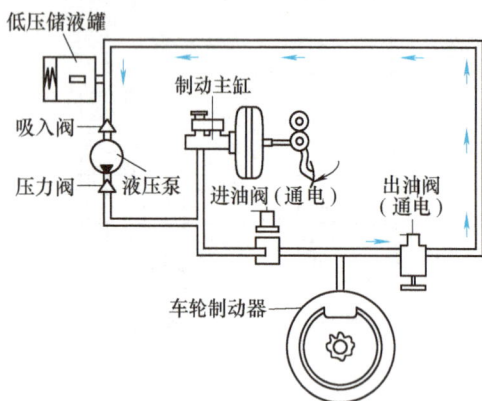

图 2-74　油压降低

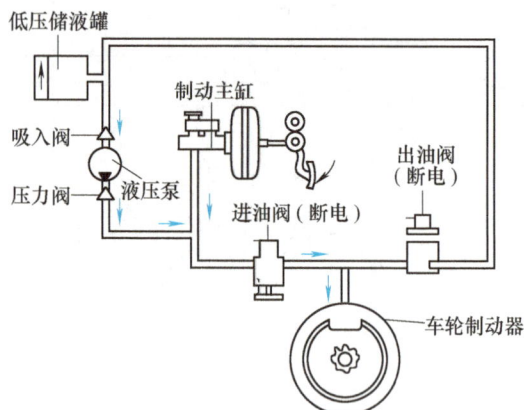

图 2-75　油压增加

第五节　驱动防滑转系统

一、驱动防滑转系统概述

（一）驱动防滑转系统的作用

驱动防滑转系统（Anti-Slip Regulation，ASR）的作用，就是利用控制器控制车轮与路面的滑转率，防止汽车在加速过程中打滑，特别是防止汽车在非对称路面或转弯时驱动轮的空转，以保持汽车行驶方向的稳定性、操纵性和维持汽车的最佳驱动力以及提高汽车的平顺性。

在汽车上装备 ASR 的目的就是在汽车行驶过程中，提高汽车的索引力和操控性能。ASR 有如下优点：

1）提高了汽车的动力性。汽车在起步、行驶过程中可获得最佳的驱动力，尤其是在附着系数较小的路面，汽车起步、加速及爬坡能力得到显著改善。

2）提高了汽车的行驶稳定性和前轮驱动汽车的转向控制能力。

3）减少了轮胎磨损，降低了发动机油耗。

由于 ASR 是以驱动力为控制对象的，驱动力又称为牵引力，故 ASR 也称为牵引力控制系统（Traction Control System，TRC）。

（二）驱动防滑转系统的控制方式

ASR 的控制目标参数是驱动轮滑转率，主要的控制方式有：发动机的输出转矩控制、驱动轮的制动力控制、差速器的锁止程度控制、变速器的传动比控制。

1. 发动机输出转矩控制

合理地控制发动机的输出转矩，可以获得最大驱动力。发动机输出转矩的控制手段主要有调节燃油喷射量、调整点火时间及调整进气量三种，从加速圆滑和减少污染的角度看，调整进气量最好，但反应速度较慢，通常辅以其他控制方式。

2. 驱动轮的制动力控制

对驱动轮进行制动控制是对发生滑转的驱动轮直接施以制动，使车轮的滑转率控制在目标值范围内，这时，非滑转车轮仍有正常的驱动力，从而提高了汽车在滑溜路面上的起步、加速的能力及行驶方向的稳定性。

3. 差速器的锁止程度控制

这是一种电子控制可变锁止差速器，也把它称作限滑差速器（LSD）控制。通过调节防滑转差速器的锁止程度，即可调节传递给驱动轮的驱动力，所以汽车在各种附着系数不同的路面上起步和行驶时，都具有较好的稳定性和操纵性。

4. 变速器的传动比控制

这种控制方法多是通过控制变速器的传动比，改变传递到驱动车轮的驱动转矩，减小驱动车轮滑转程度，从而实现驱动防滑控制。

上述控制方式中，前两种采用较多，并且常采用这两种方式相结合的方式。在实际控制过程中，根据驱动状态可以两种方式分别起作用，也可以两种方式同时起作用。例如在发动机输出功率较小的状态下，出现车轮滑转的主要原因是路面附着系数较低，这时应采用对滑转车轮进行制动的方式；而在发动机输出功率较大的状态下出现车轮滑转，则主要通过减小发动机输出功率的方式控制车轮滑转。有时候车轮滑转的情况更复杂，需要通过减小发动机转矩和对车轮制动共同作用来控制车轮滑转。

（三）ASR 与 ABS 的比较

1. ASR 与 ABS 的相同点

ASR 和 ABS 都是控制车轮和路面的滑移率，以使车轮与地面的附着力不下降，因此两系统采用的是相同的技术，它们密切相关，常结合在一起使用，共享许多电子组件和共同的系统部件来控制车轮的运动，构成行驶安全系统。

2. ASR 与 ABS 的区别

1）ABS 是防止制动时车轮抱死滑移，提高制动效果，确保制动安全；ASR 则是防止驱动车轮原地不动而不停地滑转，提高汽车起步、加速及滑溜路面行驶时的牵引力，确保行驶稳定性。

2）ABS 对所有车轮起作用，控制其滑移率；而 ASR 只对驱动车轮起制动控制作用。

3）ABS 是在制动时，车轮出现抱死情况下起控制作用，在车速很低（小于 8km/h）时不起作用；而 ASR 则是在整个行驶过程中都工作，在车轮出现滑转时起作用，当车速很高（80～120km/h）时不起作用。

4）如果 ASR 正在起作用的工作状态，驾驶人对车辆进行制动，ASR 将会自动退出工作，不会影响制动过程的进行。

二、驱动防滑转系统的组成与工作原理

（一） ASR 的组成

典型的 ASR 如图 2-76 所示，该系统是在 ABS 的基础上，增设了一些 ASR 的装置，主要有 ASR 制动执行器、主节气门位置传感器、副节气门位置传感器、副节气门执行器以及一些 ASR 的控制开关及显示灯等。

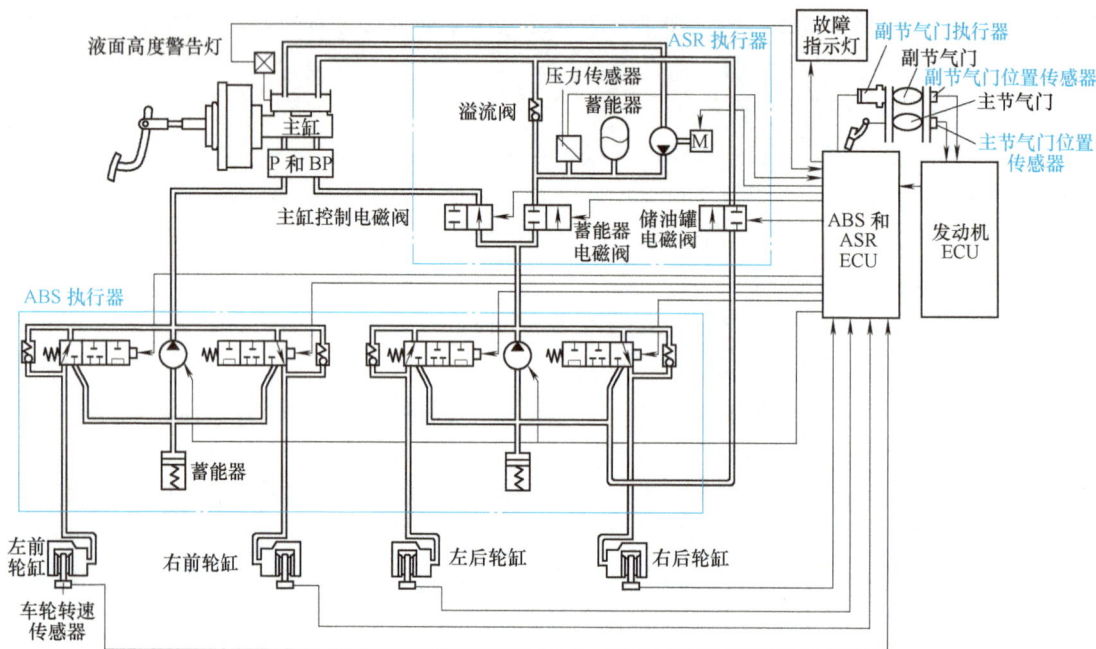

图 2-76　典型的 ASR

（二） ASR 的工作原理

ASR 的工作流程如图 2-77 所示，在车辆行驶过程中，轮速传感器产生车轮转速信号，ABS/ASR ECU 根据车轮转速信号确定驱动车轮的滑转率，并与 ECU 里存储的设定范围值进行比较，若超过此值，便发出指令，控制副节气门的步进电动机转动，以减小节气门的开度。此时，即使主节气门的开度不变，发动机的进气量也会因副节气门的开度减小而减小，从而减少发动机的输出转矩，驱动车轮的驱动力也就会随之下降。

图 2-77　ASR 的工作流程

如果驱动车轮的滑转率仍未降到设定范围值内，ABS/ASR ECU 又会控制 ASR 制动执行器，对驱动车轮施加一定的制动力，进一步控制驱动车轮的滑转率，使之符合要求，以达到防止车轮滑转的目的。

在 ASR 处于防滑控制中，只要驾驶人一踩下制动踏板，ASR 便会自动退出控制，而不影响制动过程。

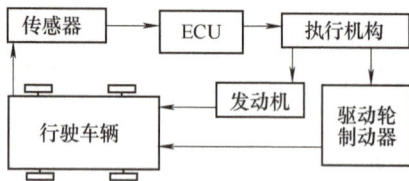

三、丰田车系的 TRC

（一）TRC 的组成

丰田公司把 ASR 称作 TRC，其中 ABS 与 TRC 共用一个 ECU，只在通往驱动车轮制动缸的管路中增设一个由步进电动机控制的副节气门，并在主、副节气门处各设置一个节气门开度传感器，以实现驱动防滑控制。丰田车系的 ABS/TRC 部件在车上的安装位置如图 2-78 所示，电路如图 2-79 所示。

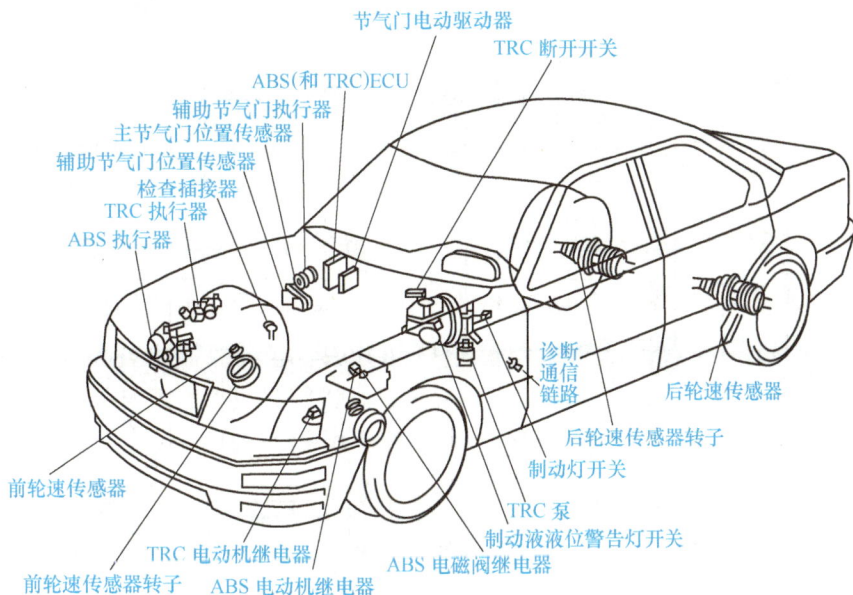

图 2-78　丰田车系的 ABS/TRC 部件在车上的安装位置

（二）TRC 的工作过程

丰田车系 ABS/TRC 的控制系统油路如图 2-80 所示。其工作过程主要可分为 TRC 不起作用和 TRC 起作用两种情况。

正常制动过程中，TRC 不起作用，TRC 制动执行器的所有电磁阀都断电，此时总泵切断电磁阀处于开启状态，蓄能器切断电磁阀和储液室切断电磁阀均处于关闭状态。在这种情况下，踩下制动踏板时，制动总泵产生的制动液压通过制动总泵切断电磁阀以及 ABS 执行器中的三位电磁阀，对车轮制动分泵起作用。当放松制动踏板时，制动液从车轮制动分泵中流回制动总泵，如图 2-81 所示。

如果汽车后轮在加速过程中滑转，TRC 起作用，ABS/TRC ECU 就会控制发动机输出功率，同时对后轮进行制动，以避免发生滑转的情况。此时制动执行器的所有电磁阀都通电，总泵切断电磁阀处于关闭状态，蓄能器切断电磁阀和储液室切断电磁阀均处于开启状态。在这种情况下，左右后轮制动器中的液压可能处于压力提高、压力保持和压力降低三种模式。

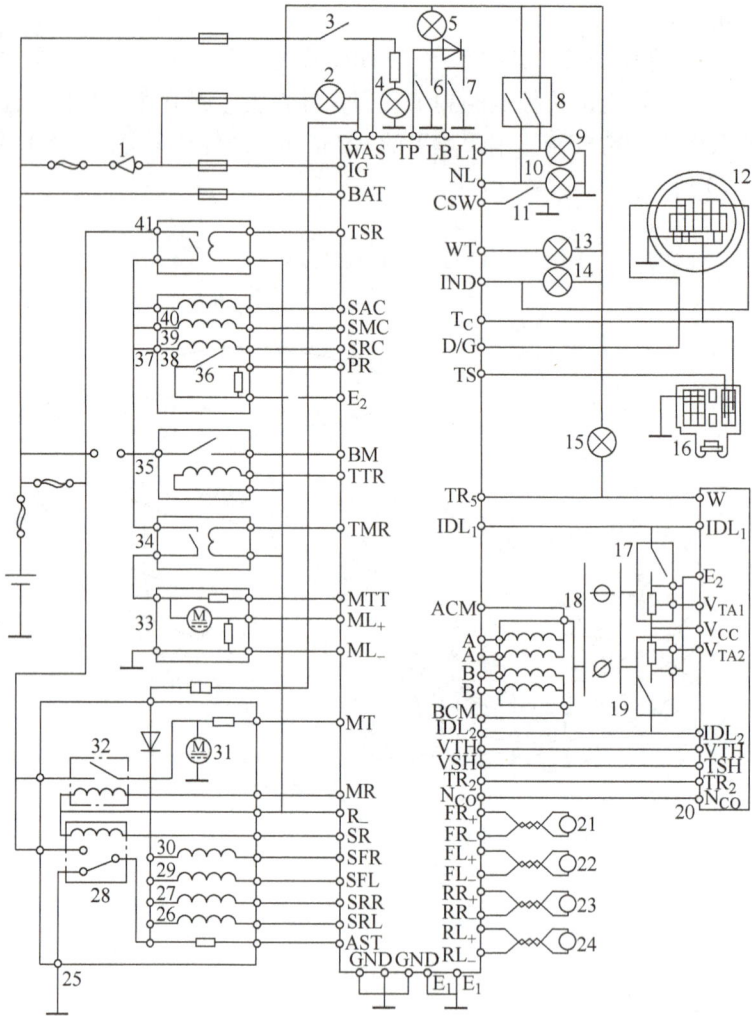

图 2-79　丰田车系 ABS/TRC 的电路

1—点火开关　2—ABS 警告灯　3—制动灯开关　4—制动灯　5—制动装置警告灯　6—驻车制动灯
7—储液室液位开关　8—空档起动开关　9—P 位指示灯　10—N 位指示灯　11—TRC 关闭开关
12—1 号诊断插头　13—TRC 关闭指示灯　14—TRC 工作指示灯　15—发动机警告灯　16—2 号诊断
插头　17—主节气门开度传感器　18—副节气门控制电动机　19—副节气门开度传感器　20—发动机
和变速器 ECU　21—右前车轮轮速传感器　22—左前车轮轮速传感器　23—右后车轮轮速传感器
24—左后车轮轮速传感器　25—制动压力调节器　26—左后调压电磁阀　27—右后调压电磁阀
28—调压电磁阀继电器　29—左前调压电磁阀　30—右前调压电磁阀　31—电动回液泵　32—电动回
液泵继电器　33—TRC 电动供液泵　34—TRC 电动供液泵继电器　35—副节气门控制电动机继电器
36—压力开关　37—TRC 隔离电磁阀总成　38—储液室隔离电磁阀　39—制动主缸电磁阀
40—蓄能器隔离电磁阀　41—TRC 制动主继电器

制动液液面警告开关
制动踏板
减压阀
压力开关或传感器
蓄能器
总泵切断电磁阀
储液室切断电磁阀
蓄能器
切断电磁阀
P 和 B 阀
TRC 制动执行器
副节气门执行器
TRC 指示灯
TRC 关断指示灯
副节气门位置传感器
主节气门位置传感器
ABS(和 TRC) ECU
发动机和 ECT ECU
ABS 执行器
三位电磁阀
泵
储液室
储液室
左前轮盘式制动分泵
右前轮盘式制动分泵
左后轮盘式制动分泵
右后轮盘式制动分泵
转速传感器

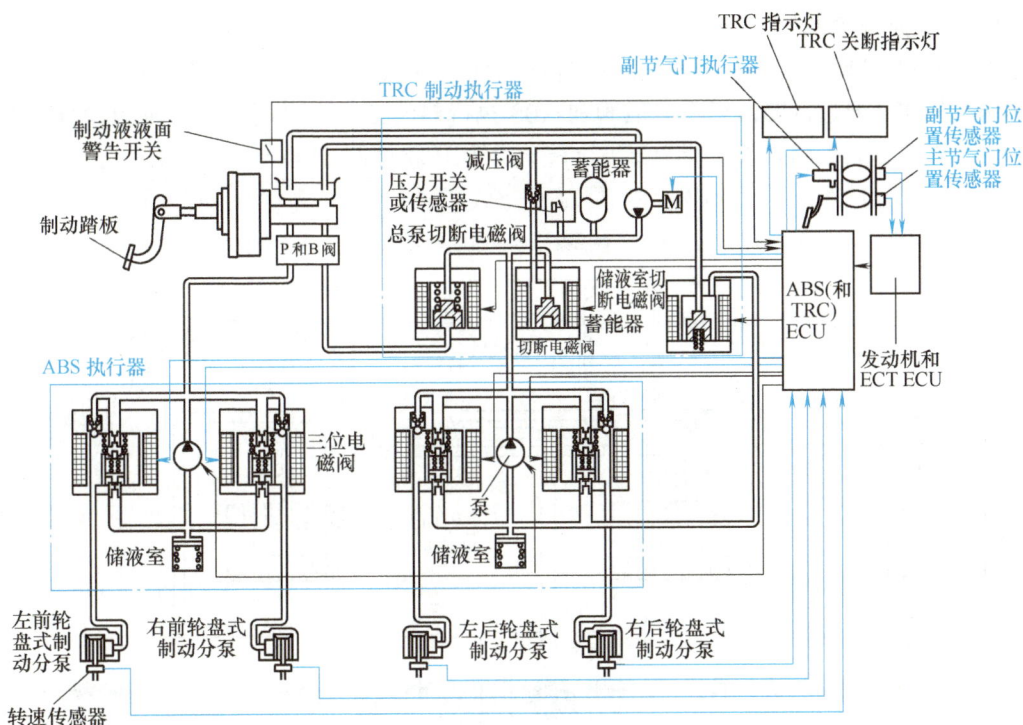

图 2-80　丰田车系 ABS/TRC 的控制系统油路

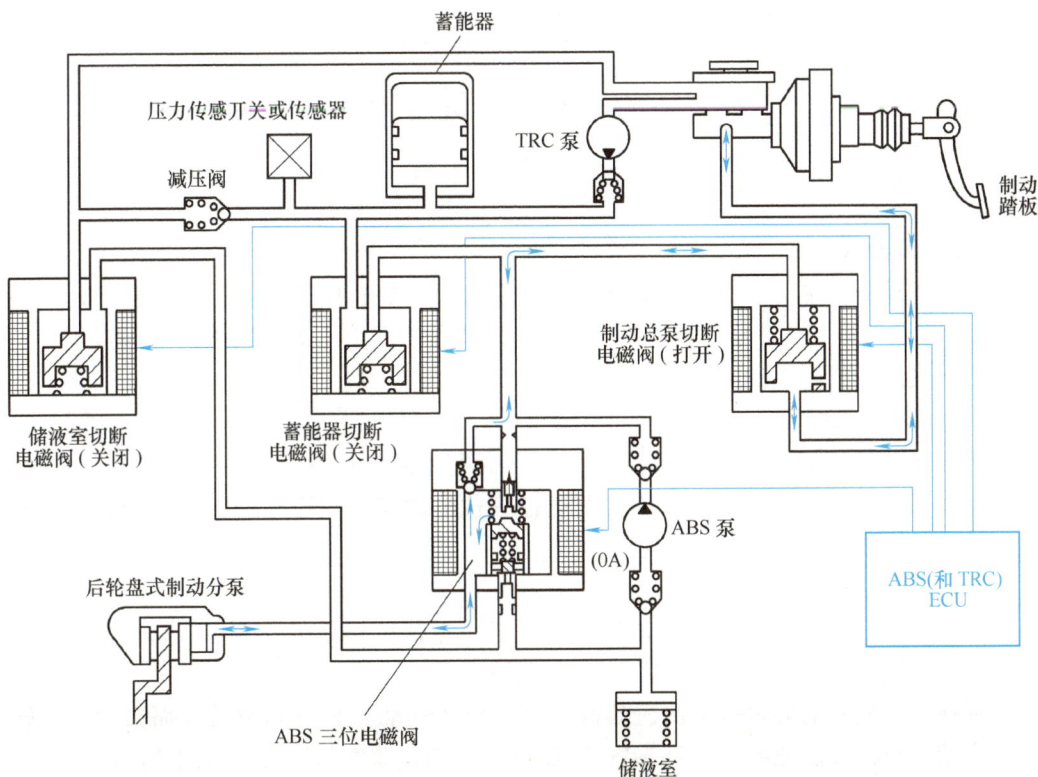

压力传感开关或传感器
蓄能器
减压阀
TRC 泵
制动踏板
储液室切断电磁阀（关闭）
蓄能器切断电磁阀（关闭）
制动总泵切断电磁阀（打开）
ABS 泵
(0A)
ABS(和 TRC) ECU
后轮盘式制动分泵
ABS 三位电磁阀
储液室

图 2-81　TRC 不起作用时 ABS/TRC 的工作过程

1. 压力提高模式

当踩下制动踏板时，ABS 执行器的三位电磁阀开关处于"压力提高"位置，蓄能器中被加压的制动液通过蓄能器切断电磁阀和 ABS 执行器的三位电磁阀，对车轮制动分泵产生作用。当压力开关检测到蓄能器中压力下降时，ECU 就控制 TRC 泵来升高压力，如图 2-82 所示。

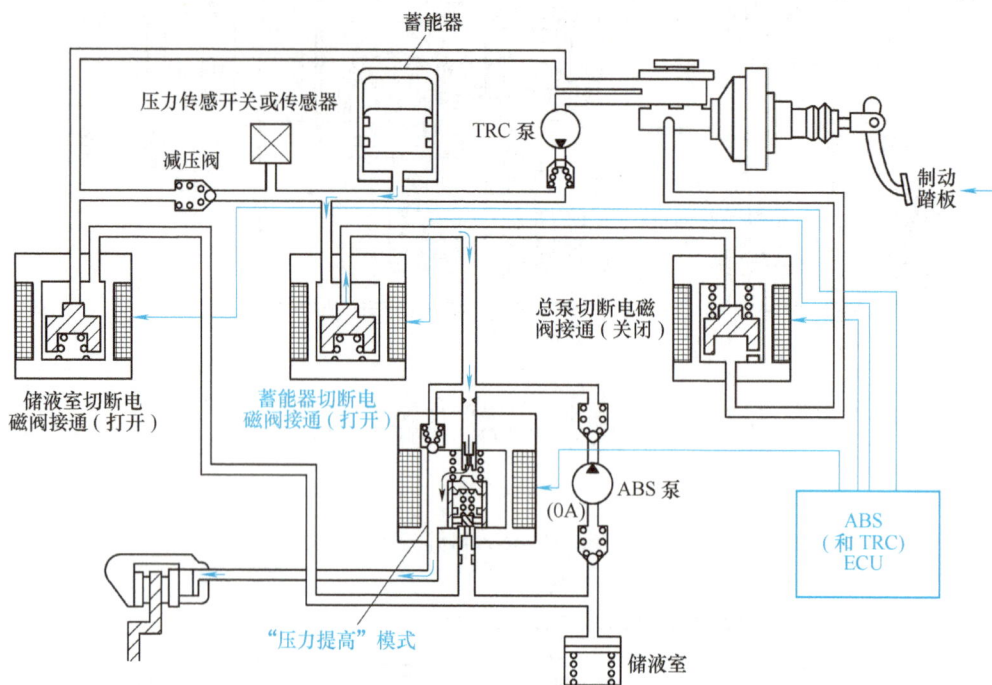

图 2-82　压力提高模式时 ABS/TRC 的工作过程

2. 压力保持模式

当后轮制动分泵中的压力升高或降低到规定值时，ABS 执行器的三位电磁阀开关处于"压力保持"位置，制动分泵与蓄能器隔离，既防止蓄能器中压力的逸出，又保持了后轮制动分泵中的液压，如图 2-83 所示。

3. 压力降低模式

当需要降低后轮制动分泵中的液压时，ABS 执行器的三位电磁阀开关处于"压力降低"位置，制动分泵中的制动液通过 ABS 执行器的三位电磁阀和储液室切断电磁阀，流回储液室，制动液压降低，如图 2-84 所示。

（三）车轮转速的控制过程

汽车行驶过程中，ABS/TRC ECU 不断地从四个车速传感器接收信号，同时根据两个前轮速度计算出汽车的行驶速度，然后设置目标转速。

如果在湿滑路面上突然踩下加速踏板，而后轮（驱动轮）开始滑转，那么后轮的转动速度就会超过目标控制速度，此时 ABS/TRC ECU 就向副节气门执行器传送关闭副节气门信号，同时也向 TRC 执行器发送信号，使之给后轮制动分泵提供高压的制动液。ABS 执行器的三位电磁阀通过开关转换控制后轮分泵的压力，从而防止车轮滑转。

蓄能器

压力传感开关或传感器

TRC 泵

减压阀

制动踏板

储液室切断电磁阀接通（打开）

蓄能器切断电磁阀接通（打开）

总泵切断电磁阀接通（关闭）

ABS 泵
(2A)

三位电磁阀

储液室

ABS（和 TRC）ECU

"压力保持"模式

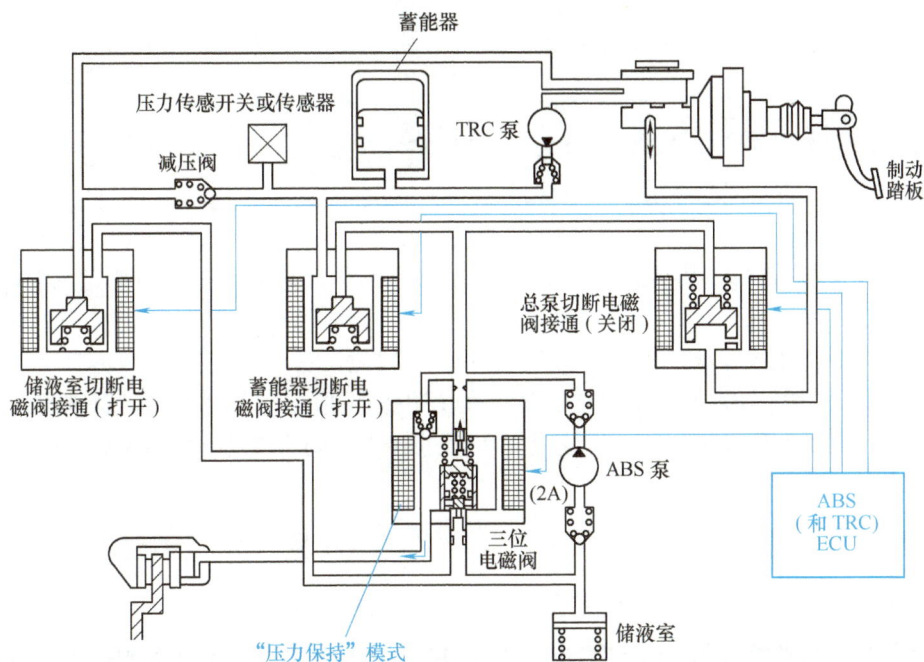

图 2-83　压力保持模式时 ABS/TRC 的工作过程

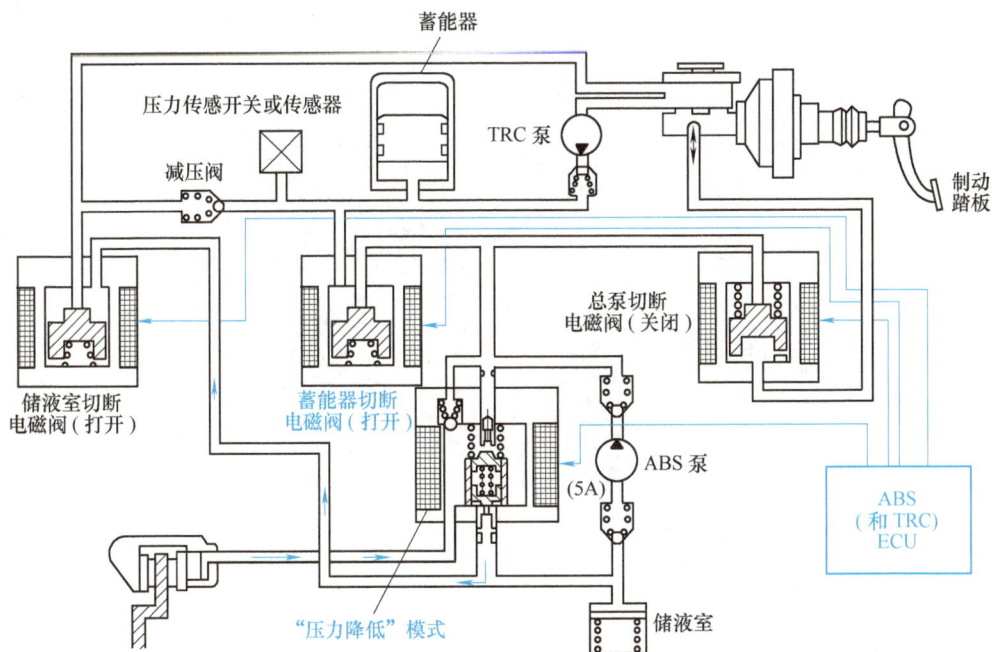

蓄能器

压力传感开关或传感器

TRC 泵

减压阀

制动踏板

储液室切断电磁阀（打开）

蓄能器切断电磁阀（打开）

总泵切断电磁阀（关闭）

ABS 泵
(5A)

储液室

ABS（和 TRC）ECU

"压力降低"模式

图 2-84　压力降低模式时 ABS/TRC 的工作过程

第六节 汽车电子稳定程序系统

一、汽车电子稳定程序（ESP）系统概述

（一）ESP 系统与其他防滑系统的区别

汽车电子稳定程序（Electronic Stability Program，ESP）系统是改善汽车行驶性能的主动安全系统，是建立在 ABS 和 ASR 之上的一个非独立的系统。ABS 是在车辆制动时起作用；ASR 则是车辆在湿滑路面上起步或加速出现车轮打滑时发挥作用；ESP 系统则是在车辆整个行驶过程中，一直监控车辆的行驶状态和驾驶人的操作意图，并不断发出纠偏指令，帮助车辆维持动态平衡，使车辆在各种状况下保持最佳的稳定性。只要 ESP ECU 识别出驾驶人的输入信息与车辆的实际运动不一致，它就马上通过有选择地干预发动机转矩或车轮制动力的方式稳定车辆。

因为 ESP 是博世公司的专利产品，所以只有博世公司的汽车电子稳定程序系统，才可以称为 ESP，因此大众、奥迪、奔驰公司的汽车电子稳定程序系统称为 ESP。其他公司的类似系统的称呼则不尽相同，如丰田称其为 VSC（Vehicle Stability Control，VSC），即车辆稳定性控制系统；日产称其为 VDC（Vehicle Dynamics Control，VDC），即车辆行驶动力学调整系统；本田称其为 VSA（Vehicle Stability Assist，VSA），即车身稳定辅助系统；宝马称其为 DSC（Dynamic Stability Control，DSC），即车辆动态稳定控制系统等。

（二）ESP 系统的基本组成

ESP 系统由信号输入装置、ECU、执行器三部分组成。在 ABS 和 ASR 各种传感器的基础上，ESP 系统主要是增加了横摆角速度传感器、侧向加速度传感器、转向盘转角传感器和制动总泵中的液压力传感器等部件。主要部件在车上的位置如图 2-85 所示。

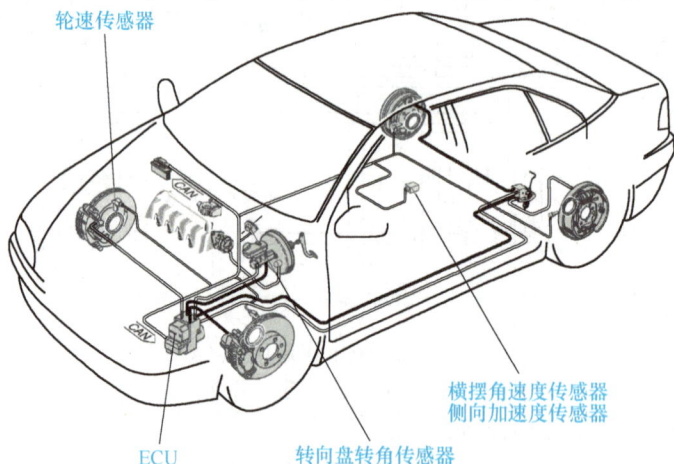

轮速传感器

横摆角速度传感器
侧向加速度传感器

ECU

转向盘转角传感器

图 2-85　ESP 系统的主要组成部件

在上述传感器中，转向盘转角传感器用于监测转向盘的转角信号，这一信号反映了驾驶人的操作意图；横摆角速度传感器用于监控汽车行驶的准确姿态；加速度传感器则用于监控

汽车的水平或侧向加速度。

(三) ESP 系统的基本工作原理

外部作用于汽车的所有力，包括制动力、驱动力、任何一种侧向力，都会引起汽车绕其质心转动。ESP 系统根据此原理，在汽车进入不稳定行驶状态时，通过对制动系统、发动机转矩等的干涉，修正过度转向或转向不足的倾向，使汽车保持稳定行驶状态。

微处理器控制系统的 ROM 中，预先储存了控制程序中的标准技术数据。在汽车传感器监测并将汽车行驶状态的各种数据随机传送给 ECU 时，ECU 立即调出预存标准数据，并与之进行比较，判定轿车是否出现不稳定行驶趋势和不稳定的程度及原因。一旦确定汽车有不稳定行驶的趋势，ESP 系统就会自动代替驾驶人控制汽车，通过微处理器控制系统向制动执行机构或发动机执行机构发出指令，采取最有利的安全措施修正驱动力和制动力，阻止潜在危险情况的发生，使汽车恢复到安全稳定的行驶状态。

微处理器控制系统指令执行的安全措施是指，当汽车传感器监测到汽车有发生翻转或偏离驾驶人需求的行驶路线的趋势时，系统能有选择地通过控制副节气门开度，以减小发动机输出转矩，并且通过对单个汽车前轮或后轮实施制动，来修正汽车运行轨迹，使汽车平稳行驶。

以图 2-86 所示的汽车行驶轨迹为例，当汽车驶入弯道时，假如驾驶人通过转向盘使汽车转向的转弯半径大于弯道半径，这种情况称为不足转向。如汽车车速过快，则汽车可能冲出路面。安装在汽车上的横摆角速度传感器此时即会测出转向偏差，侧向加速度传感器会测得右驶加速度偏大，转向盘转角传感器测得左转向不足。传感器信号输入到 ESP 系统中的 ECU，ECU 立

图 2-86 不足转向

即指令在左后轮实施脉冲制动力，制动力在汽车质心产生一个向内偏转力矩，迫使汽车绕质心向内偏转一个角度。同时 ECU 立即指令发动机减少输出转矩，将汽车速度降下来，并代替驾驶人使汽车转向角度稍大一些，使汽车按弯道半径要求的转向角度行驶，回到正确路线上。

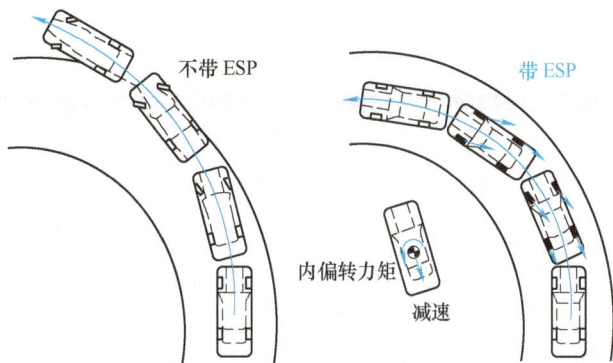

反之，对于图 2-87 所示的汽车行驶轨迹，假如驾驶人转向盘转动过猛，使汽车转弯半径小于弯道半径，这种情况称为过度转向。如汽车速度过快，则汽车可能因离心力而向外翻转。安装在汽车上的横摆角速度传感器、侧向加速度传感器和转向盘转角传感器等监测到这种翻转的危险趋势，立即将信号输入到 ESP 系统

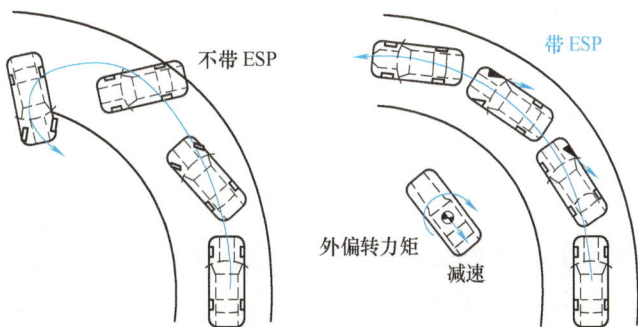

图 2-87 过度转向

中的 ECU，ECU 迅速指令在右前轮实施脉冲制动，制动力在汽车质心产生一个向外偏转力矩，抵消离心翻转力矩，迫使汽车绕质心向外偏转一个角度，制止了汽车可能侧翻的趋势。同时 ECU 控制迅速减少驱动力，将汽车速度降下来，并代替驾驶人使汽车转向角度稍小一些，使汽车按弯道半径要求的转向角度行驶。

综上所述，ESP 在汽车出现不稳定行驶趋势时，采用了两种不同的控制方法，使汽车消除不稳定行驶因素，回复并保持汽车预定的行驶状态。这两种控制方法是，首先 ESP 系统通过精确地控制一个或者多个车轮的制动过程（脉冲制动），根据需要分配施加在每个车轮上的制动力，迫使汽车产生一个绕其质心转动的旋转力矩，同时代替驾驶人调整汽车行驶方向。其次在必要时（比如车速太快，发动机驱动转矩过大），ESP 系统自动调整发动机的输出转矩，控制汽车的行驶速度。

二、ESP 主要部件的结构及工作原理

（一）ECU

ESP ECU 与液压控制单元合成一体，如图 2-88 所示。ECU 的作用是负责整个系统的信息运算、分析和为执行器的工作发出指令，同时连续监控系统所有电气部件的工作状态。

为了保障系统的可靠性，在系统中有两个微处理器，二者用同样的软件进行输入信息的处理，并相互比较，这种配置的系统称为主动冗余系统。

在汽车运行过程中，ECU 将传感器采集到的数据进行计算，算出车身状态，然后与存储器里面预先设定的数据进行比对。当 ECU 计算数据超出存储器预存的数值，即车身临近失控或者已经失控的时候，则命令执行器工作，以保证车身行驶状态能够尽量满足驾驶人的意图。

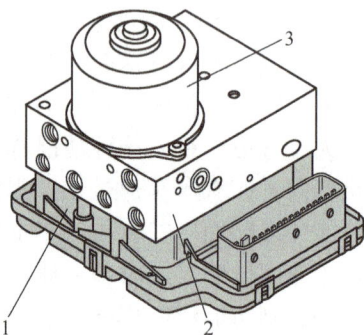

图 2-88　ECU
1—ECU　2—液压控制单元
3—电动机

（二）信号输入装置

1. 转向盘转角传感器

转向盘转角传感器安装位置在转向柱上，转向开关与转向盘之间，与安全气囊时钟弹簧集成为一体，如图 2-89 所示。

转向盘转角传感器是 ESP 系统中唯一直接由 CANBUS 总线向控制单元传递信号的传感器，用于检测并向控制单元传送转向盘转动角度信号。转向盘转角传感器的外形如图 2-90 所示，测量角度范围为 ±720°，对应转向盘 4 圈。若无此信号，系统将不能识别车辆的预期行驶方向（驾驶人意愿），导致 ESP 不起作用。

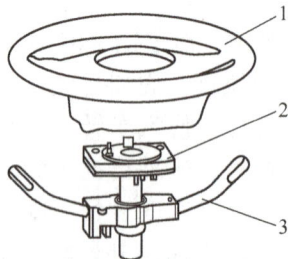

2. 侧向加速度传感器

侧向加速度传感器应尽可能靠近车辆重心，因此安装在转向柱下方偏右侧。侧向加速度传感器的外形如图 2-91 所示。侧向加速度传感器的作用是确定车辆是否受到使车辆发生滑移

图 2-89　转向盘转角
传感器的安装位置
1—转向盘　2—转向盘转角
传感器　3—转向开关

作用的侧向力，以及侧向力的大小。当车辆绕垂直方向轴线偏转时，传感器内输出信号发生变化，控制单元依此计算车辆的侧向加速度。若无此信号，控制单元将无法计算出车辆的实际行驶状态，ESP 功能失效。

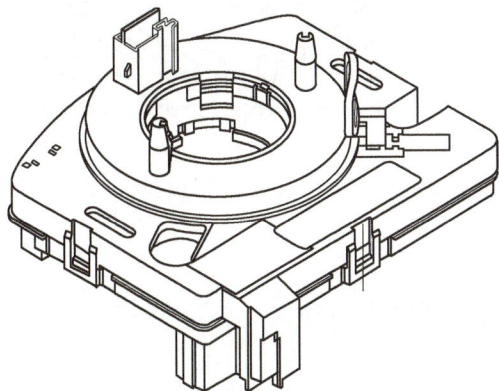

图 2-90 转向盘转角传感器的外形

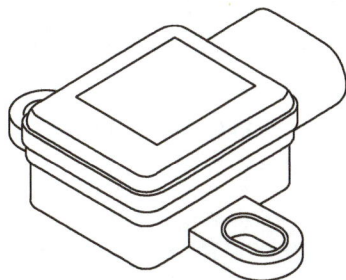

图 2-91 侧向加速度传感器的外形

3. 横摆角速度传感器

横摆角速度传感器一般安装在行李箱前部，与汽车垂直轴线平行，用于检测车辆围绕垂直于地面轴线方向的旋转运动。其外形如图 2-92 所示。也有些车型将横摆角速度传感器与侧向加速度传感器封装在一个模块中。汽车行驶中若没有此信号，控制单元不能识别车辆是否发生转向，ESP 功能失效。

4. 制动压力传感器

制动压力传感器安装在主缸上，为最大限度地保证安全，有些车型上采用了两个传感器，其中一个传感器是冗余设计，起到双重保障作用，如图 2-93 所示。制动压力传感器向控制单元提供制动系统的实际压力信息，控制单元相应计算出作用在车轮上的制动力和整车的纵向力大小。如果没有制动力压力信号，系统无法计算出正确的侧向力，ESP 失效。

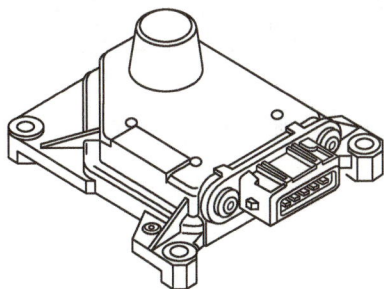

图 2-92 横摆角速度传感器的外形

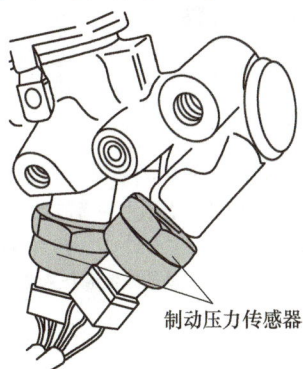

制动压力传感器

图 2-93 制动压力传感器

5. ESP 开关

ESP 开关的外形如图 2-94 所示，它安装在仪表板上，通过 ESP 开关，可以激活或关闭 ESP 功能，并由仪表上的警告灯指示出来。重新起动发动机时，ESP 也可自动起动。当 ESP

调整工作正在进行或在超过一定的车速，系统将不能被关闭。

在下列情况下，有必要关闭 ESP：

1）为从深雪或松软地面前后摆动驶出，有意让驱动轮打滑以摆脱被陷状态。

2）带防滑链行驶。

3）在车辆处于功率测试状态下行驶。

（三）执行器

ESP 系统的执行器除了包括液压控制单元外，还包括用于调整发动机功率的节气门、用于显示报警的 ESP 警告灯等。液压控制单元有两条对角线制动回路，和先

图 2-94　ESP 开关的外形

前的 ABS 液压控制单元比较，每条制动回路上多了两个控制电磁阀，如果某一个阀工作不正常，ESP 系统将关闭。

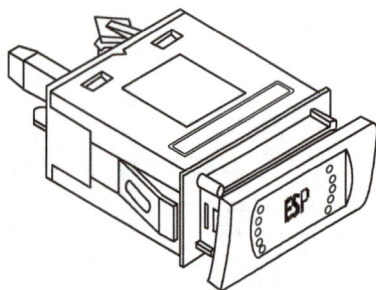

图 2-95 所示为车轮制动液压控制油路，下面以此为例，说明在 ESP 起作用时，液压控制单元的工作过程。

1. 增压阶段

真空助力器建立预压力，回流泵吸入制动液，如图 2-96 所示。控制阀 N225 关闭，动态控制高压阀 N227 打开，进油阀保持开启，车轮制动轮缸制动压力增大，系统处于增压状态。

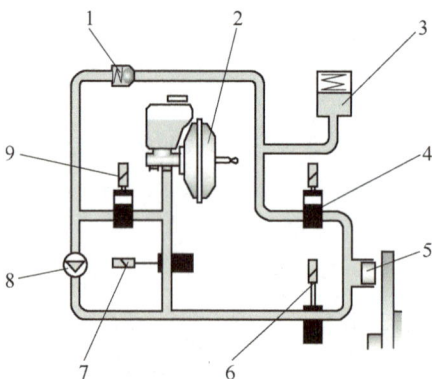

图 2-95　车轮制动液压控制油路

1—单向阀　2—真空助力器　3—蓄能器　4—回油阀
5—制动轮缸　6—进油阀　7—控制阀 N225
8—回流泵　9—动态控制高压阀 N227

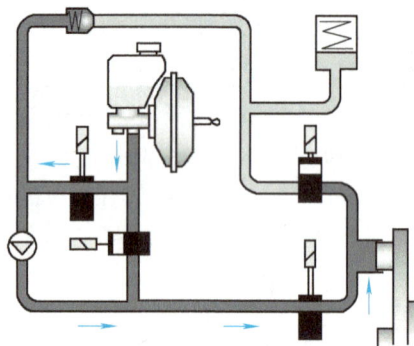

图 2-96　增压状态

2. 保压阶段

所有阀均关闭，回流泵停止工作，系统处于保压状态，如图 2-97 所示。

3. 减压阶段

出油阀打开，控制阀 N225 打开，动态控制高压阀 N227 和进油阀关闭，如图 2-98 所示。制动液经控制阀 N225 和主缸回到储液罐，系统处于减压状态。

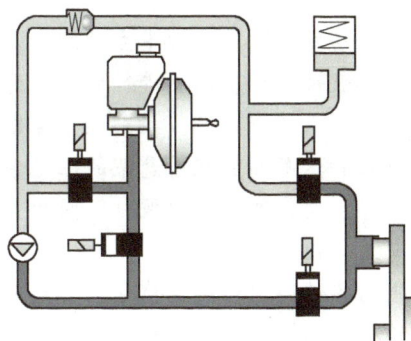

图 2-97　保压状态

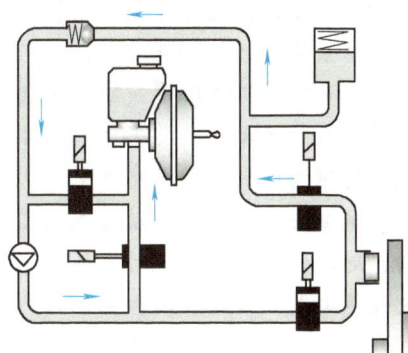

图 2-98　减压状态

拓展资料

电控悬架系统

一、电控悬架系统的功能及分类

（一）电控悬架系统的功能

传统的悬架系统弹簧刚度、减振器阻尼力不能随路面状况和车速的变化而调整，舒适性较差，同时无法满足行驶平顺性、操纵稳定性的要求，只能根据车辆的功用选择一种最优折中。例如：轿车的悬架相对偏软，在平坦路面行驶时，比较舒适，但在高速行驶或在起伏路面行驶时，操纵稳定性较差，悬架变形量也较大；载货汽车悬架较硬，满载时行驶，车身振动较小，但空载或轻载时，高速行驶振动较大，平顺性较差。由于传统悬架系统只能被动地接受地面对车身的各种作用力，不能主动去进行调节，所以又称为被动悬架系统。

采用电控悬架系统的基本目的，是可以根据车辆行驶状况及驾驶人的意愿等因素，由电子控制系统自动调节悬架的相关特性参数，从而打破传统被动悬架的局限性，使汽车悬架的特性与道路状况及行驶状态相适应，保证汽车的平顺性和操纵稳定性都得到最大的满足。电控悬架系统的基本功能如下：

1. 车身高度调节

电控悬架系统可以使得车辆根据负载变化自动调节悬架高度，以保持车身的正常高度和姿态。当汽车在坏路面行驶时，可以使车身升高，增强其通过性；当汽车在高速行驶时，又可以使车身降低，减少空气阻力并提高行驶稳定性。

2. 减振器阻尼力控制

根据汽车的负载、行驶路面条件、汽车行驶状态等来控制悬架减振器的阻尼力，防止汽车急速起步或急加速时的车尾下蹲、紧急制动时的车头下沉，以及急转弯时车身横向摇动和换档时车身纵向摇动等，提高行驶平顺性和操纵稳定性。

3. 弹簧刚度控制

在各种工况下，电控悬架系统通过对悬架弹性元件刚度的调整，改变车身的振动强度和对路况及车速的感应程度，来改善汽车的乘坐舒适性与操纵稳定性。

目前，中级轿车上采用的电控悬架（半主动悬架）一般只能实现减振器阻尼力的调节功能和横向稳定器侧倾刚度的调节，而一些高级轿车上的电控悬架则能实现上述全部功能。

（二）电控悬架系统的分类

电控悬架系统按传递介质不同，可分为压式和油压式两种。

电控悬架系统按控制理论不同，可分为半主动式和主动式两种。其中半主动悬架是指悬架的特性参数中，弹簧刚度或减振器阻尼系数中有一个参数可以根据需要进行调节。为减少执行元件所需的功率，主要采用调节减振器的阻尼系数法，只需提供调节控制阀、控制器和反馈调节器所消耗的较小功率即可。可以根据路面的激励和车身的响应对悬架的阻尼系数进行自适应调整，使车身的振动被控制在某个范围之内。半主动悬架是无源控制，因此，汽车在转向、起动和制动等工况时不能对刚度和阻尼进行有效的控制。

主动悬架是一种能供给和控制动力源的装置，它根据各传感器检测的信号，自动调整悬架的刚度、阻尼力以及车身高度，从而显著提高汽车的操纵稳定性和乘坐舒适性。

二、电控悬架系统的组成

现代汽车电控悬架系统结构形式虽然多种多样，但它们的基本组成却是相同的，即由感应汽车运行状况的各种信号输入装置、ECU及执行机构等组成。如图2-99所示，信号输入装置一般有车身高度传感器、车速传感器、加速度传感器、转向盘转角传感器、节气门位置传感器以及模式选择开关、车身高度控制开关、制动灯开关和门控开关等；执行机构有阻尼力控制执行机构、倾斜刚度控制执行机构、车身高度控制执行机构等，这些执行机构的工作，是依靠悬架ECU通过步进电动机、电磁阀等电器元件进行控制的。

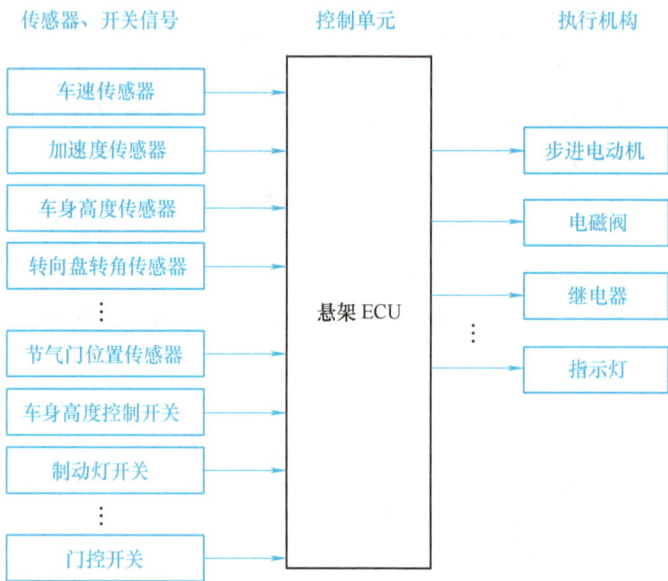

图2-99　电控悬架系统的组成

（一）悬架 ECU

悬架ECU是悬架控制系统的中枢，主要具有以下几种功能：

1）提供稳压电源。控制装置内部所用电源和供各种传感器的电源均由稳压电源提供。

2）放大传感器信号用接口电路将输入信号（如各种传感器信号、开关信号）中的干扰信号除去，然后放大、变换极值、比较极值，变换为适合输入控制装置的信号。

3）输入信号的计算。悬架ECU根据预先写入只读存储器ROM中的程序，对各输入信号进行计算，并将计算结果与内存的数据进行比较后，向电动机、电磁阀和继电器等发出控

制信号。

4）驱动执行机构。悬架ECU用输出驱动电路，将输出驱动信号放大，然后输送到各执行机构，如电动机、电磁阀、继电器等，以实现对汽车悬架参数的控制。

5）故障检测。悬架ECU用故障检测电路来检测传感器、执行器及相关电路的状态。当检测到故障时，将信号送入悬架ECU，目的在于即使发生故障，也应使悬架系统安全工作，同时存储相应的故障码。

（二）信号输入装置

1. 车身高度传感器

车身高度传感器的作用，是检测汽车行驶时车身高度的变化情况，车身相对车桥的位移量即悬架位移量，可反映汽车的平顺性和车身高度信息。

2. 转向盘转角传感器

转向盘转角传感器位于转向盘下面，主要用来检测转向盘的中间位置、转动方向、转动角度和转动速度等，ECU根据该信号和车速信号判断汽车转向时侧向力的大小和方向，从而控制车身的侧倾。

3. 车速传感器

车速信号是汽车悬架系统的常用控制信号，汽车车身的侧倾程度，取决于车速的快慢和汽车转向半径的大小，ECU通过车速的检测，调节悬架的阻尼力，从而改善汽车行驶的安全性。

4. 加速度传感器

在车轮打滑时，无法以转向角和汽车车速正确判断车身侧向力的大小，此时利用加速度传感器可以直接准确地测量出汽车的纵向加速度以及汽车转向时因离心力而产生的横向加速度，使ECU能够调节悬架系统的阻尼力大小及空气弹簧的压力大小，以维持车身的最佳姿势。

5. 节气门位置传感器

汽车在急加速时，由于惯性力和驱动力的作用，汽车尾部容易产生"下蹲"现象，为了防止这一现象，ECU根据节气门位置信号，判断汽车是否在进行急加速，并根据该信号控制悬架的弹簧刚度、阻尼力等参数，防止车尾"下蹲"。

6. 模式选择开关

模式选择开关一般位于变速器操纵手柄旁，驾驶人根据车辆行驶状况和路面情况选择悬架的运行模式，通过操纵该开关，可以使减振器阻尼力按手动或自动两种模式进行变化。

当选择"自动"模式时，悬架系

图2-100 模式选择开关

统可以根据汽车行驶状态自动调节减振器的阻尼力，以保证汽车乘坐舒适性和操纵稳定性，如图2-100所示，其控制功能见表2-4。当选择"手动"模式时，悬架系统的阻尼力只有标

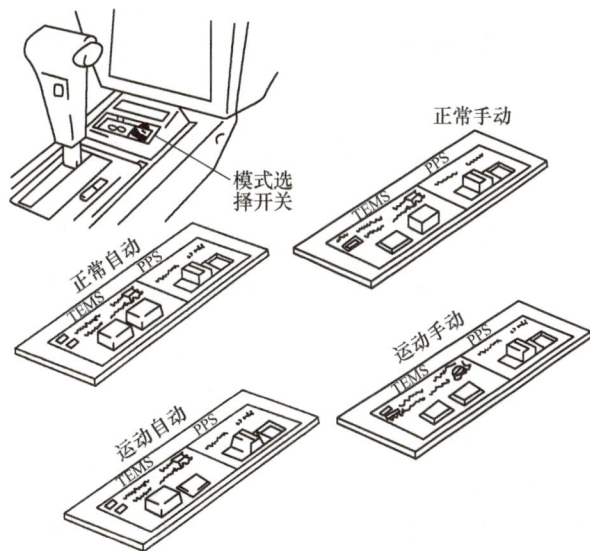

准（中等）和运动（硬）两种状态，根据驾驶人操纵阻尼力调节开关进行转换。

表 2-4　系统控制功能

汽车行驶状态	悬架状态	
	自动、标准模式	自动、运动模式
一般情况下	软	中等
汽车急加速、急转弯或紧急制动时	硬	硬
高速行驶时	中等	中等

7. 车身高度控制开关

车身高度控制开关位置确定后，电控主动悬架系统会根据车辆载荷等参数的变化，自动调节车身高度为设定的目标值，如图 2-101 所示。有些电控悬架也可根据车速、路况等自动调节车身高度，以适应车辆的行驶要求。

8. 车身高度控制通/断开关

车身高度控制通/断开关用来接通（ON）或中止（OFF）主动悬架的车身高度控制功能，当车辆被举升、停在不平的路面或拖拽时，要先将此开关拨至"OFF"位置，这样可避免空气弹簧中的压缩空气排出，从而造成车身高度的下降。

9. 制动开关

制动开关位于制动踏板支架上，如图 2-102 所示。当踩下制动踏板时，开关接通，悬架 ECU 利用这一信号判断汽车是否处于制动状态。

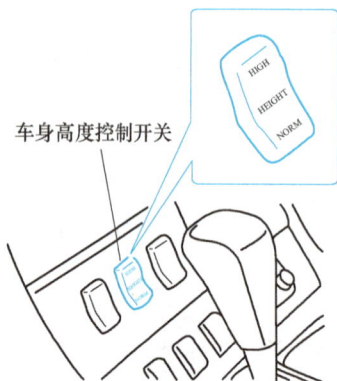

图 2-101　车身高度控制开关

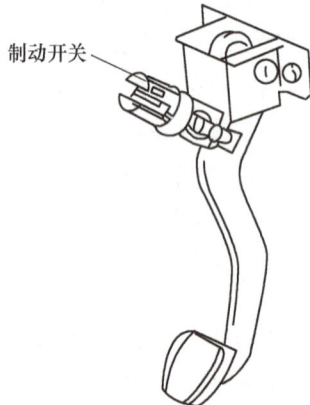

图 2-102　制动开关

10. 门控开关

门控开关位于汽车各门的门柱上或行李箱内，其安装位置如图 2-103 所示。当所有的车门（和行李箱盖）都关上时，门控开关断开；当其中有任一个门打开时，门控开关接通。悬架 ECU 根据该信号判断车门是否打开，因为在车辆停止后，悬架系统会自动使车身降到较低的高度，而若此时 ECU 检测到车门打开时，车高自动控制必须停止，以免造成危险。

（三）执行机构

在电控悬架系统中，执行机构的状态主要是由电动机和电磁阀来控制的。电动机和电磁阀在不同的电控悬架系统中的应用形式各有不同，但其基本工作方式都是接收 ECU 的指令，

完成相应的驱动动作，通过改变减振器阻尼孔的截面面积的方式，改变悬架阻尼力大小；或通过改变空气（油气）弹簧内部介质的流通情况的方式，改变悬架刚度和车身高度等特性参数。此外，ECU还通过控制继电器的通、断，控制空气压缩机等的工作，以调整空气悬架的高度等。

三、电控悬架系统的工作原理

电控悬架系统的基本工作过程是利用传感器和开关，检测汽车行驶时路面的状况和车身的状态，输入悬架ECU后进行处理，然后通过驱动电路控制悬架系统的执行器动作，完成悬架特性参数的调整。

对于电控半主动悬架，基本是在车辆的行驶过程中，可以通过改变减振器的阻尼力，从而适应车辆的行驶平顺性和稳定性的要求。选择较低的阻尼力，可以降低系统自振频率，减少对车身的冲击，满足舒适性的要求，但安全性下降，适合于车辆的低速行驶；

门控开关

图 2-103　门控开关

选择较高阻尼力则可提高车辆行驶安全性，但是舒适性下降，适合于车辆的高速行驶。

减振器工作时活塞杆上、下伸缩运动，具有黏性的液压油通过活塞孔产生阻力，当活塞上下运动较慢时，阻尼力小；当快速运动时，就会产生很大的阻尼力。控制阻尼力的最佳方式，就是控制节流孔的大小。根据节流孔控制的方式不同，目前减振器阻尼力的调节可分为有级可调式和连续可调式两种。

电控主动悬架采用了与传统结构完全不同的弹性元件（空气弹簧、油气弹簧等），使其突破了一般弹性元件（钢板弹簧、螺旋弹簧、扭杆弹簧等）在刚度变化方面的局限性。因此，主动悬架能够根据车身高度、车速、转向角度及角速度、制动等信号，由ECU控制悬架执行机构，进而改变悬架弹性元件的刚度、减振器阻尼力及车身高度等参数，从而使车辆的操纵性和平顺性都达到最佳。

通过改变弹性元件内部工作介质（空气或油液）的流通特性或压力大小，调节悬架的刚度；通过工作介质的充、放来改变悬架的高度，进行车身高度的控制。

四、执行机构的结构及工作原理

（一）阻尼力控制执行机构

1. 可调阻尼系数减振器

可调阻尼系数减振器的外壳是长圆柱形缸体，内有带活塞的活塞杆，缸筒内充满液压油，活塞杆内部是空心的，在其中心处装有控制杆，控制杆的上端与执行器相连，下端装有回转阀，回转阀上有三个油孔，活塞杆上有两个通孔，如图 2-104 所示。缸筒中的油液一部分经活塞上的阻尼孔在缸筒的上、下两腔间流动，另一部分经回转阀与活塞杆上连通的孔在缸筒的上、下两腔间流动。

当悬架ECU控制执行器工作时，通过控制杆带动回转阀，相对而言活塞杆转动，回转阀与活塞杆上的油孔连通或切断，从而增大或减小油液的流通孔面积，使油液的流通阻力发生变化，达到调节减振器阻尼力的目的。

当回转阀使 $A—A$、$B—B$、$C—C$ 这三个截面的阻尼孔全部封闭时，只有减振器下面的阻尼孔仍在工作，此时阻尼最大，减振器被调整到"硬"状态；当回转阀顺时针转60°时，

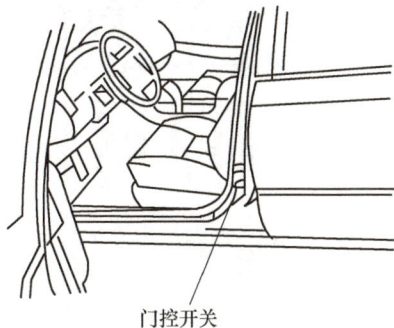

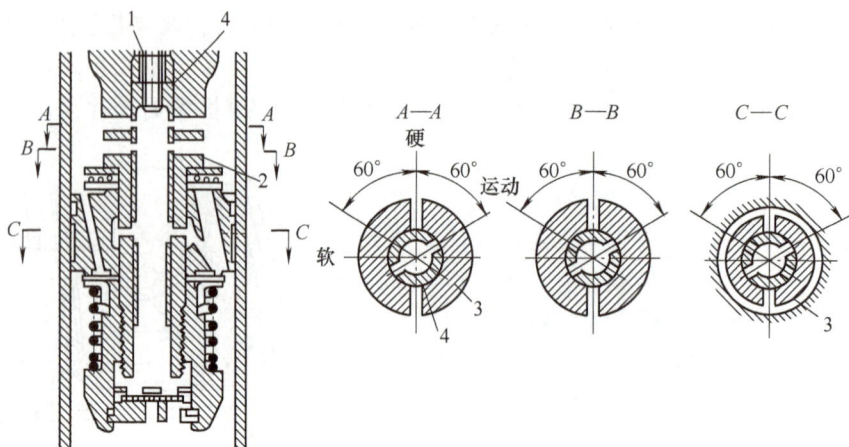

图 2-104　可调阻尼系数减振器的结构及工作原理
1—回转阀控制杆　2—阻尼孔　3—活塞杆　4—回转阀

B—B 截面的阻尼孔打开，A—A、C—C 这两个截面的阻尼孔仍封闭，因为多了一个阻尼孔参加工作，因此阻尼力有所减小，减振器被调整到"运动"状态；当回转阀逆时针转 60°时，A—A、B—B、C—C 这三个截面的阻尼孔全部打开，减振器阻尼力最小，减振器被调整到"软"状态。

2. 直流电动机式执行器

直流电动机式执行器安装在悬架系统中每个悬架减振器的顶部，并通过其上的控制杆与减振器的回转阀相连。其结构如图 2-105 所示，主要由直流电动机、小齿轮、扇形齿轮、电磁线圈、挡块、控制杆组成。系统工作时，悬架 ECU 使电磁线圈通电，挡块与扇形齿轮的凹槽分离；直流电动机根据输入的电流方向在相应方向旋转，从而驱动扇形齿轮在相应方向偏转，带动控制杆改变减振器的回转阀与活塞杆的连通情况，使减振器的阻尼发生相应的变化。

当阻尼力调整合适后，电动机和电磁线圈都断电，挡块重新进入扇形齿轮的凹槽，使减振器的阻尼力能够稳定地保持。

（二）侧倾刚度控制执行机构

汽车的侧倾刚度与汽车的转向特性密切相关，为改变汽车的侧倾刚度，可以通过改变横向稳定器的扭转刚度来实现。系统采用具有液压缸结构的横向稳定器，可以通过内部油路的开、闭，使液压缸具有弹性或刚性特点，从而调节横向稳定器的扭转刚度，改变汽车的抗侧倾刚度。其结构就是在传统横向稳定杆的基础上增加了液压缸和执行机构。

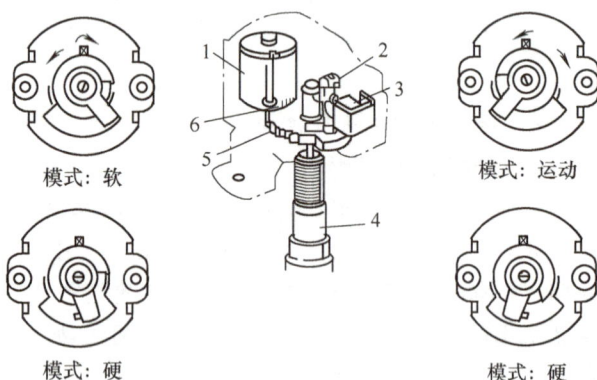

图 2-105　直流电动机式执行器的结构及工作原理
1—直流电动机　2—挡块　3—电磁线圈　4—减振器
5—扇形齿轮　6—小齿轮

1. 横向稳定器杆执行机构

横向稳定器杆执行机构也叫作稳定驱动器，其作用是根据悬架 ECU 的信号，通过稳定器缆绳来控制稳定器杆液压缸内部油路的关闭和开启。

直流电动机通电后，驱动蜗杆蜗轮机构中的蜗杆旋转，蜗轮被驱动后带动行星齿轮机构的太阳轮旋转，经过行星齿轮机构减速进而带动行星架旋转，通过输出轴带动驱动杆旋转，其上连接的缆绳拉动推杆运动，改变稳定器杆内部液压缸的油路，进而改变其伸缩性，如图 2-106 所示。

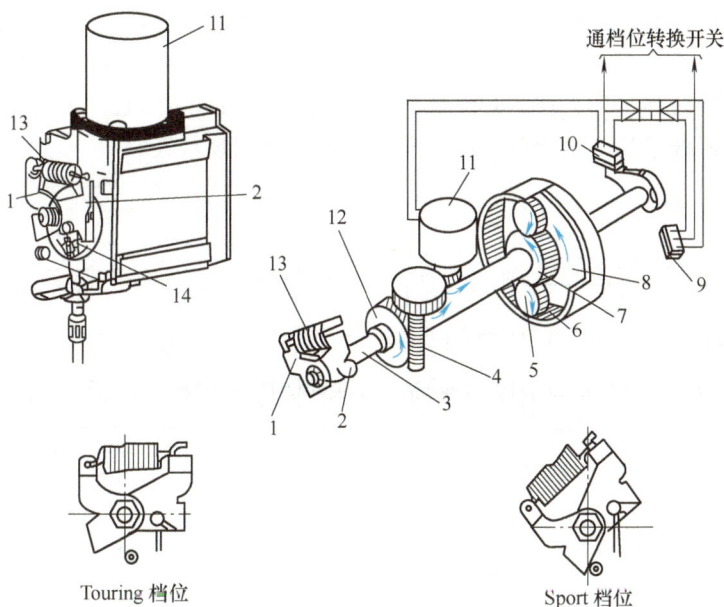

图 2-106 横向稳定器杆执行机构

1—驱动杆 2—从动杆 3—变速传动杆 4—蜗杆 5—行星齿轮 6—齿圈 7—太阳轮
8—行星架 9、10—限位开关 11—直流电动机 12—蜗轮 13—弹簧 14—驱动缆绳

2. 带液压缸的稳定器杆

带液压缸的稳定器杆安装在稳定器臂（扭杆弹簧）的一侧端部与同侧独立悬架下摆臂之间，如图 2-107 所示，其作用是通过自身可变的伸缩性，改变横向稳定器的扭转刚度，进而改变车辆侧倾刚度。

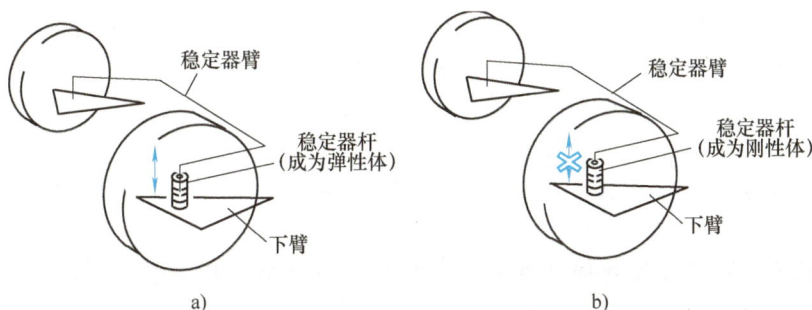

图 2-107 带液压缸的稳定器杆

a）Touring 档位 b）Sport 档位

当稳定器杆成为能够伸缩的弹性体，如图2-107a所示，横向稳定器U形杆的一侧可以相对于悬架上、下移动，此时获得的抗侧倾刚度比较小，相当于采用了直径较小的稳定器臂（扭杆弹簧）；而当稳定器杆成为无法伸缩的刚性体，如图2-107b所示，横向稳定器U形杆的一侧不能相对于悬架上、下移动，此时获得的抗侧倾刚度比较大。

当模式选择开关选择在"Touring"档位时，如图2-108a所示，推杆向左移动，止回阀被推开，稳定器杆液压缸上下两腔连通，油液可以自由流动，此时活塞可以上、下移动，稳定器杆可以自由伸缩，横向稳定器的侧倾刚度较小，但此时活塞行程有限，当急转弯时活塞运动达到全程状态后稳定杆即变为刚性体，汽车的抗侧倾刚度自动增大，增强过弯时的操纵稳定性；当模式选择开关选择在"Sport"档位时，如图2-108b所示，推杆向右移动，止回阀在自身回位弹簧的作用下关闭，稳定器杆液压缸上下两腔不连通，油液不流动，此时活塞不能移动，稳定器杆不能自由伸缩，横向稳定器的侧倾刚度较大。

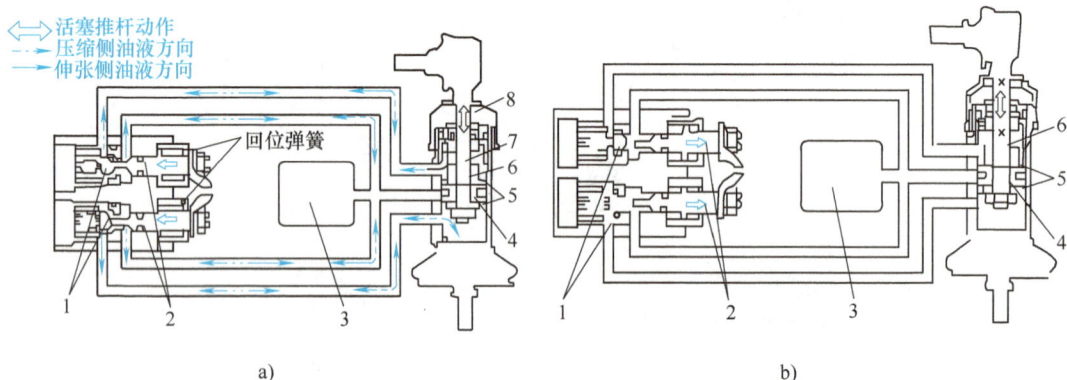

图2-108　液压缸油路

a)"Touring"档位　b)"Sport"档位

1—单向阀　2—推杆　3—储油室　4—活塞　5—卡簧　6、8—挡块　7—活塞杆

（三）气体弹簧刚度控制执行机构

空气悬架气动缸的基本结构如图2-109所示，主要由封入低压惰性气体的气体弹簧、阻尼力可调的减振器和悬架执行元件等组成。气体弹簧分为主、副气室两部分，主气室是可变容积的，在它的下部有一个可伸展的隔膜，压缩空气进入主气室可使悬架的高度升高，反之使悬架高度下降；同时，主气室与副气室之间有一个通道，气体可以相互流通，改变主、副气室的气体通道截面面积大小，就可以改变空气悬架的刚度。

悬架的上方与车架（或承载式车身）相连，随着车架（或承载式车身）与车轮的相对运动，主气室的容积在不断变化。减振器的活塞通过控制杆（阻尼力调节杆）与齿轮系统和直流步进电动机相连接，步进电动机转动可以改变活塞阻尼孔的大小，从而改变减振器的阻尼力。

悬架刚度的自动调节原理如图2-110所示。主、副气

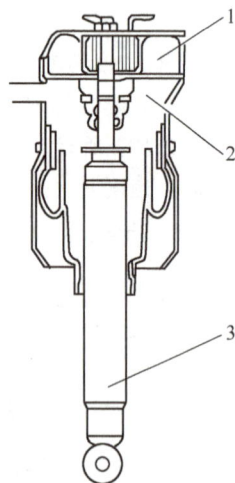

图2-109　空气悬架气动缸的基本结构

1—副气室　2—主气室　3—减振器

室间的气阀体上有大小两个通道。步进电动机带动空气阀控制杆转动，使空气阀阀芯转过一个角度，改变气体通道的大小，就可以改变主、副气室气体流量，使悬架的刚度发生变化。

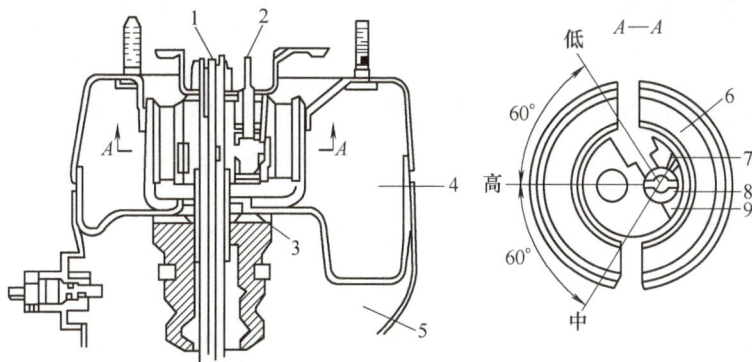

图 2-110　悬架刚度的自动调节原理

1—阻尼调节杆　2—空气阀控制杆　3—主、副气室通道　4—副气室　5—主气室
6—气阀体　7—气体通道　8—阀芯　9—大气通道

悬架刚度可以在低、中、高三种状态间变化。当阀芯的开口转到对准图示的"低"位置时，气体通道的大通道被打开。主气室的气体经过阀芯的中间孔、阀体侧面通道与副气室的气体相通，两气室之间的空气流量越大，相当于参与工作的气体容积增大，悬架刚度处于低状态。

当阀芯的开口转到对准图示的"中"位置时，气体通道的大通道被关闭、小通道被打开。两气室之间的流量小，悬架刚度处于中间状态。

当阀芯的开口转到对准图示的"高"位置时，两气室之间的气体通道全部被封闭，两气室之间的气体相互不能流动。悬架在振动过程中，只有主气室的气体单独承担缓冲工作，悬架刚度处于高状态。

（四）车身高度控制执行机构

采用空气弹簧的车辆，都是通过向空气弹簧的主气室内进、排气的方式，来实现车身高度的调节。如图 2-111 所示，进气时，车身升高；排气时，车身降低。

车身高度控制执行机构主要由空气压缩机、干燥器、空气控制阀及设在悬架上的主气室组成，如图 2-112 所示。干燥器内有一个装有硅胶的小箱子，可以将空气中的水分过滤掉。排气阀可以从系统中放出压缩空气，同时排出干燥器滤出的水分。

空气控制阀采用二位二通电磁阀控制，该电磁阀在悬架 ECU 的控制下，将进气孔与主气室相通，将车身升高；或是将主气室与排气孔相通，将车身降低，如图 2-113 所示。

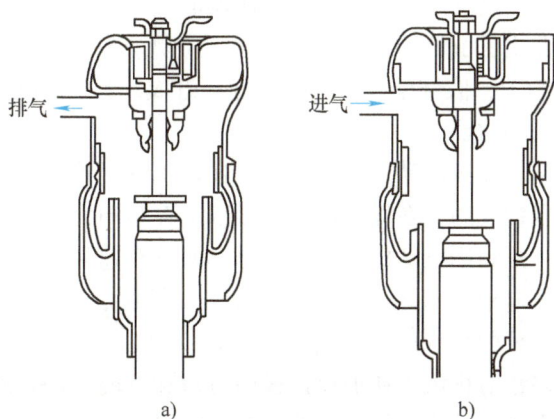

图 2-111　车身高度调节原理

a）降低　b）升高

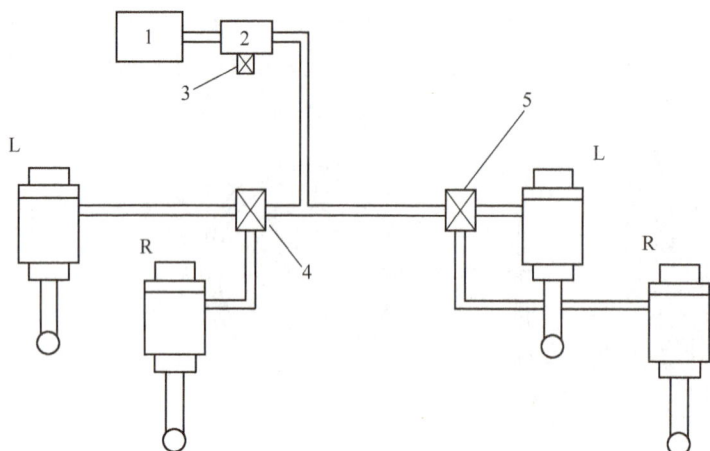

图 2-112　车身高度控制执行机构

1—空气压缩机　2—干燥器　3—排气阀　4、5—空气控制阀
L—左侧气动缸　R—右侧气动缸

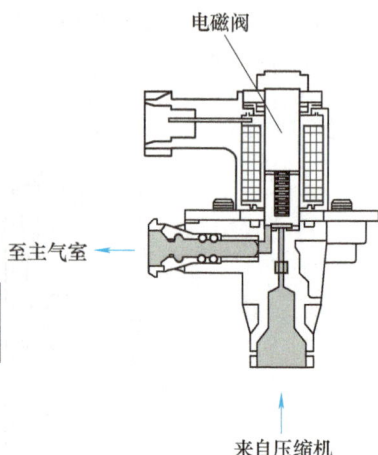

图 2-113　空气控制阀的结构

悬架 ECU 根据输入信号，当判定车身高度应该升高时，控制电动机驱动压缩机和空气控制阀工作，进气孔与主气室相通，主气室进气，车身升高；反之，主气室与排气孔相通，将车身降低。

本 章 小 结

电控自动变速器主要由液力变矩器、齿轮变速机构、液压控制系统和电子控制系统组成。目前绝大多数电控自动变速器采用行星齿轮机构进行变速，采用较多的行星齿轮机构主要有两种：辛普森式行星齿轮机构和拉维娜式行星齿轮机构。自动变速器电控系统由信号输入装置、执行器和电子控制器组成，传感器和信号开关将与档位控制相关的工况信息输入自动变速器 ECU。自动变速器 ECU 根据节气门开度和车速决定换档和锁止时机。

无级变速器与有级式变速器的主要区别，在于它的速比是不间断的连续值。电控无级变速器主要由机械传动机构、液压控制系统、电控系统组成。无级变速器电控系统主要由变速器 ECU、信号输入装置和执行器组成，具有动态换档控制、强制降档、自适应控制、过载保护等功能。

电控液压动力转向系统是在传统液压式动力转向系统的基础上，增设转向助力电子控制装置构成的，在低速转向时可以减轻转向力，在高速时则可以改善"路感"。电控动力转向系统是利用电动机作为助力源，根据车速和转向参数等，由 ECU 完成助力控制。

电子控制 ABS 是根据车轮转动情况，随时调节制动压力来防止车轮抱死滑移。电子制动力分配系统可根据载重需要有效地分配制动力。ASR 是利用控制器控制车轮与路面的滑转率，防止汽车在加速过程中打滑和空转。ESP 是在车辆整个行驶过程中，监控车辆的行驶状态和驾驶人的操作意图，并不断发出纠偏指令，使车辆在各种状况下保持最佳的稳定性。

电控悬架系统可以根据车辆行驶状况及驾驶人的意愿等因素，由电子控制系统自动调节悬架的相关特性参数，使汽车悬架的特性与道路状况及行驶状态相适应，保证汽车的平顺性

和操纵稳定性。

同 步 测 试

一、单项选择题

1. 以下哪个符号表示自动变速器的空档（　　）。

A. L 　　　　　　B. D 　　　　　　C. N 　　　　　　D. R

2. 自动变速器操纵手柄禁止在 N 位空档高速滑行来节油的主要原因是（　　）。

A. 车辆稳定性差 　　　　　　　　　B. 换档执行元件和齿轮机构易磨损

C. 不能节油 　　　　　　　　　　　D. 没有发动机制动功能

3. 自动变速器液压控制系统的（　　）是控制油液流向的主要装置。

A. 油泵 　　　　B. 阀体 　　　　　C. 蓄能器 　　　　D. 变矩器

4. 电控自动变速器的 ECU 控制（　　）。

A. 换档阀 　　　　B. 电磁阀 　　　　C. 手动阀 　　　　D. 节气门阀

5. 电控自动变速器的换档控制中，以换档电磁阀取代了液压控制中换档信号（　　）的功用。

A. 节气门阀和速度阀 　　　　　　　B. 调压阀和缓冲阀

C. 锁止阀和换档阀 　　　　　　　　D. 手动阀和降档阀

6. 自动变速器中的油泵是由（　　）驱动的。

A. 电动机 　　　　B. 液压 　　　　C. 发动机通过变矩器泵轮 　　　D. 输出轴

7. 液力变矩器部件中，驱动变速器输入轴的是（　　）。

A. 导轮 　　　　B. 泵轮 　　　　　C. 涡轮 　　　　D. 变矩器壳体

8. 在行星齿轮机构中，太阳轮（　　）和行星架称为行星齿轮机构的三个基本元件。

A. 齿圈 　　　　B. 固定套 　　　　C. 齿毂 　　　　D. 齿套

9. 当代轿车上配置的无级变速器是通过（　　）来改变速比的。

A. 两轴式变速机构 　　　　　　　　B. 三轴式变速机构

C. 一对锥齿轮传动 　　　　　　　　D. 可变带轮旋转直径

10. 装有 ABS 的汽车的制动过程，下列说法正确的是（　　）。

A. 在制动过程中，只有当车轮趋于抱死时，ABS 才工作

B. 只要驾驶人制动，ABS 就工作

C. 在汽车加速时，ABS 才工作

D. 在汽车起步时，ABS 工作

11. 滑移率为 0 时，车轮（　　）。

A. 完全滚动 　　　　　　　　　　　B. 完全滑动

C. 可能滑动也可能滚动 　　　　　　D. 边滚边滑

12. 当滑移率为 100% 时，横向附着系数为（　　）。

A. 最大 　　　　B. 较小 　　　　　C. 最小 　　　　D. 都不正确

13. 汽车在制动过程中车轮抱死时地面制动力等于（　　）。

A. 制动踏板力　　　　　　　　　B. 制动器制动力

C. 地面附着力　　　　　　　　　D. 制动轮缸油压的作用力

14. 循环式制动压力调节器是在制动主缸与制动轮缸之间（　　　）一个电磁阀，直接控制制动轮缸的制动压力。

　　A. 串联　　　　　B. 并联　　　　　C. 都可以　　　　　D. 以上答案都可以

15. 循环式制动压力调节器在升压过程中，电磁阀处于"升压"位置，此时电磁线圈中电流为（　　　）。

　　A. 0　　　　　B. 极小电流　　　　　C. 最大电流　　　　　D. 都不正确

16. 循环式制动压力调节器在保压过程中，电磁阀处于"保压"位置，此时电磁线圈中电流为（　　　）。

　　A. 0　　　　　B. 极小电流　　　　　C. 最大电流　　　　　D. 都不正确

17. 循环式制动压力调节器在保压过程中，电磁阀处于"减压"位置，此时电磁线圈中电流为（　　　）。

　　A. 0　　　　　B. 极小电流　　　　　C. 最大电流　　　　　D. 都不正确

18. 在下列防滑转控制方式中，反应时间最短的是（　　　）。

　　A. 发动机输出转矩控制　　　　　　B. 驱动轮制动控制

　　C. 防滑差速锁控制　　　　　　　　D. 差速锁与发动机输出转矩综合控制

19. 关于 ABS 和 ASR，下面说法不正确的是（　　　）。

　　A. ABS 控制所有车轮

　　B. ASR 仅控制驱动轮

　　C. 同一车上，ABS 和 ASR 可以共用车轮速度传感器

　　D. ABS 在汽车起步、加速且车轮开始滑转时工作，而 ASR 在汽车制动且车轮开始滑移时工作

20. ABS 中不包括有（　　　）部件。

　　A. 转向盘传感器　　B. 液压控制单元　　C. 转速传感器　　　D. 常规制动系统

二、填空题

1. 自动变速器主要由_____、_____和_____组成。

2. 液力变矩器位于_____和_____之间，相当于传统汽车上离合器的位置。

3. 现代 AT 的变矩器由_____、_____、导轮、单向离合器和壳体等组成。

4. 自动变速器的油泵工作是：只有_____，油泵才会转动。

5. 多数电控自动变速器采用两个电磁阀控制_____档的变换。

6. AT 中常用电磁阀的作用主要有_____、_____和背油压控制等。

7. 锁止离合器在车速、节气门开度等条件满足时，将_____和_____锁定在一起，使变矩器内的动力传递由液力传递变为机械传递，传递效率达到100%。

8. 行星齿轮机构中的运动三元件是指_____、_____和_____。

9. 行星齿轮变速系统的换档执行元件有_____、_____、_____三种。

10. ABS 的作用是在汽车制动时，防止车轮_____，以提高汽车制动过程中的方向稳定性、转向控制能力和_____。

11. 当出油阀打开，_____关闭时 ABS 控制在减压阶段。

12. ASR 的作用是在汽车_____过程中，特别是在汽车起步、加速和转弯过程中，防止_____，平稳地起步和加速。

三、判断题

1. 太阳轮、齿圈和行星齿轮三者的旋转轴线是重合的。　　　　　　　　（　　）

2. 液力变矩器的锁止含义是把导轮锁固，以提高传动效率。　　　　　　（　　）

3. 当行星齿轮机构中的太阳轮、齿圈或行星架都不被锁止时，则会形成空档。

（　　）

4. 四通道四传感器 ABS，每个车轮都有一个轮速传感器，且每个车轮的制动压力都是独立控制。　　　　　　　　　　　　　　　　　　　　　　　　　　　　（　　）

5. 汽车制动时产生侧滑及失去转向能力与车轮和地面间的横向附着力无关。（　　）

6. 纵向附着系数在滑移率为 50% 左右时最大。　　　　　　　　　　　（　　）

7. ABS 主要由轮速传感器、ECU、制动压力调节器等组成。　　　　　　（　　）

8. 某轿车 TRC 系统通过改变发动机副节气门开度来控制发动机的输出转矩。（　　）

9. 某轿车 TRC 系统工作时，当需要对驱动轮施加制动力矩时，TRC 制动执行器中的三个电磁阀都不通电。　　　　　　　　　　　　　　　　　　　　　　　（　　）

10. 电控电动式动力转向系统的动力源是直流电动机。　　　　　　　　（　　）

11. 电控液压式动力转向系统的动力源是发动机驱动的油泵产生的高压油。（　　）

12. 装有电子控制悬架系统的汽车可以防止急转弯时车身横向摇动和换档时车身纵向摇动。　　　　　　　　　　　　　　　　　　　　　　　　　　　　　　　（　　）

四、分析题

1. 简述地面附着系数与车轮滑移率之间的关系。

2. 简述汽车制动力分配系统的主要作用。

3. 驱动轮防滑转调节系统由哪些部分组成？简述其工作原理。

4. 简述反力控制式电控液压动力转向系统是如何提高高速行车时的转向路感的。

5. ESP 的组成有哪些？简述 ESP 的控制原理。

6. 简述 ABS、ASR、ESP 的区别。

第 三 章

车身电子控制系统

知识目标：

- 理解自动空调系统的组成、功能和基本工作原理；
- 了解自动空调系统主要部件的结构及工作原理；
- 理解安全气囊系统的组成、作用和基本工作原理；
- 了解安全气囊系统主要部件的结构及工作原理。

能力目标：

- 能够在车上找到自动空调系统的主要部件并解释其作用、结构；
- 能够在车上找到安全气囊系统的主要部件并解释其作用、结构。

　　车身电子控制系统主要包括汽车安全气囊系统、自动空调系统和通信系统，这些系统主要用于增强汽车的安全、舒适和方便性。本章主要对目前在各种车型上使用比较普遍的自动空调系统和安全气囊系统进行介绍。

第一节　自动空调系统

一、自动空调系统概述

（一）系统的基本组成

　　电控自动控制系统是在手动空调系统的基础上，增加了电子控制系统。电控自动控制系统中的制冷系统、采暖系统与手动空调系统基本相同，如图 3-1 所示。

　　自动空调的控制系统主要包括信号输入装置、空调 ECU 和执行机构等。常用的信号输入装置有车外温度传感器、车内温度传感器、阳光照度传感器、蒸发器出口温度传感器、冷却液温度传感器、风门位置电位计，以及空调控制面板上的温度控制开关和各功能选择键等；执行机构主要包括鼓风电动机、压缩机电磁离合器、车内/车外循环风门伺服电动机、空气混合控制风门伺服电动机及各个出风口风门的调节电动机、电磁阀等。此外，执行机构还包括各种警告灯，如制冷剂压力异常警告灯、冷却液温度异常警告灯等。

（二）空调控制面板

　　图 3-2 所示为典型的自动空调系统控制面板。面板上不仅有各种操纵控制键，还可以显

示设定温度、模式、风速和室内外温度等。下面对面板上部分控制键的功能进行介绍。

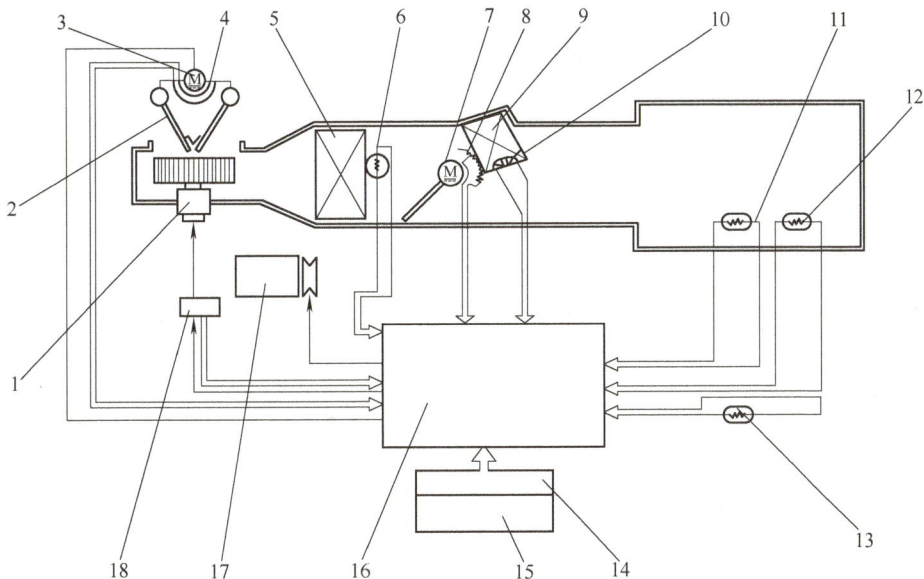

图 3-1　自动空调系统的基本组成

1—鼓风机　2—电动机　3—车内/车外循环风门伺服电动机　4—车内/车外循环风门位置电位计
5—蒸发器　6—蒸发器出口温度传感器　7—空气混合控制风门伺服电动机　8—空气混合控制
风门位置电位计　9—加热器芯　10—冷却液温度传感器　11—车内温度传感器　12—阳光
照度传感器　13—车外温度传感器　14—温度设定开关　15—工况开关　16—空调 ECU
17—压缩机　18—功率晶体管

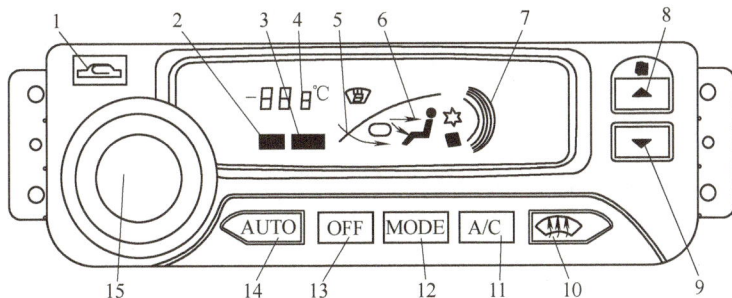

图 3-2　空调控制面板

1—空气内/外循环控制开关　2—车外温度示意　3—自动模式示意　4—温度显示　5—内/外循环显示
6—风向示意　7—风量大小示意　8—增加风量开关　9—减小风量开关　10—风窗除霜开关　11—空
调开关　12—模式设定开关　13—空调关闭开关　14—自动控制开关　15—温度调节旋钮

1. 空气内/外循环控制开关

系统有两种空气循环模式：内循环模式和外循环模式。此按键的功能就是实现这两种模
式的切换。按下此键，执行空气车内循环，此时显示屏显示空气循环标记，空气车内循环使

车内空气和车外环境隔离。此键工作不影响 AUTO 模式。

2. 温度调节旋钮

转动温度调节旋钮，温度相应地增大或减小；按下调节旋钮，显示外部温度，持续 3s，再次按下后恢复；设定温度范围在 18～32℃，低于 18℃指示 LO，高于 32℃指示 HI；此键工作不影响 AUTO 模式。

3. 自动控制开关

按下自动控制开关，进入自动控制模式。空调 ECU 根据设定温度、外部温度及车内温度的输入信号，自动调整鼓风机的吹风量、混合风门位置、A/C 状态及空气内/外循环控制工作状态；吹风模式初始状态默认为吹前吹脚（FD）模式，也可通过 MODE 键改变吹风模式；除霜按键与刮水器信号相关联，起动刮水器时，空调自动处于除霜模式；压缩机工作状态由设定的温度来确定（设定温度高于 28℃，压缩机不工作）。

空调系统刚工作，车速在 10km/h 持续时间超过 10s，车辆停止，当车辆出现以上状态之一时，系统自动切换至内循环，系统自动记忆用户上次设定的工作模式。

4. 空调关闭开关

按下空调关闭开关，显示屏关闭，同时所有执行机构均关闭；系统在 OFF 状态时，按 AUTO 键、A/C 键、除霜键之一时，系统自动开启工作，系统自动起动用户上次设定的工作模式。

5. 模式设定开关

模式设定开关的功能是调整吹风模式。系统设置有六个吹风模式：吹前 F、吹脚 D、吹前吹脚 FD、除霜 T、吹前吹脚除霜 FDT、吹脚除霜 DT。按下模式设定按键，其循环顺序依次为：F—FDT—DT—T—FD—D。

6. 空调开关

空调开关的功能是控制压缩机工作。在 AUTO 模式下，按下空调开关后，系统将压缩机的工作状态从 AUTO 模式退出，切换到手动模式；在手动模式下，若设定温度高于 28℃，压缩机不工作。

7. 风窗除霜开关

系统的吹风模式的初始默认状态为除霜状态、外循环、风量 4 档，当按下风窗除霜开关后，不论系统处于何种吹风模式，均强制切换成除霜模式。

8. 增加风量开关

每按增加风量开关一次，风量逐级增一档，直至 6 档。在 AUTO 模式下，风量增到 6 档时，再次按动增风量开关，最大档保持不变。在 AUTO 模式下，风量增到 6 档时，从 AUTO 模式退出。

9. 减风量开关

每按减风量开关一次，风量逐级减一档，直至 1 档。在 AUTO 模式下，风量减到 1 档时，再次按动减风量开关，最小档保持不变。在 AUTO 模式下，风量减到 1 档时，从 AUTO 模式退出。

（三）系统的基本功能

自动空调系统可以根据用户设定的温度，检测车内、车外的温度，自动调节鼓风机转

速、进气模式、工作模式以及压缩机的运行，让车内的温度和湿度处于设定范围之内。

1. 温度控制

在自动控制工作状态下，空调 ECU 接收车内温度和车外温度、太阳辐射和发动机工况信息，并与设定温度进行比较，从而控制空气混合控制风门，使温度达到设定值，实现车内温度的自动调节。

2. 风量控制

在自动控制工作状态下，风量可以自动控制，也可进行手动调节。进行自动控制时，空调 ECU 根据车内温度与设定的温度之间偏差，对送风量进行连续、无级的调节。

3. 车内空气质量控制

自动空调的进气模式也是可以自动调节的，主要是通过车内外的温度控制外循环进入的空气的比例，确保最佳的冷却效果。同时，有的车型的自动空调在车内循环一段时间过后就会自动切换到外循环，让外部新鲜空气进入车内，以改善车内空气质量。

4. 节能控制

节能控制包括压缩机运转控制、换气量的最适量控制以及随温度变化的换气切换、自动转入经济运行、根据车内外温度自动切断压缩机电源等。

进行自动控制时，若室外温度低到10℃以下，ECU 自动切断压缩机工作；当夏季室外温度高于30℃时，ECU 会关闭热水阀，让风机高速运行，增加送风量；当室外温度高于35℃时，切断车外空气，定期换外气。

5. 显示与报警功能

系统能够显示设定温度、环境温度、风速、除霜或除雾状态、空气内/外循环状态及出风模式、设备故障等。

6. 故障储存

空调系统发生故障，ECU 将故障部位用代码的形式储存起来，维修时调出来，以便快捷寻找故障的部位，方便维修。

除了以上功能之外，高档的自动空调还配有空气净化过滤和多区温控的功能。空气净化原理是通过臭氧负离子发生器等物理方式来清洁车内的空气，使得不管环境的空气质量如何，都能有一个清新的车内空气环境。多区温控是指有一些自动空调可以在车的前排的左右采取独立的温度控制系统，这样前排驾驶人和副驾驶人就会有不同的温度感受。

（四）系统的基本原理

自动空调系统的输入信号有三种：车内温度传感器、车外温度传感器、阳光辐射温度传感器、发动机工况传感器等各种传感器传来的信号；由空调控制面板设定的温度信号、选择功能信号等；由电位计检测出的风门的位置信号。

输出信号也有三种：为驱动各种风门的转动向伺服电动机输送的信号；为了调节风量，向鼓风机电动机输送的电压信号；向压缩机输送的电压信号。

为了保证车内温度不变，空调 ECU 必须根据传感器感测到的车内温度，不断地调节空调吹送出的空气温度和送风量。同时由于车内空间狭窄、车窗多、车体受阳光照射的影响较大，因此还必须对车内送风温度进行修正。此外，还有由于冷却液温度变化而进行的对加热量的修正，以及在采用经济运转方式时，由于压缩机停止运转而进行的对蒸发器出口温度上

升的修正等。

系统的控制是根据温度平衡方程进行的。设输入设定温度的电阻为 R，车室内温度的电阻为 A，车外空气温度的电阻为 B，吹出口温度电阻为 C，阳光照射、环境、节能修正量的温度电阻为 D，则其温度平衡方程为

$$R = A + B + C + D$$

空调 ECU 根据这个方程进行计算、比较、判断后发出各种指令，让执行机构实施动作。

汽车空调送风量是决定车内温度的重要因素之一。空调 ECU 控制系统根据车内温度与给定温度之间的偏差，对送风量进行连续的、无级的调节。夏季，当蒸发器的冷却温度变化时，送风量应随之改变，即送风温度低时，减少送风量；送风温度高时，增加送风量。冬季，水温低不能充分供暖时，若仍然送风会使乘客感到不适，自动控制机构可使送风中断，由加热器加热空气，使空气温度上升，待温度正常后，又开始送风。

车外新鲜空气和车内循环空气的自动切换也是通过空调 ECU 进行控制的。在炎热的夏季，车内温度很高，为迅速降低车内温度，可暂时不使用车外新鲜空气；当空调系统使车内温度下降至一定值后，自动切换机构可进行新鲜、循环空气的风门切换，按一定比例引入新鲜空气。此外，对风窗玻璃的除霜，也需要进行新鲜空气和循环空气的自动切换。

根据乘客吹风的要求，吹风口可自动切换，上方和侧面吹风口吹冷风，而下方则吹暖风，满足乘客头凉脚暖的舒适性要求。例如夏季时车内温度设定值低于车外温度，空气经蒸发器冷却后由冷风口吹出；在春、秋过渡季节，车外温度接近车内给定温度时，则采用经济运转方式，让压缩机在尽可能少的时间内工作，甚至不工作的情况下保持车内的设置温度；在冬季，空调供暖循环开始工作，加热后的空气由下部暖风口送出。

当车内热负荷增大时，空调 ECU 会自动改变压缩机的开、停时间，增大制冷量，同时加大送风速度，以补偿由于车外温度升高、日照强度加大等造成的车内温度的升高。同时空调 ECU 也要对空气混合风门进行控制，以使车内温度满足要求。

对于使用变容量压缩机的制冷系统，压缩机的节能输出会引起蒸发器温度上升。这时空调 ECU 可自动调节空气混合风门位置，保持输出空气温度不变，使车内温度恒定。

二、系统的主要部件

自动空调电子控制系统的主要部件由信号输入装置、空调 ECU 和执行机构三部分组成，在不同车型上，电控系统主要部件的安装位置大致相近。图 3-3 所示为某轿车自动空调电子控制系统主要部件在车上的安装位置。

（一）信号输入装置

1. 车外温度传感器

车外温度传感器一般装在前保险杠下或散热器前，如图 3-4 所示，用于检测车外环境温度。车外温度传感器具有负的温度系数，温度低时电阻大，温度高时电阻小。

2. 车内温度传感器

车内温度传感器用于检测车内温度。车内温度传感器同样采用热敏电阻材料，具有负的温度系数特性。一般安装在仪表盘下方，并以空气管连接到空调通风管上，如图 3-5 所示。

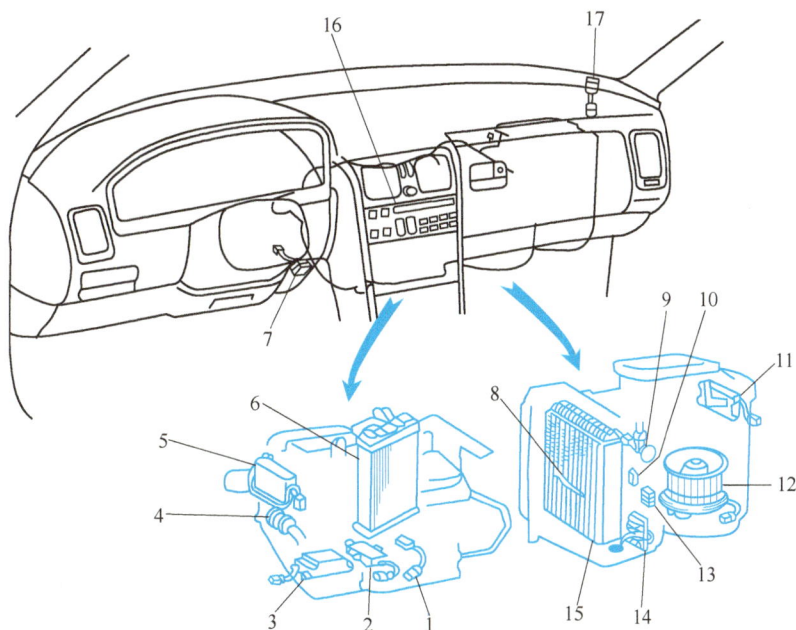

图 3-3　某轿车自动空调电子控制系统的主要部件

1—冷却液温度传感器　2—空气混合控制伺服电动机　3—冷气最大伺服电动机　4—抽风机　5—进风
方式伺服电动机　6—加热器芯　7—车内气体温度传感器　8—蒸发器温度传感器　9—膨胀阀
10—鼓风机电阻　11—进气伺服电动机　12—鼓风机　13—继电器　14—功率晶体管　15—蒸发器
16—空调控制面板　17—阳光照度传感器

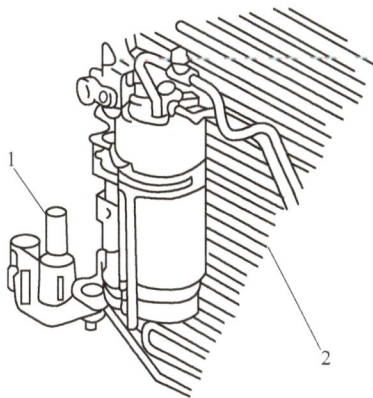

图 3-4　车外温度传感器

1—车外温度传感器　2—冷凝器

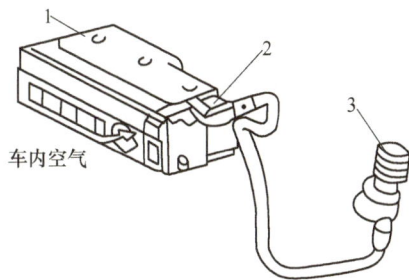

图 3-5　车内温度传感器

1—空调主出风板　2—车内温度传感器　3—吸气口

3. 阳光照度传感器

阳光照度传感器以光二极管制成，用以感应阳光照射车辆的强度。阳光照度传感器通常装在前风窗玻璃下、仪表盘上方，如图 3-6 所示。

4. 蒸发器温度传感器

蒸发器温度传感器用于精确感应蒸发器的温度，同样采用热敏电阻制造，具有负的温度系数特性。蒸发器温度传感器一般安装在蒸发器翼片上，如图 3-7 所示。在采用热敏电阻型除霜设备的空调器中，蒸发器通常安装有两个热敏电阻：一个用于蒸发器除霜，另一个用于蒸发器温度传感器。

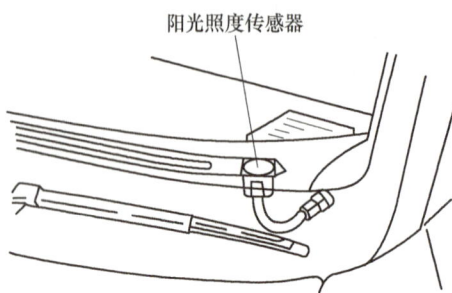

图 3-6　阳光照度传感器

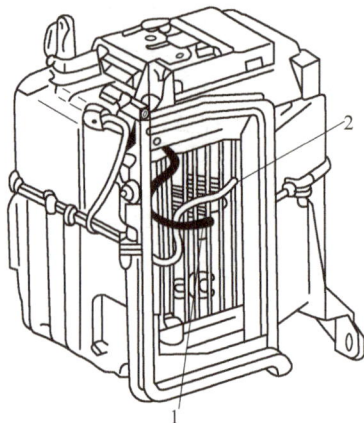

图 3-7　蒸发器温度传感器

1—蒸发器温度传感器　2—热敏电阻（用于蒸发器除霜）

5．冷却液温度传感器

冷却液温度传感器用于检测加热器芯处冷却液的温度，同样采用热敏电阻制造，具有负的温度系数特性。当发动机冷却液温度较低时，风机转速只能在低档，以免发动机长时间在低温下运行。冷却液温度传感器一般装在加热器芯水管处，如图 3-8 所示。

6．温度设定电阻器

温度设定电阻器一般安装在控制面板内，与温度调节旋钮相连接。当温度调节旋钮设定在某一温度位置时，电阻信号输入至空调 ECU，以确定控制目标温度。

（二）空调 ECU

空调 ECU 由硬件和软件两部分组成。其中硬件包括主机和 I/O 接口，主机又由中央处理器 CPU 及主存储器 RAM 组成。软件包括系统软件和应用软件部分，系统软件包括语言处理程序、操作系统和服务诊断程序等，应用软件包括工程设计程序、过程控制程序及数据处理程序等。

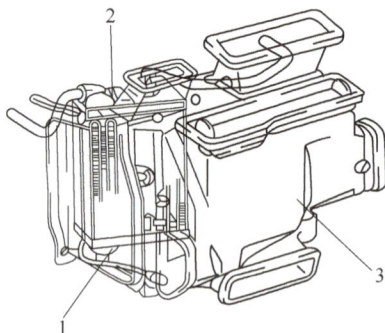

图 3-8　冷却液温度传感器

1—冷却液温度传感器　2—加热器芯
3—暖风组件

空调系统开机要进行自检及状态指示，这是系统工作的初始化过程。当系统正常时，一般由仪表板或信息中心的状态显示屏或者指示灯来告诉驾驶人可以操作。

空调 ECU 的输入信号中，既有用作状态指示的开关量数字信号，也有连续变化的用于调节、控制的模拟信号。输出信号中，对于需要较大电流的部件，输出信号通过驱动模块间接控制；对于需要较小电流的部件，则由空调 ECU 直接输出驱动。

（三）执行机构

1．鼓风机转速控制机构

空调 ECU 根据设定的温度、车内现有温度、车外环境温度、阳光照射强度、蒸发器温度、冷却液温度等信号，发送不同的指令给鼓风机电动机，并使之搭铁，从而控制不同的鼓

风机转速。对于一些恒温空调系统，当发动机起动或冷却液温度低于预定值时，空调系统ECU 使鼓风机不起作用。

2. 风门控制机构

自动空调各风门是由空调 ECU 通过伺服电动机控制的。以图 3-9 所示的空气内/外循环控制机构为例，当驾驶人使用送风方式控制键选择"车外新鲜空气导入"或"车内空气循环"模式时，空调 ECU 即控制进风伺服电动机带动连杆顺时针或逆时针旋转，从而带动逆风挡风板闭合或开启，达到改变送风方式的目的。在伺服电动机内装有一个电位计，随电动机转动，并向空调 ECU 反馈电动机活动触点的位置情况。

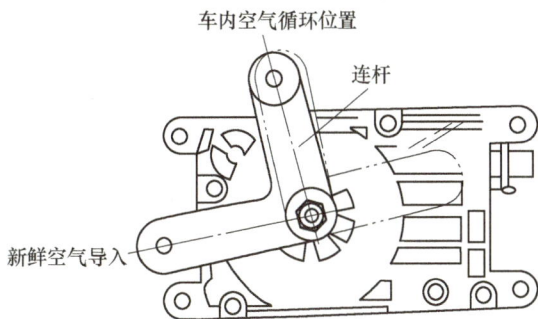

图 3-9 风门控制机构

3. 压缩机电磁离合器控制机构

在空调制冷系统工作时，空调系统 ECU 使压缩机离合器的线圈压缩机搭铁，触点闭合，电流通过离合器线圈，使离合器结合，带盘带动压缩机转动。当车外环境温度低于设定值时，空调 ECU 使压缩机电磁离合器电路断开，压缩机停止工作。

第二节 安全气囊系统

一、安全气囊系统的作用

(一) 配置安全气囊的基本目的

当汽车发生碰撞事故时，汽车和障碍物之间的碰撞称为一次碰撞，一次碰撞的结果导致汽车速度急剧下降，速度从 35km/h 降到 0 的时间约为 150ms；乘员和汽车内部结构之间的碰撞称为二次碰撞，由于惯性的作用，当汽车急剧降速时，乘员要保持原来的速度向前运动，于是就发生了乘员和转向盘、仪表板、风窗玻璃等之间的碰撞，从而造成了乘员的伤亡。汽车配置安全气囊的基本目的是，在发生一次碰撞后，二次碰撞前，迅速在乘员和汽车内部结构之间打开一个充满气体的袋子，使乘员因惯性而移动时"扑在气垫上"，从而缓和乘员受到的冲击并吸收碰撞能量，避免或减缓二次碰撞，从而达到保护乘员的目的。

安全气囊是一种辅助安全装置，应配合安全带使用。

(二) 安装位置及作用

安全气囊分布在车内前方（正副驾驶位）、侧方（车内前排和后排）和车顶三个方向。目前在国内生产的中低档轿车中标配的气囊个数是 1～2 个，一般都是在车辆的驾驶和副驾驶位置各一个，如图 3-10 所示。前方安全气囊可将撞击力均匀地分布

图 3-10 前方安全气囊

在头部和胸部，防止脆弱的乘客肉体与车身产生直接碰撞，大大减少受伤的可能性，有效保护乘客。由于乘客气囊距离乘客的距离比较远，因此乘客气囊的体积比驾驶人气囊的体积大。

侧面气囊系统是保护汽车遭侧面碰撞以及车辆翻滚时乘员的安全，一般安装于车门上，如图 3-11 所示。在车辆遭到侧面碰撞会导致车门严重变形，以至于无法开启车门，车内乘员被困于车内，侧面安全气囊可以有效地保护车内驾乘人员来自侧面撞击导致的腰部、腹部、胸部外侧，以及胳膊的伤害，保证身体上肢的活动能力和逃生能力。

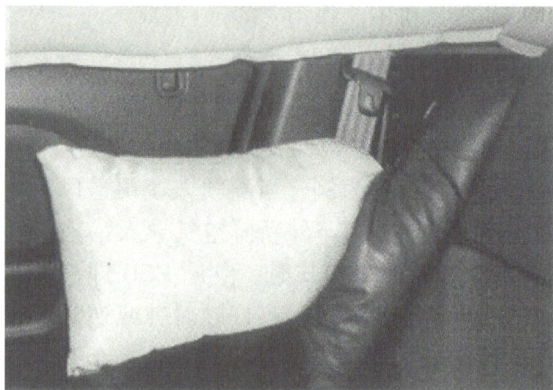

图 3-11　侧面气囊

对后排乘员进行保护的气囊，一般安装在前排座椅的靠背上后部或头枕内部，防止乘员与前排座椅发生碰撞。由于后排乘员受到的伤害程度较轻，后座椅安全气囊一般只在高级轿车上使用。

二、安全气囊系统的组成与结构

安全气囊系统的组成如图 3-12 所示，主要由碰撞传感器、安全气囊 ECU、警示装置、安全气囊组件等组成。安全气囊组件主要包括气囊、气体发生器以及点火器等。

（一）碰撞传感器

1. 碰撞传感器的分类与结构

碰撞传感器按照用途的不同，分为触发碰撞传感器和防护碰撞传感器。

按照结构的不同，碰撞传感器可分为机电式碰撞传感器、电子式碰撞传感器以及机械式碰撞传感器。

机电结合式碰撞传感器，是利用机械的运动（滚动或转动）来控制电气触点动作，再由触点断开和闭合来控制气囊电路的接通和切断，常见的有滚球式和偏心锤式碰撞传感器。图 3-13 所示为滚球式碰撞传感器的工作原理，当传感器处于静止状态时，在永久磁铁的磁力作用下，导缸内的滚球被吸向磁铁，两个触点未被连通；当汽车碰撞时，滚球的惯性力大于永久磁铁的吸力时，惯性力使滚球克服磁铁的吸力沿着导缸向左运动，将两个触点接通，接通安全气囊的搭铁回路。

机械式碰撞传感器常见的有水银开关式，它是利用水银导电的特性来控制气囊电路的接通和切断。图 3-14 所示为水银开关式碰撞传感器的工作原理，当汽车发生碰撞时，减速度将使水银产生惯性力。惯性力使水银运动方向上的分力将水银抛向传感器电极，使两个电极接通，从而接通气囊点火器电源电路。

电子式碰撞传感器没有电气触点，目前常用的有电阻应变式和压电效应式两种。图 3-15 所示为电阻应变式碰撞传感器的原理，应变片在硅膜片上，连接成桥式电路。当膜片产生变形时，应变电阻的阻值就会发生变化。当汽车发生撞击时，振动块振动，缓冲介质随之振动，使电阻应变片发生变形，从而使其电阻值也发生变化，惠斯顿电桥输出的电压信号经处理与放大后，输入安全气囊 ECU。

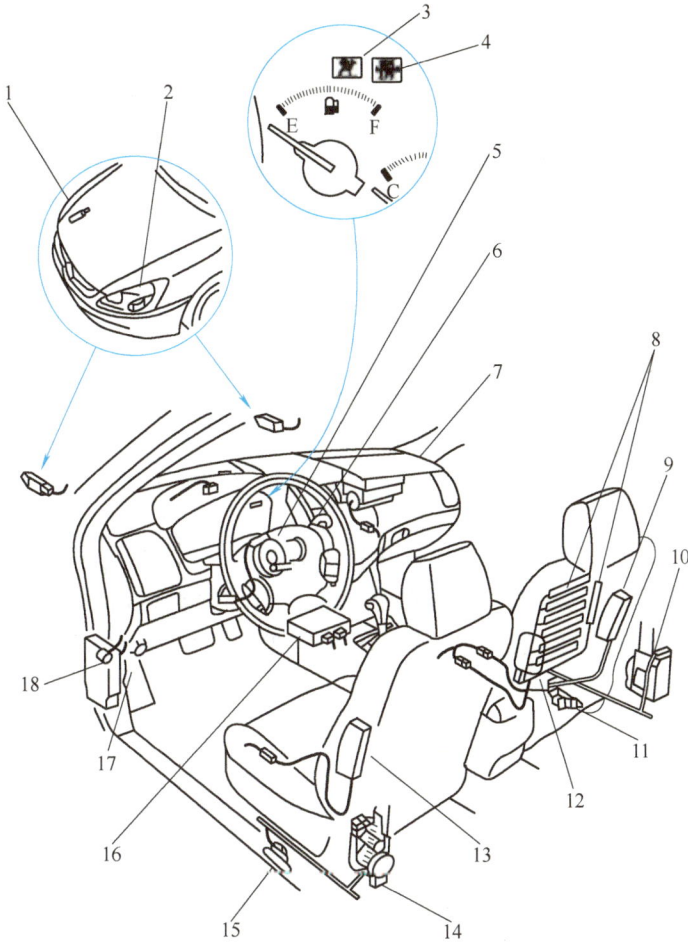

图 3-12　安全气囊系统的组成

1—右前碰撞传感器　2—左前碰撞传感器　3—SRS 指示灯　4—侧面安全气囊关闭指示灯　5—转向线盒
6—驾驶人安全气囊　7—前排乘客安全气囊　8—OPDS 传感器　9—右侧安全气囊　10—右侧安全带收紧
装置　11—右侧碰撞传感器　12—OPDS 组件　13—左侧安全气囊　14—左侧安全带收紧装置
15—左侧碰撞传感器　16—安全气囊组件　17—诊断插座　18—内存擦除信号插接器

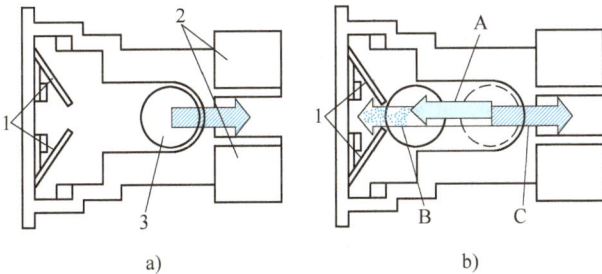

图 3-13　滚球式碰撞传感器的工作原理

a）静止状态　b）碰撞状态

1—触点　2—永久磁铁　3—滚球

A—合力

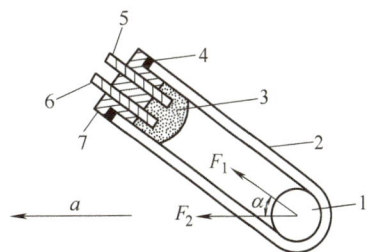

图 3-14　水银开关式碰撞传感器
的工作原理

1—水银（静止状态）　2—壳体
3—水银（碰撞状态）　4—密封圈
5、6—电极　7—密封螺塞

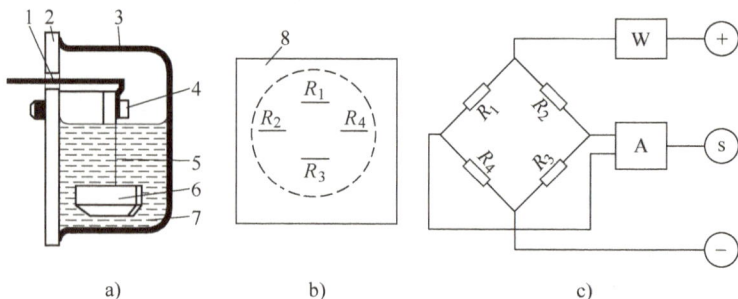

图 3-15 电阻应变式碰撞传感器的原理

a）传感器的结构 b）电阻应变片 c）惠斯顿电桥

1—密封树脂 2—底板 3—壳体 4—电阻应变片电路 5—电阻应变片

6—惠斯顿电桥 7—缓冲介质 8—硅膜片

压电效应式碰撞传感器是利用压电晶体在压力作用下，晶体外形发生变化而使其输出电压发生变化的原理制成的传感器。当汽车发生碰撞时，传感器内的压电晶体在碰撞产生的压力作用下变形，产生压电效应，输出的电压发生变化，并将此信号处理后输入安全气囊ECU。

2. 碰撞传感器的作用

触发碰撞传感器也称为碰撞强度传感器，用于检测碰撞时的加速度变化，并将碰撞信号传给安全气囊ECU，作为安全气囊ECU的触发信号。对于早期的汽车，一般设有多个触发碰撞传感器，安装位置一般在车身的前部和中部，例如车身两侧的翼子板内侧、前照灯支架下面以及发动机散热器支架两侧等部位。随着碰撞传感器制造技术的发展，有些汽车将触发碰撞传感器与安全气囊ECU组装在一起。触发碰撞传感器一般采用机电结合式结构或机械式结构。

防护碰撞传感器也称为侦测传感器、安全传感器或保险传感器，它与触发碰撞传感器串联，其实质功能是防止安全气囊系统误操作，即未发生真实碰撞时，碰撞传感器接通，导致安全气囊系统动作。因此该传感器具有安全保险作用，防护碰撞传感器也需要碰撞惯性力作用才能接通，但所需惯性力小于触发碰撞传感器接通所需的惯性力，因此一旦发生碰撞，防护碰撞传感器优先接通。防护碰撞传感器一般采用电子式结构，与安全气囊ECU组装在一起。

在安全气囊系统中，只有当防护碰撞传感器与一个触发碰撞传感器同时接通时，安全气囊系统才能点火充气。

（二）安全气囊ECU

安全气囊ECU通常装在驾驶室中部变速杆前、后的装饰板下面，它是安全气囊系统的核心部件。如图3-16所示，安全气囊ECU内部主要由安全气囊ECU模块（MCU）、信号处理电路、备用电源电路、保护电路和稳压电路等组成。

安全气囊ECU内置有A-D转换器、串行通信接口、定时器和存储器等功能电路，负责ECU的所有控制、监测工作，计算和确认碰撞强度，判断是否需要立即展开气囊，并保存碰撞时刻、碰撞方式、碰撞强度，以及气囊展开时警告灯的状态。

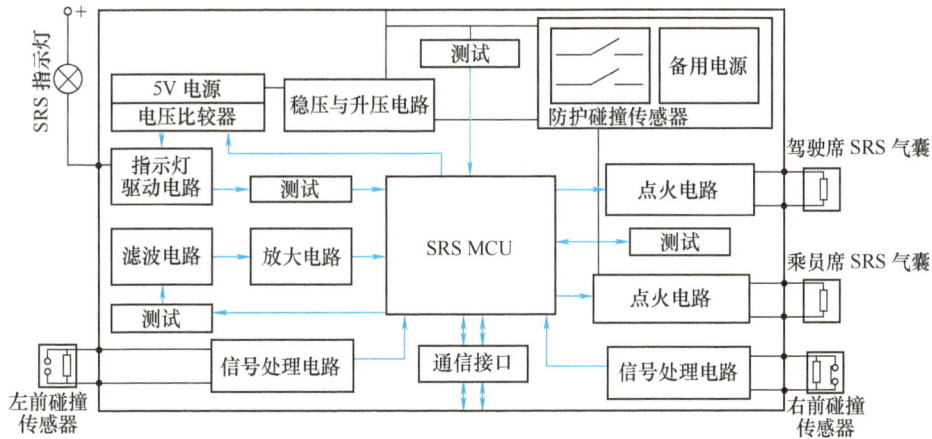

图 3-16　安全气囊 ECU 组成

安全气囊 ECU 内的信号处理电路主要由滤波器和放大器组成，用来调理来自碰撞传感器的信号，包括信号整形、滤波和放大，提供给安全气囊 ECU 可接收的传感器信号。

安全气囊系统的备用电源包括一个直流稳压器和一个电容储能器。直流稳压器保证恒定电压，使系统能正常工作而不发生失控。电容储能器利用电容器储能原理储存一定量电能，当由于碰撞使电源中断时，电容储能器可作为备用电源向 ECU 供电 120ms 以上，使安全气囊系统在失去主电源后仍能正常工作，确保安全气囊的有效保护作用。

汽车电路中，电感线圈和开关较多，负载变化也频繁，因此过电压的现象较严重，为了防止过电压使安全气囊系统电子器件击穿烧毁，配置保护电路，如采用二极管泄放电路。另外，为保证不受汽车电源电压变化的影响，设置了电源稳压电路。

（三）安全气囊组件

安全气囊组件主要由气囊、气体发生器、点火器、线束插接器及保险机构等构成。驾驶人侧与乘客侧的安全气囊组件的结构及工作原理基本相同，图 3-17 所示为驾驶人席安全气囊组件的结构。

1. 气囊

气囊背面或顶部设置有排气孔，当驾驶人压在气囊上时，气囊受压后便从排气孔排气。

气囊通常由防裂性能好的聚酰胺织物（如尼龙）制成，这是一种较软的泡沫材料。经过硫化处理，可减少气囊吹胀时的惯性力。为密封气体，气囊的里层涂有聚氯丁二烯。气囊背面或顶制有 2~4 个排气孔，如图 3-18 所示。当驾驶人在惯性力作用下压到气囊上时，气囊受压便从排气孔排气，持续时间不到 1s，从而吸收驾驶人与气囊碰撞的动能，使

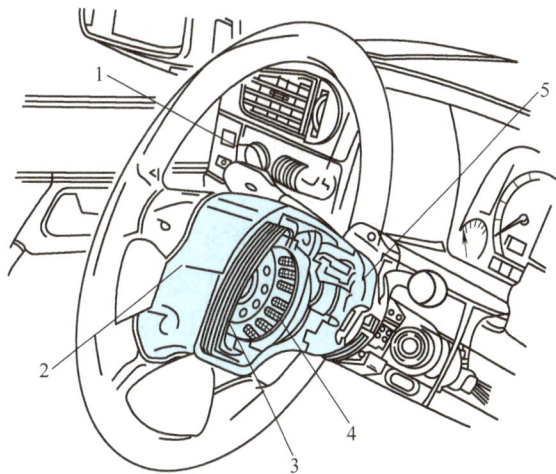

图 3-17　安全气囊组件的结构

1—安全气囊指示灯　2—气囊饰盖　3—气囊
4—气体发生器　5—螺旋电缆

171

人体不至于受伤。

气囊静止时被折叠成包，安放在气体发生器上部和气囊饰盖之间，如图 3-19 所示。气囊饰盖表面模压有浅印，以便气囊充气爆开时撕裂饰盖，并减小冲出饰盖的阻力。

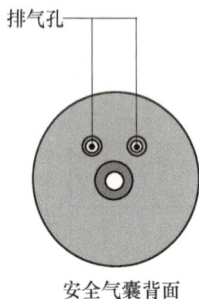

排气孔

安全气囊背面

图 3-18　安全气囊排气孔

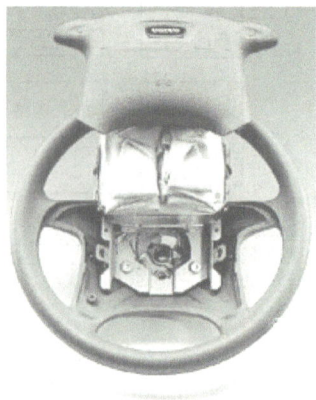

图 3-19　气囊的位置

2. 气体发生器

气体发生器的功用是在点火器引爆点火剂时，产生气体向气囊充气，使气囊胀开。气体发生器用专用螺栓和专用螺母固定在气囊支架上，由点火器、点火剂、金属滤清器及氮气发生剂等组成，如图 3-20 所示。为了便于安装，驾驶人气囊气体发生器一般都做成圆形。前排乘客气囊的气体发生器为长筒形，其工作原理与驾驶人侧气体发生器相同。

当碰撞传感器向安全气囊 ECU 输送撞击信号，安全气囊 ECU 向点火器发出指令，点火器点燃点火剂并传到氮气发生剂，使其产生大量的氮气，通过金属滤清器的冷却、降压，迅速充胀气囊，使气囊爆胀。

3. 点火器

点火器安装在气体发生器的中央位置，作用是在触发碰撞传感器和防护碰撞传感器将气

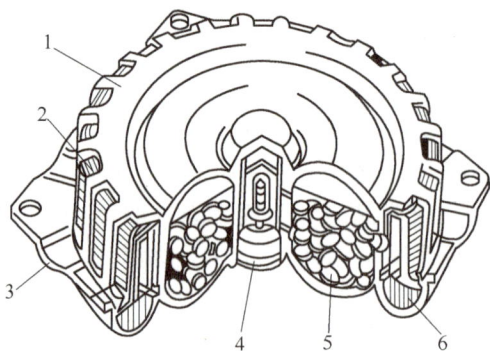

图 3-20　气体发生器的结构
1—上盖　2—充气孔　3—下盖　4—点火器药筒
5—充气剂　6—金属滤网

囊电路接通时，引爆点火剂，产生热量使充气剂分解。点火器的结构如图 3-21 所示，它的所有部件均装在药筒内。点火剂包括引爆炸药和引药，引出导线与气囊插接器插头连接。当 SRS ECU 发出点火指令时，电热丝电路接通，电热丝迅速红热，引爆引药，引爆炸药瞬间爆炸产生热量，药筒内温度和压力急剧升高并冲破药筒，使充气剂（叠氮化钠）受热分解释放氮气充入气囊。

4. 气囊系统线束插接器及保险机构

为了便于将气囊系统线束与其他电气系统线束区别开，目前大多数汽车的气囊系统线束采用黄色插接器，如图 3-22 所示，也有的采用深蓝色或橘红色插接器。

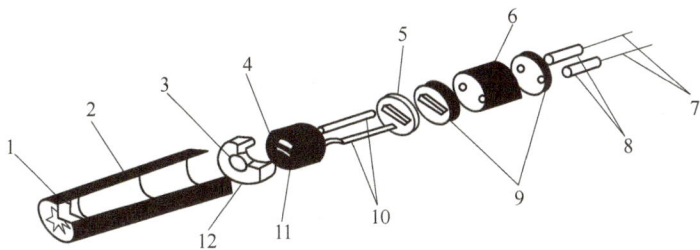

图 3-21　点火器的结构

1—引爆炸药　2—药筒　3—引药　4—电热丝　5—陶瓷片　6—永久磁铁　7—引出导线

8—绝缘套管　9—绝缘垫片　10—电极　11—电热头　12—药托

从气囊 ECU 到点火器之间的插接器采用了防止气囊误爆的短路片机构（铜质弹簧片，又称为短路弹簧片）。当插头与插座连接在一起时，短路片与点火器的两个端子分开，电热丝电路处于正常连接状态，如图 3-23 所示；当插接器拔开时（插头拔下或插头与插座未完全结合），短路片自动将靠近气囊点火器一侧插头或插座的两个引线端子短接，防止静电或误通电造成气囊误爆，如图 3-24 所示。

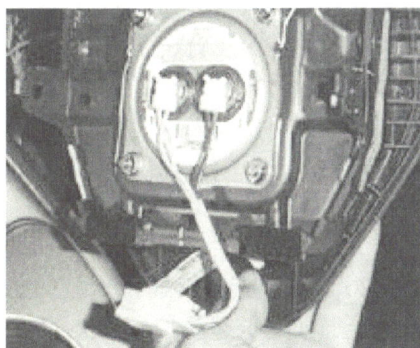

图 3-22　气囊系统线束插接器

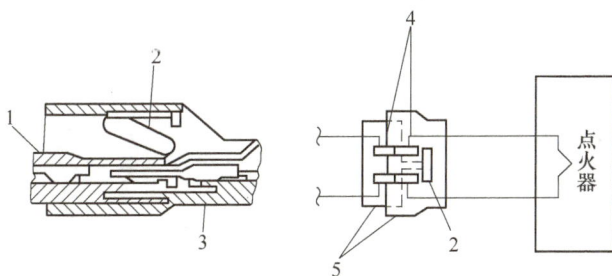

图 3-23　插接器正常连接时

1—插头　2—短路片　3—插座　4—端子　5—插接器

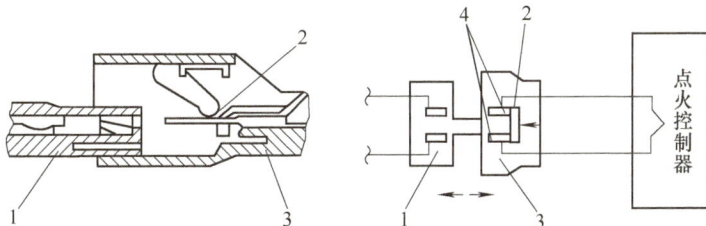

图 3-24　插接器正常拔开时

1—插头　2—短路片　3—插座　4—端子

为了保证转向盘具有足够的转动角度而又不至于损伤气囊组件的连接线束，在转向盘和转向柱之间采用了螺旋电缆，即将电缆线束安装在螺旋形弹簧内，如图 3-25 所示。当拆卸

和安装转向盘时，应将转向柱固定在"直向前"的位置，以免损坏螺旋线束。

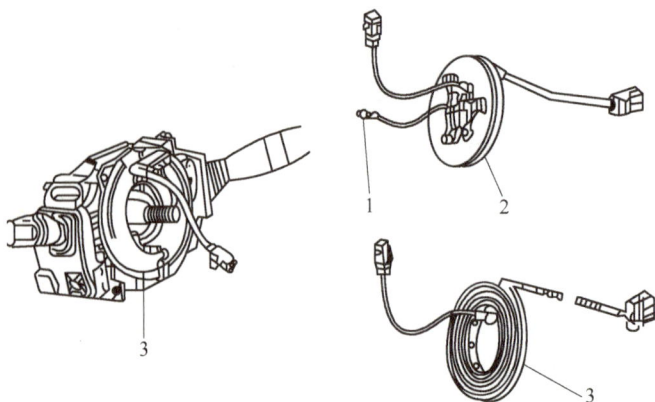

图 3-25　螺旋线束

1—接地插头　2—弹簧壳体　3—螺旋弹簧

（四）安全气囊指示灯

带有安全气囊的汽车仪表盘上，一般带有一个"SRS"字样的指示灯，即安全气囊指示灯，如图 3-26 所示。安全气囊指示灯的主要功能是指示安全气囊系统是否处于正常状态，当点火开关接通或处于巡航控制状态时，如安全气囊指示灯发亮或闪亮约 6s 后自动熄灭，表示安全气囊系统工作正常。

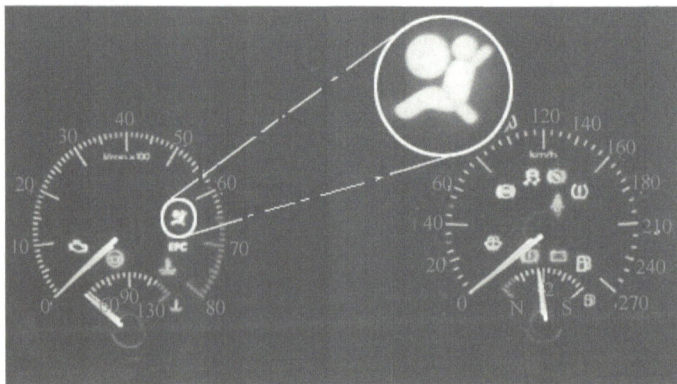

图 3-26　安全气囊指示灯

（五）乘员位置感知系统（OPDS）

OPDS 实际上是一种智能的安全气囊保护系统，能够有效地防止侧气囊在引爆时伤害到乘员（尤其是儿童）。通过座椅内部的传感器，可判断座椅上的乘客是成年人还是儿童。如果探测到座椅上的小孩在打瞌睡会侧头时，系统会自动关闭侧气囊，从而减少发生侧撞事故时安全气囊对儿童头部的伤害。

OPDS 传感器是根据乘员的导电体量来做出这些判断的，座椅在出厂之前已经设定了一个座椅自身的导电体量，座椅安装到车上并坐了人后，OPDS 系统检测出一个总体的导电体量，总导电体量减去座椅的导电体量就是乘员的导电体量。如果乘员导电体量低于系统初始

设定的判断临界值，则 OPDS 系统认为坐着的是儿童或乘员头部处于侧气囊引爆的范围中，从而自动关闭侧安全气囊，同时仪表板上的"SIDE AIRBAG OFF"黄色指示灯亮起，告诉驾驶人侧安全气囊已经关闭。

三、安全气囊系统的工作原理

汽车行驶过程中，传感器系统不断向控制装置发送速度变化（或加速度）信息，由安全气囊 ECU 对这些信息加以分析判断，如果所测的加速度、速度变化量或其他指标超过预定值（即真正发生了碰撞），则控制装置向气体发生器发出点火命令或传感器直接控制点火，点火后发生爆炸反应，产生 N_2 或将储气罐中压缩氮气释放出来充满安全气囊，如图 3-27 所示。乘员与安全气囊接触时，通过安全气囊上排气孔的阻尼吸收碰撞能量，达到保护乘员的目的。

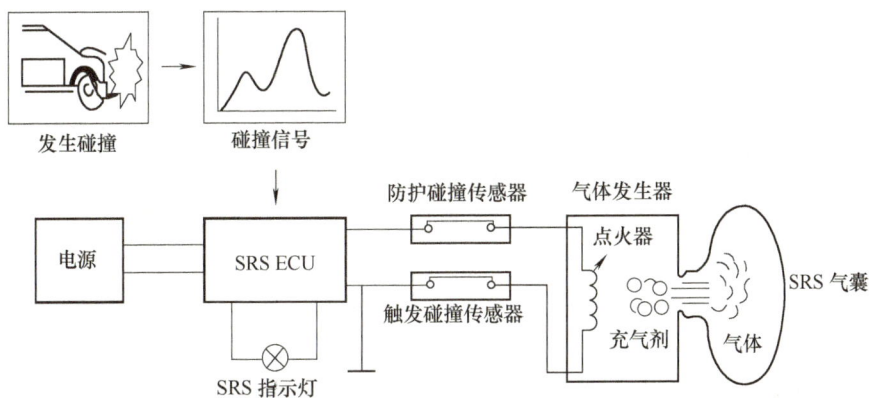

图 3-27　安全气囊系统的工作原理

拓展资料

汽车 CAN 总线

一、CAN 总线概述

（一）CAN 总线的定义

随着现代汽车中所使用的电子控制系统和通信系统越来越多，如发动机电控系统、自动变速器控制系统、ABS、自动巡航系统（ACC）和车载多媒体系统等，这些系统之间、系统与显示仪表之间、系统和汽车故障诊断系统之间均需要进行数据交换，如使用普通的线索完成这些数据之间的交换，实现起来是相当困难的。为解决这些问题，一种新型的数据总线——CAN，已经逐步应用于各种车型的控制局域网中。

CAN 总线又称作数据总线，其全称为 Controller Area Network，即控制器局域网，是一种串行多主站控制器局域网总线。它将各个单一的控制单元以某种形式（多为星形）连接起来，形成一个完整的系统。在该系统中，各控制单元都以相同的规则进行数据传输交换和共享，称为数据传输协议。CAN 总线最早是德国博士公司为解决现代汽车中众多的电控模块（ECU）之间的数据交换而开发的一种串行通信协议，具有很高的网络安全性、通信可靠性和实时性。

（二）CAN 总线的特点

CAN 总线可有效支持分布式控制或实时控制，其主要特点如下：

1）CAN 总线为多主站总线，各节点可在任意时刻向网络上的其他节点发送信息，且不分主从。

2）CAN 总线采用独特的非破坏性总线仲裁技术，高优先级节点优先传送数据，故实时性好。

3）CAN 总线具有点对点、一点对多点及全局广播传送数据的功能。

4）CAN 总线采用短帧结构，每帧有效字节数最多为 8 个，数据传输时间短，数据出错率极低。

5）CAN 总线上某一节点出现严重错误时，可自动脱离总线，而总线上的其他操作不受影响。

6）CAN 总线系统扩充时，可直接将新节点挂在总线上，因而走线少，系统扩充容易，改型灵活。

7）CAN 总线的最大传输速率可达 1Mbit/s，直接通信距离最远可达到 10km（速率在 5kbit/s 以下）。

8）CAN 总线上的节点数取决于总线驱动电路。在标准帧（11 位报文标识符）时可达到 110 个，而在扩展帧（29 位报文标识符）时，个数不受限。

（三）CAN 总线的分类

由于汽车的很多部分都由独立的电子控制器进行控制，为了将整个电动汽车内各系统统一管理，实现数据共享和相互之间协同工作，利用 CAN 总线进行数据传递是一个必然的趋势。

目前汽车上的网络连接方式主要采用两条 CAN，一条用于驱动系统的高速 CAN，速率一般可达到 500kbit/s，最高可达 1000kbit/s；另一条用于车身系统低速 CAN，速率是 100kbit/s。

驱动系统 CAN（CAN-High，也称为动力主线）主要连接对象是发动机控制器（ECU）、ABS 控制器、安全气囊控制器等，它们的基本特征都是控制与汽车行驶直接相关的系统。

车身系统 CAN（CAN-Low，也称为舒适总线）主要连接和控制汽车内外部照明、灯光信号、空调、刮水电机、中央门锁与防盗控制开关、故障诊断系统、组合仪表及其他辅助电器等。

有些高档车辆还有第三条 CAN 总线，即信息娱乐总线，主要用于卫星导航及智能通信系统。

当两条 CAN 总线（CAN-High 和 CAN-Low）其中一条线断路时，整个动力系统将无法正常工作，即不能进行单线传输，只有 CAN-Low 线出现对地断路时还能正常工作。而由于舒适和信息娱乐总线都设有位于系统内各个控制单元中不同阻值的终端电阻，因此可实现单线传输。

（四）CAN 总线在汽车控制系统中的应用

CAN 数据总线将各个控制单元组合成一个整体，使所有的信息都沿总线传输，简化了汽车电路的设计，降低了成本，且在数据更新增加新信息时，只需软件升级即可，扩充性强；控制单元对所传输的信息进行实时检测，具有错误诊断能力和自动恢复能力，节省生产维护成本；CAN 总线符合国际标准，因此可应用不同型号控制单元间的数据传输；数据共

享减少了数据的重复处理，节省成本。如对于具有 CAN 总线接口的电喷发动机，其他电器可共享其提供的转速、冷却液温度、机油压力温度等，可省去额外的冷却液温度、油压、油温传感器。

现代汽车典型的控制单元有发动机控制模块、变速器控制模块、多媒体控制模块、气囊控制模块、空调控制模块、巡航控制模块、车身控制模块（包括照明指示、车窗和刮水器等）、ABS、ASR 等。典型的汽车 CAN 总线网络系统架构如图 3-28 所示。

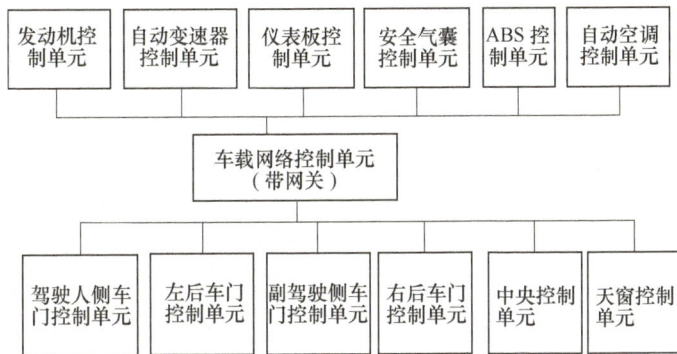

图 3-28 典型的汽车 CAN 总线网络系统架构

二、CAN 总线的结构及数据传输

（一）CAN 总线的结构

CAN 数据总线由一个控制器、一个收发器、两个数据传输终端以及两条数据传输线组成。除数据传输线外，其他元件都置于控制单元内部。控制单元功能不变，如图 3-29 所示。

1. CAN 控制器

CAN 控制器用来接收控制单元中微处理器传来的数据，对这些数据进行处理并将其传往 CAN 收发器。同样，CAN 控制器也接收由 CAN 收发器传来的数据，对这些数据进行处理并将其传往控制单元中的微处理器。

图 3-29 CAN 总线的结构

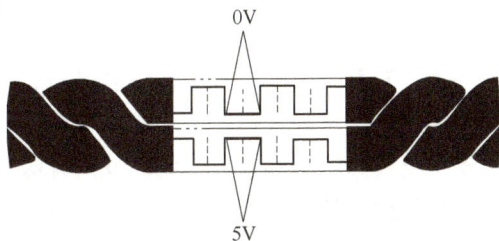

2. CAN 收发器

CAN 收发器将 CAN 控制器传来的数据转化为电信号并将其送入数据传输线。它也为 CAN 控制器接收和转发数据。

3. 数据传输终端

数据传输终端是一个电阻器，其作用是防止数据在电路终端被反射，并以回声的形式返回。数据在电路终端被反射会影响数据的传输。

4. 数据传输线

数据传输线是双向对数据进行传输的。两条传输线分别被称为 CAN 高线和 CAN 低线。为了防止外界电磁波的干扰和向外辐射，CAN 总线将两条线缠绕在一起（双绞线），如图 3-30 所示。

这两条线的电位相反，如果一条是 5V，

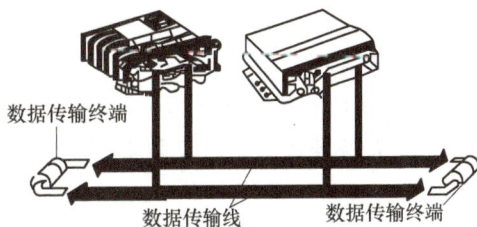

图 3-30 数据传输线的结构

另一条就是0V，始终保持电压总和为一常数。

（二）CAN总线的数据传输

CAN总线的数据传输过程如图3-31所示，每条数据包括提供数据、发送数据、接收数据、检查数据和接收数据五个过程。例如，发动机ECU向CAN控制器提供需要发送的数据；某ECU CAN收发器接收到由发动机ECU CAN控制器传来的数据，将其转为电信号后发送给本ECU的CAN控制器；CAN数据传输系统的其他ECU CAN收发器均收到此数据，并检查判断所接收的数据是否是所需要的数据；如果接收的数据重要，它将被接收并进行处理，否则被忽略。

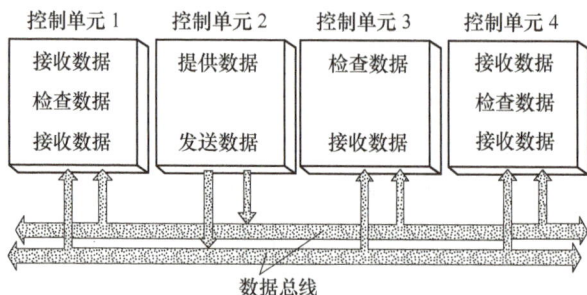

图 3-31　CAN总线的数据传输过程

每个单元都会在总线空闲时，尽快发送它的最高优先级信息。如果几个单元同时向总线起动传输数据，会产生总线冲突。解决的方法是利用总线结构上的裁决功能。其结果是让最高优先级的信息最优先存取，而且不会有时间或数据位的损失。在总线仲裁中失败的单元，会自动返回到等待状态，一旦总线空闲时再次重复发送传输请求。

CAN总线对不同数据的传输速率不一样，对发动机控制系统、自动变速器控制系统、制动防抱死系统等汽车动力控制系统，实时控制用数据实施高速传输。通信速率为125kbit/s~1Mbit/s，目前常用的在500kbit/s以内。

对中央门锁、自动门窗、自动空调、汽车定位等车身控制系统的数据，实施低速传输的数据传输速率在10~125kbit/s，目前常用的在100kbit/s以内。高速网和低速网之间有一个网关控制器，用于协调高低速网络之间的数据通信。

本 章 小 结

电控自动控制系统是在手动空调系统的基础上，增加了电子控制系统。空调电控系统主要包括信号输入装置、空调ECU和执行机构等。自动空调系统可以根据用户设定的温度，检测车内、车外的温度，自动调节鼓风机转速、进气模式、工作模式以及压缩机的运行，让车内的温度和湿度处于设定范围之内。

安全气囊可以缓和乘员受到的冲击并吸收碰撞能量，避免或减缓二次碰撞。安全气囊系统主要由碰撞传感器、安全气囊ECU、警示装置、安全气囊组件等组成。安全气囊组件主要包括气囊、气体发生器以及点火器等。

CAN总线是一种串行多主站控制器局域网总线。它将各个单一的控制单元以某种形式

（多为星形）连接起来，形成一个完整的系统。CAN 数据总线由一个控制器、一个收发器、两个数据传输终端以及两条数据传输线组成。

同 步 测 试

一、单项选择题

1. 以下传感器中，（　　）不属于自动空调系统的传感器。

A. 车内温度传感器　　　　　　　　B. 阳光辐射温度传感器

C. 车外温度传感器　　　　　　　　D. 轮速传感器

2. 自动空调系统的输出信号不包括（　　）。

A. 伺服电动机输送的信号　　　　　B. 向鼓风机电动机输送的信号

C. 向压缩机输送的信号　　　　　　D. 向冷却液温度表输送的信号

3. 安全气囊前碰撞传感器的有效作用范围是汽车正前方 ±（　　）。

A. 25°　　　　　　B. 35°　　　　　　C. 30°　　　　　　D. 40°

4. 安全气囊的线束为了与其他线束区别一般做成（　　）。

A. 红色　　　　　　B. 黄色　　　　　　C. 蓝色　　　　　　D. 绿色

5. 侧面安全气囊系统在下列哪些情况下会膨胀开？（　　）

A. 轻微的侧面碰撞　　　B. 侧面碰撞　　　　　C. 追尾

6. 安全气囊起作用的时间应当在（　　）。

A. 一次碰撞前　　　　　　　　　　B. 一次碰撞后二次碰撞前

C. 二次碰撞后　　　　　　　　　　D. 碰撞时

7. 安全气囊是辅助安全系统，简称（　　）。

A. ECU　　　　　　B. SRS　　　　　　C. TRC　　　　　　D. VTEC

8. 安全气囊是（　　）装置。

A. 主动安全　　　　　B. 动安全　　　　　C. 电动　　　　　D. 机械

二、填空题

1. 自动空调系统开机要进行＿＿＿＿＿＿＿及＿＿＿＿＿＿＿指示，这是系统工作的初始化过程。

2. 自动空调系统执行机构主要包括＿＿＿＿＿、＿＿＿＿＿、＿＿＿＿＿、＿＿＿＿＿及各个出风口风门的调节电动机等。

3. 安全气囊的气体发生器是利用热效反应产生＿＿＿＿＿＿而充入气囊。

4. 安全气囊系统有两个电源：一个是＿＿＿＿＿电源，另一个是＿＿＿＿＿电源。

5. CAN 总线系统中 ECU 的结构由三部分构成，即＿＿＿＿＿、＿＿＿＿＿及＿＿＿＿＿。

三、判断题

1. 电控自动控制系统中的制冷系统、采暖系统与手动空调系统完全不同。　　　　（　　）

2. 空调控制面板上的温度控制开关和各功能选择键等都是自动空调系统的输入信号装置。　　　　（　　）

3. 车外温度传感器具有正的温度系数，温度低时电阻小，温度高时电阻大。　（　　）

4. 阳光照度传感器通常装在前风窗玻璃下、仪表盘上方。　（　　）

5. 自动空调各风门是由空调 ECU 通过真空电磁阀控制的。　（　　）

6. 碰撞传感器相当于一只控制开关。　（　　）

7. 螺旋线束装在转向盘与转向柱之间。　（　　）

8. 几乎所有的安全气囊线束都装在绿色的波纹管内，以便区别。　（　　）

9. 安全气囊系统的防止误爆机构就是防止静电或误通电将点火器接通而造成气囊误炸。　（　　）

10. 安全气囊背面有泄气孔，起缓冲作用。安全气囊只有与安全带同时使用效果最好。　（　　）

四、分析题

1. 简述阳光照度传感器的作用及对空调工作的影响。

2. 简述自动空调系统的主要功能。

3. 说明乘员位置感知系统的作用。

4. 安全气囊系统中的短路片机构有何作用？它是如何起作用的？

参 考 文 献

[1] 张蕾. 汽车发动机电控系统原理与检修[M]. 北京：机械工业出版社，2012.

[2] 刁维芹. 汽车发动机电控系统[M]. 北京：机械工业出版社，2011.

[3] 李镢贵. 汽车电子控制装置原理与维修 [M]. 武汉：华中科技大学出版社，2010.

[4] 李雷. 汽车发动机电控系统维修 [M]. 北京：人民邮电出版社，2011.

[5] 李春明. 汽车底盘电控技术[M]. 2 版. 北京：机械工业出版社，2010.

[6] 李培军. 汽车底盘电控技术[M]. 北京：人民邮电出版社，2011.

[7] 毛峰. 汽车安全与舒适系统检测与修复 [M]. 北京：机械工业出版社，2011.

[8] 舒华. 汽车电子控制技术[M]. 北京：人民交通出版社，2008.

[9] 何宇漾. 汽车车身电控技术[M]. 北京：中国劳动社会保障出版社，2007.